신학박사 논문시리즈 4

이사야서의 시온사상

김 진 회 박사 著

기독교 문서선교회

Series of Korean Theological Doctoral Dissertation 4

The Zion Motif in the Book of Isaiah

by

JIN – WHAE KIM

1997
Christian Literature Crusade
Seoul, Korea

머리말

폰 라드는 이사야서에서 발견되는 세 가지 큰 주제로 창조 주제, 출애굽 주제 그리고 시온 주제를 든 바 있다. 이 세 주제들 중에서 창조 주제와 출애굽 주제는 학자들의 적지않은 연구와 토론의 대상이 되어 왔고 그 성과물도 많은 편이다. 그러나 시온 주제는 앞의 두 주제만큼 그렇게 큰 주목의 대상이 되지는 못했던 것 같다. 그것은 아마도 팔레스타인의 특정한 지리적 공간을 배경으로 성장한 시온 주제에서 창조 주제나 출애굽 주제만큼 어떤 신학적인 보편성을 기대하기가 어려웠기 때문이었던 것 같다.

시온은 예루살렘을 가리키는 다른 명칭이다. 이곳은 다윗 이래 유다 왕국의 정치적, 종교적 수도였고 지금도 이스라엘의 수도로서 그 전통을 이어오고 있다. 따라서 시온이란 지명은 유대 민족에게 있어서 역사적 성지로서의 특별한 의미를 지닌다. 하지만 민족의 벽과 지리적 울타리를 뛰어넘어 신학의 보편성을 과제로 삼는 신학자들에게 공간적인 한 지점으로서의 시온은 솔직히 내키지 않는 주제일 수 있다. 더욱이 '시온주의'(Zionism)라는 말은 근대 이스라엘 국가를 탄생시킨 이념적 기반이 되었을 만큼 지극히 민족주의적이고 국수주의적인 용어로 인식되어 왔음은 주지의 사실이다.

그러나 이사야서에서 시온은 더 이상 단순한 지명이 아니다. 시온은 이사야 선지자가 태어난 곳이었고, 그가 일생동안 예언 사역을 해 온 활동 공간이었다. 동시에 시온은 이사야의 신학이 만들어지고 성장한 출발점이자 중심점이다. 그러므로 이사야에게 있어서 시온은 하나의 공간적 지명으로서의 의미를 넘어선다. 시온은 그의 예언 선포의 중심 대상이자 신학적 주제였다. 요컨대 시온은 이사야에게 있어서 자신의 신학 자체였던 것이다.

  필자는 이스라엘의 예언자들 가운데서 이사야를 학문적 연구의 대상이면서 신앙의 위대한 스승으로 만난 것을 큰 기쁨으로 생각한다. 더욱이 이사야서에 나타나는 다양한 신학적 주제들 중에서도 시온 주제를 학위 논문의 테마로 잡을 수 있었던 것을 더 없는 행운이자 하나님의 은혜로 여기고 있다. 그 이유 가운데 하나는 시온이 이사야서의 중요한 신학적 주제임에도 불구하고 대다수 학자들의 관심권에서 벗어나 있었다는 점이다. 사람들의 발길이 아직 닿지 않은 미답지를 탐구한다는 것은 비단 탐험가들뿐만 아니라 학문하는 사람의 입장에서도 충분히 흥분되는 일이 아니겠는가? 필자는 이러한 탐험가의 입장에서 밀림을 헤쳐나가듯 조심스럽게 그리고 새로운 세계를 발견한다는 기대감과 호기심을 가지고 이 연구에 임하였다. 바라건대 이 연구서가 이사야 신학의 지평을 넓히고 더 나아가서 이사야서뿐만 아니라 구약신학 전체에서 시온 주제의 중요성을 환기시키는 작은 촉매의 역할을 감당하며 후속 연구에 일조할 수 있다면 더 큰 보람이 없겠다.

  이 연구가 이루어지기까지 많은 분들의 도움과 지도가 있었다. 이 자리를 빌어 특별히 필자를 지도해 주신 아세아연합신학대학교의 정규남 교수님께 깊은 감사의 말씀을 드리고자 한다. 정 교수님은 언제나 성경 본문의 중요성과 경외심을 환기시켜 주셨다. 이 연구의 주제에 대한 정 교수님의 예리한 통찰과 자상한 가르침이 없었다면 이 연구를 완성하기 힘들었을 것이다. 그 밖에 이 연구의 논지를 바로 잡도록 적절한 조언을 아끼지 않으신 아세아연합신학대학교의 최종태 교수님과 총신대학교의 김의원 교수님께도 감사 드린다. 아울러 이 책을 신학박사 논문시리즈의 한 권으로 출판하도록 배려해 주신 기독교문서선교회의 박영호 회장님과 편집에 수고하신 편집부 직원 여러분들에게 감사를 드린다. 끝으로 자식을 위해 언제나 쉬지 않으시는 어머님과 내조에 힘쓰는 아내의 노고에도 감사의 마음을 표한다.

1994년 4월
화곡동 연구실에서
김 진 회

약 어 표

AARSR	American Academy of Religion, Studies in Religion
AB	Anchor Bible
ABD	*Anchor Bible Dictionary*
AnBib	Analecta Biblica
BASOR	*Bulletin of the American Schools of Oriental Reseach*
BHS	Biblia Hebraica Stuttgartensia
Bib	*Biblica*
BJRUL	Bulletin of the John Rylands University Library
BKAT	Biblischer Kommentar Altes Testament
BN	*Biblische Notizen*
BZAW	Beihefte zur Zeitschrift für die alttestamentliche Wissenschaft
CBQ	*Catholic Biblical Quarterly*
CBQMS	Catholic Biblical Quarterly Monograph Series
DlD	*Dor le Dor*
EvTh	*Evangelische Theologie*
HKAT	Handkommentar zum Alten Testament
HSM	Harvard Semitic Monographs
HSS	Harvard Semitic Studies

HTR	*Harvard Theological Review*
HUCA	*Hebrew Union College Annual*
ICC	International Critical Commentary
IDB	*Interpreter's Dictionary of the Bible*, edited by G. A. Buttrick. New York/Nashville: Abingdon Press, 1962.
IJT	*Indian Journal of Theology*
Int	*Interpretation*
ITC	International Theological Commentary
JBL	*Journal of Biblical Literature*
JES	*Journal of Ecumenical Studies*
JETS	*Journal of the Evangelical Theologial Society*
JR	*Journal of Religion*
JSOT	*Journal for the Study of Old Testament*
JSOTS	Supplements to the Journal for the Study of Old Testament
JTS	*Journal of Theological Studies*
NCBC	New Century Bible Commentary
NICOT	New International Commentary on the Old Testament
OTL	Old Testament Library
RB	*Revue Biblique*
RTR	*Reformed Theological Review*
SBT	Studies in Biblical Theology
TB	*Tyndale Bulletin*
TDNT	*Theological Dictionary of the New Testament*, edited by G. Kittel and G. Friedrich. Translated and edited by G. W. Bromiley. Grand Rapids: Wm. B. Eerdmans, 1964-1974.
TDOT	*Theological Dictionary of the Old Testament*, edited by G. J. Botterweck and H. Ringgren. Translated by John T. Willis. Grand Rapids: Wm. B. Eerdmans, 1977.
TOTC	Tyndale Old Testament Commentary

TZ	*Theologische Zeitschrift*
VT	*Vetus Testamentum*
VTS	Supplements to Vetus Testamentum
WBC	Word Biblical Commentary
ZTK	*Zeitschrift für Theologie und Kirche*

차 례

- 머리말
- 약어표

I. 서 론 ··· 13

   1. 연구의 의의와 목적 / 13

   2. 최근의 연구 동향 /20

   3. 연구의 방법과 전개 /27

II. 시온 주제의 기원과 전개 ································· 35

   1. 시온-예루살렘 지명의 기원과 의미 /35

      (1) 시온 / 35

      (2) 예루살렘 /37

      (3) 지리적 측면에서 본 시온-예루살렘 / 39

      (4) 요약 / 41

   2. 시온 주제의 기원 / 42

      (1) 여부스 기원설 / 43

      (2) 다윗-솔로몬 기원설 / 47

      (3) 이사야 기원설 / 50

      (4) 평가 / 52

3. 시편과 예언서에 반영된 시온 주제 / 53

   　　(1) 시편 / 53
   　　(2) 예언서 / 55
   　　(3) 요약 / 57

Ⅲ. 시온-예루살렘 주제의 발전 ·· 59

   1. 왕정 수립 이전의 시온-예루살렘 / 60

   　　(1) 이스라엘의 가나안 정착 이전 / 60
   　　(2) 가나안 정복 및 정착 시대 / 69
   　　(3) 요약 / 71

   2. 이스라엘 왕정 시대의 시온-예루살렘 / 72

   　　(1) 통일왕정 시대 / 72
   　　　　(1) 다윗의 통치 시대 / 72
   　　　　(2) 솔로몬의 통치 시대 / 78
   　　(2) 분열왕정 시대의 시온-예루살렘 / 83
   　　　　(1) 분열왕정 초기 및 중기 / 83
   　　　　(2) 앗수르의 팽창기 / 87
   　　　　(3) 유다 왕국의 쇠퇴기 / 92
   　　(3) 요약 / 97

   3. 포로기 및 귀환 시대의 시온-예루살렘 / 99

   　　(1) 포로기 / 99
   　　(2) 귀환 시대/ 100
   　　(3) 종말론적 예루살렘에 대한 기대 / 102
   　　　　① 예루살렘 및 성전의 회복과 영광 / 103
   　　　　② 회복된 예루살렘과 이방 나라들 / 104
   　　　　③ 회복된 예루살렘과 새 성전과 메시야 / 104
   　　(4) 요약 / 105

4. 종합 및 평가 / 106

Ⅳ. 이사야의 시온 주제 해석과 적용 ················· 109

   1. 세계의 중심인 우주적 산: 이사야 2:2-4 / 110

      (1) 본문의 구조와 문학적 성격 / 111
      (2) 본문의 주석적, 신학적 해석 / 116
      (3) 우주적인 산 주제 / 120

   2. 이상적인 평화가 실현되는 낙원: 이사야 11:6-9 / 124

      (1) 본문의 구조와 문학적 성격 / 124
      (2) 본문의 주석적, 신학적 해석 / 128

   3. 하나님의 특별한 보호의 대상: 이사야 4:2-6; 31:4-9 / 130

      (1) 이사야 4:2-6 / 130
         ① 본문의 구조와 문학적 성격 / 131
         ② 본문의 주석적, 신학적 해석 / 134
      (2) 이사야 31:4-9 / 139
         ① 본문의 구조와 문학적 성격 / 140
         ② 본문의 주석적, 신학적 해석 / 142

   4. 야훼의 최후 승리와 통치권 행사의 장소: 이사야 24:21-23 / 145

      (1) 이사야 24-27장의 문학적 배경 / 145
      (2) 이사야 24:21-23의 구조와 문학적 성격 / 148
      (3) 본문의 주석적, 신학적 해석 / 150

   5. 심판과 구원의 도성: 이사야 29:1-8 / 152

      (1) 본문의 구조와 문학적 성격 / 153
      (2) 본문의 주석적, 신학적 해석 / 156

   6. 기쁜 소식의 전령: 40:1-11; 52:7-10 / 160

      (1) 이사야 40:1-11 / 160

　　　　① 본문의 구조와 문학적 성격 / 161
　　　　② 본문의 주석적, 신학적 해석 / 164
　　(2) 이사야 52:7-10 / 172
　　　　① 본문의 구조와 문학적 성격 / 173
　　　　② 본문의 주석적, 신학적 이해 / 175

7. 회복과 구원의 대상: 이사야 49:14-26; 62:1-5 / 179

　　(1) 이사야 49:14-26 / 179
　　　　① 본문의 구조와 문학적 성격 / 181
　　　　② 본문의 주석적, 신학적 해석 / 184
　　(2) 이사야 62:1-5 / 188
　　　　① 본문의 구조와 문학적 성격 / 189
　　　　② 본문의 주석적, 신학적 해석 / 190

8. 열방의 순례의 장소: 이사야 60:1-22 212 / 195

　　(1) 본문의 구조와 문학적 성격 / 198
　　(2) 본문의 주석적, 신학적 해석 / 200
　　(3) 관련 주제들 / 206
　　　　① 영원한 빛 주제 / 206
　　　　② 열방의 순례 주제 / 207

9. 종합 및 평가 / 208

V. 시온 주제와 이사야의 다른 주요 사상들과의 관계 ……… *211*

1. 시온 주제와 출애굽 사상 / 211

　　(1) 이사야 4:2-6 / 214
　　(2) 이사야 10:24-27 / 217
　　(3) 이사야 35:1-10 / 219
　　(4) 이사야 40:1-11 / 219

2. 시온 주제와 창조 사상 / 222

　　　　(1) 이사야 44:24-45:13 / 225
　　　　(2) 이사야 51:9-16 / 229
　　3. 시온 주제와 남은 자 사상 / 234
　　　　(1) 이사야 1:4-9 / 238
　　　　(2) 이사야 1:21-26 / 240
　　　　(3) 이사야 4:2-3 / 242
　　　　(4) 이사야 14:28-32 / 243
　　4. 요약 및 평가 / 244

VI. 결 론 ·· 247

· 참고문헌

I
서 론

1. 연구의 의의와 목적

    구약성경의 신학적 쟁점들을 토의할 때 이사야서를 논의의 중심에서 제외시키기는 어려울 것 같다. 그 이유는 두 가지 측면에서 말할 수 있다. 먼저 소극적인 면에서 말한다면, 18세기 말 되덜라인(J. C. Doederlein)이 이사야서의 통일성과 저작권 문제에 대하여 비평학적인 접근을 한 것을 계기로 이 책이 비평적 논쟁의 중심권에 들어오게 되었기 때문이며, 다음으로 적극적인 면에서 말한다면, 이사야서가 지닌 폭 넓고 다양한 신학적 소재들 때문이다. 이런 점에서 이사야서가 구약 신학의 축(軸)이자 중심이라고 평한 학자들의 통찰은 적절한 것이라 하겠다.[1]

    실제로 대다수 구약 신학자들이 신학적인 입장과 경향의 차이에도 불구하고 이사야가 구약의 뛰어난 신학자요 예언자라는 사실에 견해를 같이 한다. 영(E. J. Young)은 이사야를 "예언자들 가운데 가장 위대한 인물"로

---

    1) 와츠는 다른 두 가지 측면에서 이사야서가 구약에서 가장 중요한 책임을 역설한다. 첫째는 하나님의 성품과 사역이 이사야에서 가장 잘 나타나 있기 때문이며, 둘째는 하나님을 섬기는 일과 여기에 관련된 인물들을 종합적으로 다루기 때문이다. John D. W. Watts, *Isaiah* (Dallas: Word Publishing, 1989), xi.

평하고, 그가 역사적으로 유대인들에 의해 모세에 필적할 만한 예언자로 간주되어 왔음을 지적한다.[2] 영에 따르면, 이사야가 다른 예언자들에 비해 걸출한 인물로 평가되는 이유는 두 가지다. 첫째는 그가 전능하신 분의 입에서 나오는 말로 예언한 점에서이고, 둘째는 자신의 예언에서 도입 문구를 반복함으로써 그 예언이 분명히 성취될 것임을 지시한 점에서다.[3]

이사야는 또한 사상과 교리에 있어서 광범위한 주제들을 다루고 있다는 점에서 으뜸가는 구약의 예언자로 평가받는다. 예컨대, 월터 카이저(W. Kaiser)는 특히 이사야서의 후반부를 가리켜 "구약의 로마서" 또는 "구약 안의 신약"으로 지칭하면서 이사야서는 "그 자체로서 하나의 진정한 구약신학"임을 강조한다.[4] 이 점에 있어서는 볼프도 같은 입장이다. 그 이유는 이사야서가 신약의 로마서와 마찬가지로 죄인들을 향한 하나님의 심판을 말하고, 인간의 마음의 사악함을 폭로하며, 이스라엘과 세계를 위한 구원의 길을 계시하기 때문이다. 그는 바울이 신약성경 중에서 가장 많게 17회나 이사야서를 인용한 것도 우연한 일이 아니라고 본다. 볼프는 또 이사야서가 신약의 로마서처럼 중요한 교리들을 폭 넓게 다룬다는 점에서 가히 구약의 신학서라고 부르기에 손색이 없음을 강조한다.[5]

허바드는 다소 이색적으로 이사야서를 미국의 유명한 대통령 네 사람의 얼굴이 조각된 '러시모어 산'에 비유한다. 그 이유는 이사야의 중요한 자락마다 성경의 주요 주제들이 부각되어 나타나기 때문이다. 그는 이사야에 나타나는 네 가지의 중심 주제로서 하나님, 예언자 자신, 웃시야에서 스룹바벨에 이르는 다윗의 후손들, 그리고 고레스를 꼽는다.[6]

---

2) Edward J. Young, *The Book of Isaiah*, vol. 3 (Grand Rapids: Wm. B. Eerdmans, 1965), 3.

3) Ibid.

4) Walter C. Kaiser, Jr., *Toward on Old Testament Theology* (Grand Rapids: Zondervan Publishing House, 1978), 205.

5) Herbert M. Wolf, *Interpreting Isaiah* (Grand Rapids: Zondervan, 1985), 11.

6) Watts, *Isaiah*, ix.

라솔(William S. LaSor)에 따르면, 이사야서가 사해 두루마리들 가운데 이사야서의 사본이 적어도 열다섯 개 이상 남아 있다는 점, 이사야서의 내용이 세례 요한과 예수와 신약 저자들에 의해 인용되거나 언급되고 있는 점, 이사야서에 관한 서적들의 숫자와 성경 사전들에 반영된 이사야서 관련 항목들의 규모 등에서 그 중요성이 입증된다는 점을 들어 이사야서를 "구약의 걸출한 많은 책들 중에서도 가장 위대한 책"으로 평가할 수 있다고 한다.7)

보다 직설적인 표현으로 이사야를 "예언자들의 왕"으로 지칭하는 학자가 있다. 우드(Leon Wood)는 두 가지 점에서 그렇게 말한다. 첫째 이사야가 그 어떤 예언자와도 비견할 수 없는 영적 지적 능력을 가졌다는 점이고, 둘째 그가 누구보다도 메시야적 예언을 많이 하였다는 점에서다.8) 그는 또 이사야서가 신약에 자주 인용된 성경이라는 점도 이 책을 구약에서 가장 중요한 책 중의 하나로 꼽을 수 있는 이유라고 한다.9) 힐-월톤(Hill-Walton)은 "이제까지 알려진 것 중 가장 풍부한 히브리 문학이 이사야서 속에서 발견될 뿐 아니라, 이스라엘 하나님의 신뢰성과 그 주권적 능력이 대담하게, 그리고 직설적으로 묘사된 예언서"로 평한다.10)

노스(C. R. North)는 이사야 1-39장만 이사야 자신의 저작으로 돌리고, "그의 위치가 일반적으로 생각하는 수준에는 미치지 못했을 것이다"라고 평가한다. 그러나 이러한 소극적인 평가에도 불구하고 그는 이사야가 "당대에 가장 위대한 인물이었음에 틀림없다"라고 언급함으로써 이사야의 위대성을 부정하지 않는다.11) 폰 라드(G. von Rad)는 "이사야의 선포는

---

7) William S. LaSor, David A. Hubbard, & Frederick W. Bush, *Old Testament Survey* (Grand Rapids: Wm. B. Eerdmans, 1982), 365.

8) Leon Wood, The Prophets of Israel, 김동진 역 (서울: 기독교문서선교회, 1990), 437.

9) Ibid., 440.

10) Andrew E. Hill & John H. Walton, *A Survey of the Old Testament* (Grand Rapids: Zondervan Pub. House, 1991), 319.

11) C. R. North, "Isaiah", *IDB*, 2:733.

구약성경 전체에서 가장 위대한 신학적 지표를 제시한다"라는 말로 구약에 있어서 이사야의 위치를 높이 평가하며,12) 파이퍼(R. H. Pfeiffer) 역시 이사야의 신학적 소양을 강조하고 그를 예언자이기 전에 한 사람의 걸출한 신학자요 사상가로 받아들이고자 한다.13) 이사야의 신학적 탁월성은 특히 그의 종말론적 묘사에서 두드러지게 나타난다. 프리젠(Th. C. Vriezen)은 이사야를 종말론적 기대를 선포한 첫번째 설교자로 보며, 심지어 이사야를 구약 종말론의 창시자라고까지 단언한다.14) 그 밖에 많은 학자들이 이사야가 구약 종말론의 기초를 놓았다는 데 견해를 같이한다.15) 이들은 구약의 종말론이 포로 이전의 미래 희망으로부터 포로 후기의 묵시문학에 이르기까지 점진적으로 변천해 가는 과정에서 이사야가 중심 역할을 한 것으로 생각한다.

이사야의 종말론적 사상은 그의 예언서 전체에 폭 넓게 반영되어 있다. 그의 예언의 전반부(1-39장)에서 종말론적 주제는 남은 자 사상과 임마누엘 예언에 나타난 메시야 사상으로 대표된다. 이 중에서 특히 남은자 사상은 시온 주제와 밀접히 연결되어 미래 이스라엘의 영적 회복을 예고하는 동기가 된다.16) 한편 이사야 예언의 후반부(40-66장)에 나타나는 중요한 종말론적 주제는 '옛 출애굽과 새 출애굽', '이전 일과 새 일', '야훼의 종', '새 하늘과 새 땅' 등을 들 수 있다.17) 그리고 이러한 종말론적 주제들 역시

---

12) Gerhard von Rad, *Old Testament Theology*, vol. 2, trans. D. M. G. Stalker (New York: Harper & Row Publishers, 1966), 147.

13) R. H. Pfeiffer, *Introduction to the Old Testament* (New York: Harper & Brothers Publishers, 1948), 463. 그 밖에 John N. Oswalt, *The Book of Isaiah 1-39*, NICOT, ed. Roland K. Harrison (Grand Rapids: Wm. B. Eerdmans, 1986), 3; Wolf, *Interpreting Isaiah*, 11을 보라.

14) Th. C. Vriezen, 『구약신학개요』, 노항규역 (서울: 크리스챤다이제스트, 1995), 574.

15) 예컨대, 린드블롬은 이사야가 구약에서 우주적 종말론을 제시한 최초의 책임을 강조한다. J. Lindblom, *Prophecy in Ancient Israel* (Philadelphia: Fortress Press, 1963), 365-67.

16) 여기에 관한 논의는 이 책 제5부 3장을 보라.

17) 정규남, 『구약신학의 맥』 (서울: 두란노, 1996), 198-233.

시온 주제와 유기적인 관련을 맺고 있다.[18] 이러한 사실은 결과적으로 이사야의 종말론과 시온 주제가 긴밀한 동반 관계에 있음을 보여준다고 하겠다.[19]

근자에 와서 학자들 사이에 이사야 신학에 있어서 시온 주제의 중요성에 대한 관심이 증대되기 시작하면서 그것이 이사야의 종말론뿐 아니라 그의 신학 전반에 중추적 역할을 한다는 인식이 확산되어 가고 있다. 폰 라드는 이사야의 메시지가 비록 광범위하고 복합적인 내용을 담고 있기는 하지만, 그것은 특히 시온-예루살렘 전승에 크게 의존하고 있음을 지적한 바 있다.[20] 그는 이사야의 선포가 전반적으로 두 개의 전승, 곧 시온 전승과 다윗에 관한 전승에 기초해 있다고 본다.[21] 그리고 이른바 제2이사야에 와서는 출애굽 전승이 하나 더 추가되지만 이사야의 사고는 여전히 시온을 중심으로 전개되고 있음을 강조한다.[22]

클레멘츠(R. E. Clements) 역시 일찍이 시온 주제가 이사야 신학에서 차지하는 역할과 중요성을 검토한 다음, 이사야를 가리켜 "시온 산의 예언자"로 규정하였다.[23] 자이츠(Seitz)는 이사야서의 전승들이 시온의 마지막 운명을 설명하고 예시하기 위한 관심에서 성장하고 발달하였음을 지적한다.[24]

---

18) 덤브렐은 이사야서에 나타난 역사적 예루살렘의 운명과 종말론적 희망들에 대한 관심을 하나로 결합시켜 주는 중심 요소가 바로 시온-예루살렘 주제임을 지적한다. William J. Dumbrell, "The Purpose of the Book of Isaiah", *TB* 36 (1985): 112.
19) 이사야에서의 시온의 중요성과 관련하여 보스는 이미 이사야의 종말론적 이상이 성소와 시온을 중심으로 전개되고 있음을 지적한 바 있다. G. Vos, *Biblical Theology* (Grand Rapids: Wm. B. Eerdmans, 1948), 264.
20) von Rad, *Old Testament Theology*, vol. 1, 149.
21) Gerhard von Rad, *The Message of the Prophets*, trans. D. M. Stalker (New York: Harper Collins, 1965), 144.
22) von Rad, *Old Testament Theology*, vol. 2, 239.
23) R. E. Clements, *Prophecy and Covenant* (London: SCM Press, 1973), 49; 참조. idem, *Isaiah and the Deliverance of Jerusalem*, JSOTS 13 (Sheffield: JSOT Press, 1984), 72-89.
24) Christopher R. Zeitz, *Zion's Final Destiny* (Mineapolis: Fortress Press, 1991).

덤브렐(Dumbrell)에 따르면, 이사야서 전체의 목적은 예루살렘에 대한 야훼의 관심과 애착을 보여주는 것이며, 바로 이것이 이사야서를 하나로 묶어 주는 총괄적인 주제가 된다.25) 그는 이사야서가 시온 주제로 시작해서 시온 주제로 끝난다고 본다. 이사야서 전반부인 1-39장은 예루살렘에 임할 심판의 예견에서 시작하여 그것이 분명히 도래할 것에 대한 확언으로 끝난다. 즉 이사야 1장은 희생 제사가 더 이상 용납되지 않고 하나님을 향한 기도마저 외면 당하는 몰락한 예루살렘 상을 묘사한다. 그리고 39장은 히스기야 왕과 예루살렘 도성에 대한 포로의 위협을 선포하는 것으로 맺는다. 이사야의 후반부인 40-66장은 포로 귀환의 예견에서 시작하여 새로운 창조의 가장 핵심이 될 새예루살렘의 출현으로 끝난다. 이렇게 이사야에 있어서 예루살렘은 시작과 끝을 관통하는 중심 주제이다. 나아가 예루살렘의 중심성, 곧 하나님의 도성과 세계의 중심으로서의 예루살렘의 역할이야말로 이사야의 예언 전체를 하나로 묶어 주는 고리라 할 수 있다.26)

이사야서에는 '시온'이라는 어휘가 47회 등장한다. 이 말이 구약 전체에서 154회 사용되는 것과 비교할 때 대략 3분의 1이 이사야서에 집중되어 있음을 알 수 있다.27) 또한 '시온'을 지칭하는 다른 어휘인 '예루살렘'이 구약에서 언급되는 경우는 660회에 이르고, 이사야서에만 49회 나타난다.28) 이러한 사용 빈도는 이사야가 이 용어들을 단순히 숫자상으로 구약의 다른 저자들보다 많이 사용했음을 지시하는 것이 아니라, 이사야가 그의 예언의 넓이와 깊이 만큼이나 다양하고 폭 넓게 시온-예루살렘을 해석하고 자

---

25) Dumbrell, "The Purpose of the Book of Isaiah", 112.
26) William J. Dumbrell, *The Search for Order: Biblical Eschatology in Focus* (Grand Rapids: Baker Books, 1994), 81.
27) G. Fohrer, "Zion-Jerusalem in the Old Testament", in *TDNT*, ed. Gerhard Kittel, trans. & ed. Geoffrey W. Bromiley (Grands Rapids: Wm. B. Eerdmans, 1970), 7:293.
28) Ibid. 그 밖에도 시온-예루살렘의 명칭은 그것을 가리키는 다른 표현들, 예컨대 모리아 산, 다윗 성, 유다의 성읍, 성전산, 거룩한 성읍, 살렘, 여부스, 아리엘, 그 성읍 등의 호칭까지 모두 포함할 경우 구약 전체에서 그 수는 2000여 회에 달한다. Shemaryahu Talmon, "The Biblical Concept of Jerusalem", *JES* (1971): 301.

신의 메시지에 적용함으로써 시온 주제의 신학적 의미를 그만큼 확장하고 발전시켰음을 말해 준다. 이사야와 시온-예루살렘의 이와 같은 밀접한 관계는 이사야가 예루살렘에서 출생하고 성장하였을 뿐 아니라, 이곳을 중심으로 일생 동안 예언 사역을 해 왔다는 사실에서 그 이유를 찾을 수 있다. 다시 말해 이사야는 시온-예루살렘이라는 자신의 특수한 삶의 자리에 충실하면서 이를 바탕으로 그의 관심 주제들을 신학화하고 발전시켜 나간 것으로 보아야 한다. 지금까지의 진술을 통해 구약신학에서 이사야서가 차지하는 비중과 중요성, 그리고 이사야의 신학적 구도에서 차지하는 시온의 중심적 역할이 어느 정도 밝혀졌다고 할 수 있다. 따라서 이 연구의 목적은 기본적으로 두 가지의 방향에서 설정하고자 한다.

첫째는 시온 주제가 이사야의 신학에서 어떻게 적용되고 해석되는지를 밝히는 일이다. 이를 통해 이사야 신학의 성격과 방향이 새로운 지평에서 조명될 수 있을 것이다. 둘째는 시온 주제가 이사야의 다른 주요 사상들과 어떻게 유기적인 관련을 맺는지를 해명하는 일이다. 이러한 연구를 통해서 시온 주제가 단순히 이사야서에 다루어지고 있는 여러 소주제들 중 하나에 불과한 것이 아니라, 이사야 신학 전체를 엮어 주는 골격의 역할을 하고 있음을 논증하려고 한다. 아울러 이 연구의 부수적인 결과로서 시온 주제가 이사야의 문학적 신학적 통일성을 입증해 줄 중요한 요소임이 밝혀질 것이다. 나아가 이 연구를 계기로 이사야서뿐 아니라 구약신학에서 시온 주제가 차지하는 신학적인 중요성에 대해 정당한 평가가 내려지고 시온 주제에 관한 연구가 활성화된다면, 이 책이 의도하는 또 다른 목적을 달성하는 셈이 될 것이다.[29]

---

29) 시온이 구약신학의 독립된 주제로 학자들의 관심을 끌고 연구의 대상이 된 지는 얼마 되지 않는다. 길지 않은 연구 역사에도 불구하고 지금까지 시온 주제는 많은 학자들에 의해 다양한 관점에서 토의되고 연구되어 왔으며, 따라서 그 성과는 지금 상당한 수준에 이르렀다고 할 수 있다. 이는 시온-예루살렘에 관한 참고문헌 목록집이 한 권의 책으로 출판될 정도라는 사실로도 확인된다. James D. Purvis, *Jerusalem, The Holy City: A Bibliography* (Metuchen/ London: The American Theological Library Association and the Scarecrow Press, 1988)을 참조하라. 이는 시온-예루살

2. 최근의 연구 동향

시온이 구약신학에서 신학적인 논의의 주제로 떠오르기 시작한 역사는 그리 길지 않다. 시온 신학의 연구는 폰 라드와 노트에 의해 본격적으로 시도된 것으로 볼 수 있다.[30]

폰 라드는 1949년에 발표한 소논문에서 이사야 2:2-4, 60:1-22 그리고 학개 2:6-9을 중심으로 예루살렘의 위상에 관해 논의하였다.[31]

폰 라드는 여기에서 이사야의 전체 사역이 거룩한 성읍 시온, 곧 야훼의 택한 도성에 집중하고 있음을 강조하고,[32] 나아가 그에게 있어서 시온(그리고 이스라엘)을 위한 종교적 정당성의 유일한 근거는 야훼께서 그것을 세우시고 다윗의 보좌를 위해 놀라운 언약을 허락하셨다는 사실에 있음을 밝혔다.[33] 이어서 노트는 예루살렘과 초기 이스라엘 전승들과의 관계를 토의함으로써 예루살렘이 구약신학에서 중요한 주제임을 부각시켰다.[34] 그는 이

렘 주제의 중요성에 대한 인식이 학자들 사이에 빠르게 확산되어 왔음을 반증한다. 그러나 국내의 경우는 시온 주제가 학자들에 의해 크게 주목받지 못하고 있는 것 같다. 그것은 이 주제를 다룬 국내 학자들의 논문이나 저술이 그렇게 많지 않다는 점으로 알 수 있다. 여기에 대해서는 이 책 제1부 2장을 보라.

30) 권혁승, "시온-예루살렘신학의 성서신학적 위치와 의미", 『신학과 선교』 제15집 (1990): 215; Ben C. Ollenburger, *Zion, the City of Great King: A Theological Symbol of the Jerusalem Cult*, JSOTS 41 (Sheffield: JSOT Press, 1987), 15.

31) Gerhard von Rad, "Die Stadt auf dem Berge", *EvTh* (1948/49): 439-47; 같은 글이 Gerhard von Rad, *Gesammelte Studien zum Alten Testament* (München: Chr. Kaiser Verlag, 1958), 214-24에 수록되었다. 이것은 다시 영어로 번역된 폰 라드의 논문집에 수록되었다. G. von Rad, "The City on the Hill", in *The Problem of the Hexateuch and Other Essays*, trans. E. T. Dicken (Edinburgh/London: Oliver & Boyd, 1966), 232-42.

32) Ibid., 232.

33) Ibid., 232-33.

34) Martin Noth, "Jerusalem und die israelitische Tradition", *OTS* 8 (1950): 28-46. 같은 글이 Martin Noth, *Gesammelte Studien zum Alten Testament*, 2. Aufl. (München: Chr. Kaiser Verlag, 1960), 172-87에 수록되었다. 이것은 영어로

글에서 다윗이 예루살렘을 수도로 정한 후 법궤를 이곳으로 이전한 사건이 제의 중심지로서의 예루살렘의 중요성을 고조시킨 계기가 되었음을 강조한다. 폰 라드의 제자 롤랜드는 이러한 초기의 연구를 보다 확장하고 발전시켰다. 그는 구약의 전승들 가운데서 '시온 전승'을 특별히 구별해 내고 그것이 네개의 주제로 구성되어 있음을 밝혔다. ① 시온은 가나안 신화에서 가장 높은 산으로 알려진 차폰의 정상과 일치한다(시 48:3-4). ② 낙원의 강이 그곳에서 발원하고, 기혼 샘이 이것과 관련된다(시 46:5; 참조. 창 2:13; 왕상 1:45). ③ 야훼가 거기서 혼돈의 물과 싸워 승리하셨다(시 46:3). ④ 야훼가 거기서 이방의 왕들과 그들의 백성을 물리치고 승리하셨다(시 46:7; 48:5-7; 76:4, 6-7).[35] 롤랜드의 연구는 시온 주제에 대한 학자들의 관심을 자극시켰으며, 그 결과 시온 주제는 다수의 학자들에 의해 다양한 관점에서 다루어지고 연구되기에 이르렀다.

여기에서는 그러한 연구들 가운데 1970년대 이후 최근 25년 간에 이루어진 성과들을 제한적으로 살펴보려고 한다.[36] 최근의 추세는 대체로 '시온'을 비롯해 '예루살렘', '도성'과 같은 유사한 명칭과 표제 아래 연구가 이루어져 온 것이 특징이다.

프릭(Frank S. Frick)은 1970년 프린스톤 대학교에 제출한 "구약성경

번역되어 Martin Noth, "Jerusalem and the Israelite Tradition", in *The Laws in the Pentateuch and Other Studies*, trans. D. R. Ap-Thomas (London: SCM Press, 1988), 132-44에 수록되었다.

35) Edzard Rohland, *Die Bedeutung der Erwählungstraditionen Israels für die Eschatologie der alttestamentlichen Propheten* (Dr. Theol. dissertation, University of Heidelberg, 1956). 142; J. J. M. Roberts, "The Davidic Origin of the Zion Tradition", *JBL* (1973): 329에서 재인용. 또한 R. E. Clements, *Isaiah and the Deliverance of Jerusalem*, JSOTS 13 (Sheffield: JSOT Press, 1984), 74를 참조하라. 빌드버거는 롤랜드가 제안한 이 네 개의 주제에 다섯번째 주제로 '시온 산을 향한 이방 나라들의 순례'를 추가하였다. Hans Wildberger, "Die Völkerwallfahrt zum Zion, Jes. II 1-5", *VT* 7 (1957): 62-81.

36) 1970년 이전까지의 연구 동향에 관해서는 David L. Eiler, *The Origin and History of Zion as a Theological Symbol in Ancient Israel* (Ph.D. dissertation, Princeton Theological Seminary, 1968), 1-21을 보라.

의 성읍"이라는 제목의 철학박사 학위 논문에서 'ir(עיר)와 그 동의어들의 용례를 분석한 다음 특히 이스라엘 왕정 시기의 사회 경제 및 정치적 구도 속에서 도시가 지닌 성격을 검토함으로써 '성읍'의 특성을 파악하고자 했다.[37]

이 연구에서 프릭은 아하로니(Yohanan Aharoni)의 이론을 바탕으로 고대 팔레스타인에서 예루살렘을 포함한 도시의 형성에 중요하게 작용된 네 가지의 요소를 열거한다. ① 도시 방어를 포함한 전략적인 고려, ② 적절한 용수 공급, ③ 도시들을 잇는 주요간선 도로 상에 위치할 것, ④ 농산물 생산지에 인접할 것.[38] 그러나 시대를 불문하고 도시 건설에 가장 으뜸으로 고려된 사항은 외부의 침입을 효과적으로 차단할 수 있는 방어 여건이었다. 따라서 프릭은 구약에서 도시를 지칭하는 술어들은 한결같이 요새화된 피난처의 성격을 강조한다는 점을 밝히고, 이러한 사실은 예루살렘을 비롯한 고대 도시들의 발굴을 통해 고고학적으로 입증되고 있음을 지적한다.[39] 윌슨(Robert Wilson)은 바벨탑 기사에서부터 포로 시기까지에 이르는 도성 개념의 발전 과정을 역사적으로 검토함으로써 예루살렘과 시온의 의미를 해명하고자 했다. 아울러 그는 이러한 연구를 토대로 종말론적 성읍으로서의 시온의 신학적 중요성을 논의한다.[40]

위에서 소개한 연구들이 기본적으로 구약에 나타난 도시 용어의 어원학적 연구 및 도시의 발전사를 토대로 시온의 성읍 개념을 논구한 것이라면, 다른 한편으로 시온-예루살렘을 선택의 관점에서 파악함으로써 그것이 지닌 신학적인 의미를 규명하고자 한 연구들도 있다. 로벗츠(J. J. M. Roberts)는 그의 논문에서 통일 왕정 기간 동안의 시온 신학의 성립을 집

---

37) Frank S. Frick, "The City in the Old Testament" (Ph.D. dissertation, Princeton University, 1971).
38) Ibid., 71-74.
39) Ibid., 82.
40) Robert Wilson, "The City in the Old Testament", in *Civitas: Religious Interpretations of the City*, ed. Perters S. Harkins (Atlanta: Scholars Press, 1986), 3-13.

중적으로 논의한다.[41] 그의 분석에 따르면 시온 전승의 기본적인 내용은 ① 야훼는 위대한 왕이시라는 것, ② 그가 예루살렘을 자신의 거처로 선택하셨다는 것으로 요약된다. 그리고 이 교리가 생겨난 시점을 다윗이 법궤를 예루살렘으로 옮기기로 결정한 이전, 그리고 성전을 예루살렘에 건립하기로 결정한 이후로 미룰 수 없다고 단정한다. 로버츠는 여부스의 신화적 전승들이 다윗 때 있었던 영토 확장 전쟁의 역사적 경험과 일부 접촉점을 가진다고 보며, 시온 전승이 지닌 세부적인 양식은 신화와 역사에 의한 상호 영향으로부터 비롯되었을 가능성이 있다고 생각한다. 아울러 그는 BC 701년 산헤립의 퇴각으로 예루살렘이 구원받은 사건이 시온 신학을 보다 강화시켰을 것으로 믿는다.[42]

바인펠트(Moshe Weinfeld)는 예루살렘이 중앙 성전 도시로 선택됨으로써 이스라엘 역사에서 왕조가 수립되고 고정된 종교 질서가 확립되는 계기를 마련했다고 주장한다. 그리고 이스라엘이 부족 지도자의 지배에서 벗어나 왕의 통치를 받게 되고, 더 이상 이동 성소가 아닌 고정된 성소를 갖게 됨으로써 왕궁과 성전 도시 예루살렘의 개념이 형성되기 시작했음을 밝힌다.[43]

에일러(Eiler)는 신학적 상징으로서의 시온의 의미에 주목하고 이것을 거룩한 전쟁과 신현현 주제의 발전으로 해석하고자 한다.[44] 그는 이 같은 주제들이 다윗에 의해 법궤와 함께 시온으로 이전되고 야훼 제의의 신학적 기초가 된 것으로 이해한다. 그는 또 야훼의 거룩한 산이자 법궤의 안치소인

---

41) J. J. M. Roberts, "Zion in the Theology of the Davidic-Solomonic Empire", in *Studies in the Period of David and Solomon and Other Essays*, ed. Tomoo Ishida (Winona Lake: Eisenbrauns, 1982), 93-108.

42) Ibid., 108.

43) Moshe Weinfeld, "Zion and Jerusalem as Religious and Political Capital: Ideology and Utopia", in *The Poet and the Historian: Essays in Literary and Historical Biblical Criticism*, ed. R. E. Friedman, HSS 26, 75-115 (Chico: Scholars, 1983).

44) Eiler, *The Origin and History of Zion as a Theological Symbol in Ancient Israel*, 106-48.

시온이 야훼의 우주적 왕권을 지상에 구현하는 중심지가 되었음을 지적한다.

한편 올렌버거(Ollenburger)는 시온 전승이 지닌 신학적인 특징의 핵심 요소들을 고찰하였다. 그는 특히 시온 상징주의와 야훼 왕권의 중요성에 관심을 두었다. 그는 예루살렘 제의 전승의 시온 상징주의가 근본적으로 시온에 등극한 왕 야훼와 관련되어 있음을 밝혔다. 올렌버거는 이러한 고찰을 통해 야훼의 왕권 사상에는 창조자 및 방어자의 야훼 개념이 함축되어 있음을 규명한다. 이렇게 해서 얻은 그의 결론은 시온이 궁극적으로 안전과 피난처를 상징하게 된다는 것이다.[45]

근자에는 신학일반에 대한 여성학적 측면에서의 관심과 접근이 활발하게 이루어지고 있다. 이러한 추세에 따라 시온이 지닌 여성적 표상에 주목하는 학자들이 늘어나고 있다. 예컨대, 핏제럴드(Fitzgerald)는 구약에서 성읍과 공동체에 대한 은유로 자주 사용되는 "처녀"와 "딸"의 용례를 중점적으로 검토하였다. 그는 가나안 지역에서 수도는 그 도시의 수호신과 결혼한 여신으로 간주되었음을 밝히고, 이 때문에 수도에는 "딸" 또는 "처녀"라는 칭호가 붙게 되었다고 본다. 이 칭호가 또한 예루살렘에 관해 사용되면서, 시온에도 적용되었음을 지적한다.[46]

여류 신학자 갤럼부쉬(Galambush)는 에스겔서에 사용된 예루살렘에 대한 비유적 표현인 야훼의 아내 표상의 성격과 기능을 고찰하였다. 이 연구에서 그녀는 에스겔서에 나타난 예루살렘의 아내로서의 표상이 특히 아내의

---

45) Ollenburger, *Zion, the City of Great King: A Theological Symbol of the Jerusalem Cult*, 53-80.

46) A. Fitzgerald, "*BTWLT* and *BT* as Titles for Capital Cities", *CBQ* 37 (1975): 167-83. 쉬미트도 이른바 제2이사야에 자주 나타나는 시온의 모성적 성격을 고찰하면서 비슷한 입장을 취한다. 그는 이스라엘인들이 도시를 여성으로 본 것은 고대 가나안인들의 영향을 받은 것으로 본다. 그러나 이스라엘은 하나님과 도성 사이의 결혼 표상을 묘사할 때 가나안과는 달리 그 도성의 수호신과 여신 간의 결혼으로 보지 않았다는 점이 양자의 결정적인 차이라고 지적한다. John J. Schmitt, "The Motherhood of God and Zion as Mother", *RB* 92 (1985): 557-69.

성적 부정에 초점이 맞추어져 묘사되고 있음을 밝히고, 이것이 예루살렘 성전의 부패에 관한 에스겔의 특별한 관심을 반영하는 것으로 풀이한다.[47]

터너(Turner)는 1992년에 제출한 그녀의 박사 학위 논문에서 구약의 예언서와 애가서에 나타난 예루살렘 또는 이스라엘을 의인화하기 위해 사용된 처녀(*btwlt*), 딸(*bt*), 처녀 딸(*btwlt bt*)과 같은 용어들의 용례를 고찰한다. 이 연구를 통해 터너는 시온의 여성적 상징이 대체로 비탄과 고난의 주제와 밀접한 관계를 갖고 있음을 밝힌다.[48]

최근에는 시온의 신학적인 의미를 종말론적 관점에서 파악하려는 움직임이 일어나고 있다. 대표적인 학자는 고원(Gowan)으로, 그는 『구약의 종말론』이라는 저술에서 시온을 중심 주제로 삼고 이스라엘의 종말론적 전승 신학을 검토해 나간다.[49] 그는 이 연구에서 특히 8세기의 예언자들이 미래의 시온을 그들 예언의 중심 주제로 삼은 사실을 중시한다.[50]

---

47) Julie Galambush, *Jerusalem in the Book of Ezekiel: The City as Yahweh's Wife* (Ph.D. dissertation, Emory University, 1991).

48) Mary Donovan Turner, *Daughter Zion: Lament and Restoration* (Ph. D. dissertation, Emory University, 1992). 그 밖에 브론너도 이른바 제2이사야 연구에서 하나님과 공동체에 대한 수많은 여성적 표상을 찾아낸다. L. L. Bronner, "Gynomorphic Imagery in Exilic Isaiah (40-66)", DID 12 (1983): 71-83. 카이저는 예레미야와 애가에 나타난 시온의 수사학에 대한 연구에서 여성으로 표상화된 시온에 특별한 관심을 기울인다. Barbara Bakke Kaiser, "Poet as Female Impersonator: The Image of Daughter Zion as Speaker in Biblical Poems of Suffering", *JR* 67 (April 1987): 164-82. 라피는 보다 범위를 넓혀 예루살렘 도성과 이스라엘 국가를 표현하는 데 사용된 여성적 표상을 추적한다. Alice L. Laffey, *An Introduction to the Old Testament—A Feminist Perspective* (Philadelphia: Fortress Press, 1988). 스텍은 구약에 나타난 도성의 여성적인 비유의 측면을 집중적으로 논구한다. 그는 특히 구약에 나타난 도성의 여성적인 의인화의 기원이 서부 셈족어에서 비롯되었음을 규명한다. Odil Hannes Steck, "Zion als Gelander und Gestalt", *ZTK* 86 (1989): 261-81. 소여는 이사야서에 나타난 시온의 여성적 측면과 야훼의 고난받는 종의 남성적 측면을 비교 대조한다. John F. A. Sawyer, "Daughter of Zion and Servant of the Lord in Isaiah: A Comparison", *JSOT* 44 (1989): 89-107.

49) Donald E. Gowan, *Eschatology in the Old Testament* (Philadelphia: Fortress Press, 1986).

50) Ibid., 9.

게인즈(Gaines)는 BC 6세기에서 AD 1세기 사이의 구약 정경과 외경을 포함하여 각종 문헌에 나타난 예루살렘에 관한 구절들을 분석하고 예루살렘의 종말론적 성격을 밝힌다.51) 그는 이 연구에서 종말론적 예루살렘의 표상이 네 가지의 기능을 지닌다고 보고 각 기능에 따른 특징들을 제시한다. ① 현실적 예루살렘 도성의 상실에 대한 반응, ② 유대인들의 그릇된 제의 관행에 대한 비판, ③ 기독교 복음 전파를 위한 변증의 도구, ④ 신자들의 의로운 행위를 유발시키는 수단. 게인즈는 종말론적 예루살렘이 유대 전승과 기독교 전승 양자에 근본적인 희망의 상징이 되었음을 지적하는 것으로 결론을 맺는다.52)

한편 국내 학자들의 연구 동향을 보면, 감리교신학대학교에서 구약학 교수를 역임한 구덕관이 발표한 논문과,53) 서울신학대학교의 구약학 교수 권혁승이 발표한 일련의 논문들54) 외에는 시온을 독립 주제로 한 연구를 찾아보기 어렵다.55) 그 밖에 대학원의 석사 학위 논문 중에서 시편에 나타난 시

---

51) Elizabeth Gaines, *The Eschatological Jerusalem: The Function of the Image in the Literature of the Biblical Period* (Ph.D. dissertation, Princeton University, 1988).
52) Ibid., 424.
53) 구덕관, "예루살렘-성시전통에 담겨 있는 희망-", 『신학과 세계』 제2집 (1976): 91-115. 이 논문에서 구 교수는 왕정 시대로부터 기독교의 메시야 시대에 이르기까지 예루살렘이 이스라엘의 종교에 미친 영향과 의미를 거룩한 도성 예루살렘의 배후에 자리잡고 있는 희망의 빛과 관련하여 추적한다.
54) 권혁승, "시온-예루살렘의 성서신학적 위치와 의미", 『신학과 선교』 제15집 (1990): 213-30; idem, "People of God and Zion Tradition in Isaiah", 『서울신대 교수논총』 제3집 (1992): 255-286; idem, "다윗 이전의 예루살렘 역사에 관한 소고", 『신학과 선교』 제18집 (1993): 197-218; idem, "하나님의 왕권과 시온전승의 관계성에 관한 고찰", 『신학과 선교』 제21집 (1996): 5-37.
55) 전국신학대학협의회에서는 최근 회원교에 발행하는 학술지와 교수논문집에 게재된 신학논문의 목록을 수록한 『신학대학학술지총색인』을 발간함으로써, 국내 신학자들의 연구 결과를 손쉽게 검색할 수 있게 하였다. 이인수 편, 『신학대학학술지총색인: 1918-1995』 (서울: 전국신학대학협의회, 1996)를 참조하라. 또한 1984년까지의 국내 신학자들의 연구자료 목록에 관해서는 박종호 편, 『한국신학논문총색인: 1916-1977』 (서울: 총신대학교출판부, 1979); 같은 편자, 『한국신학논문총색인: 1978-1984』 제2집 (서울: 총

온 주제를 다룬 것이 두 편,56) 이사야서에 나타난 예루살렘의 신학적 의미를 다룬 것이 한 편57)인 것으로 확인되고 있다.58)

지금까지 살펴본 것처럼 최근의 연구들은 대체로 고대 이스라엘의 사회 정치적 구조 속에 나타난 행정 수도로서의 시온-예루살렘, 신학적 상징으로서의 시온, 여성적 표상으로서의 시온, 종말론적 도성으로서의 시온 등에 대한 연구로 요약된다. 이러한 연구들은 시온이 지닌 신학적인 의미를 다양한 측면에서 검토하고 해명함으로써 시온 주제의 신학적 중요성을 심화시키고 나아가 시온에 대한 해석의 지평을 한층 확장시켰다는 점에서 그 의의를 평가할 수 있을 것이다.

3. 연구의 방법과 전개

구약성경 가운데 특히 이사야서를 연구의 대상으로 할 때 중요한 것은 이사야서의 저작권과 통일성에 대한 연구자의 관점이다. 연구자가 이 책의 저작권과 통일성에 대해 어떤 신학적 입장과 관점을 가지고 접근하느냐에 따라 그 연구의 방향과 본문 해석의 틀이 결정되기 때문이다.

이사야서의 통일성 문제가 본격적으로 대두된 것은 AD 1160년 에즈라 (Ibn Ezra)가 이사야 40-66장의 이사야 저작권에 대해 의문을 제기하면서 부터다.59)

신대학교출판부, 1985)을 참조하라.

56) 조성천, 『시편에 나타난 시온 개념-시온 개념의 발전과 그 모티브-』 (신학석사학위논문, 총신대학교신학대학원, 1985); 황승익, 『시편에 나타난 시온전통 연구』 (신학석사학위논문, 감리교신학대학원, 1989).

57) Yeonha Seo, 'Jerusalem' in the Book of Isaiah (M.Div. thesis, Presbyterian College and Theological Seminary, 1989). 이것은 영문으로 작성된 신학석사 학위 논문이다.

58) 이것은 1996년 5월 현재 입수된 각종 서지자료에 따른 것이다. 위의 주 55를 참조하라.

59) Pfeiffer, Introduction to the Old Testament, 415.

그러나 이에 앞서 AD 2세기경의 유대인 주석가 이븐 게카틸라(Moses ben Sauel Ibn-Gekatilla)가 이미 이사야 후반부의 장들이 제2성전 시대에 기록되었다고 주장한 적이 있다.60) 그 후 뒈더라인(J. G. Doederlein)이 1775년에 펴낸 자신의 주석서에서 이사야서의 복수 저작설을 보다 체계적으로 들고 나옴으로써 이 문제가 비평적인 학자들 사이에 폭 넓게 쟁점화되기 시작했다. 이어서 1892년에 둠(Duhm)은 『이사야서 주석』에서 이사야서가 시대를 달리하는 세 사람의 저자들, 이른바 제1, 제2, 제3이사야에 의해 기록된 것을 하나로 묶은 복합 저작품이라고 결론지었다. 오늘날 둠의 이론은 대다수 비평 학자들에게 지배적인 학설로 받아들여지고 있다. 그러나 이러한 주장은 많은 점에서 이사야 자체의 증거와 상치되며, 따라서 여전히 가설로서의 한계를 벗어나지 못하고 있다.61)

근자에 와서는 비평적인 학자들 사이에서 이사야의 통일성에 대한 종래의 입장을 교정하려는 움직임이 조심스럽게 일어나고 있다. 즉 이사야의 통일성의 부인을 전제로 한 지금까지의 분석적이고 통시적인 연구 방법이 노출한 문제점과 모순을 극복하기 위해 종합적이고 공시적인 방법에 근거하여 이사야서를 하나의 통일된 경전으로 받아들이고자 하는 시도가 그것이다. 이러한 추세는 지금까지의 비평적 연구 방식이 그랬듯이 이사야서를 몇 개의 단편으로 쪼개고 그 각 부분을 나머지 부분과 고립시켜 고찰하는 것으로는 이사야가 지닌 신학적 역동성과 일관성을 적절히 파악할 수 없다는 인식에서 비롯된 것이다.62) 이것은 비평학자들 스스로 자신들의 방법론이 지닌 한계를 인정하고 돌파구를 모색하려는 진지한 학문적 노력이라는 점에서 긍

---

60) 정규남, 『구약개론』, 제10판 (서울: 개혁주의신행협회, 1995), 223; Roland K. Harrison, *Introduction to the Old Testament* (Grand Rapids: Wm. B. Eerdmans, 1969), 765.
61) 이사야서에 대한 비평사에 관하여는 E. J. Young, 『구약총론』, 홍반식, 오병세 역 (서울: 개혁주의신행협회, 1991), 219-28; B. S. Childs, *Introduction to the Old Testament as Scripture* (Philadelphia: Fortress Press, 1982), 316-38을 보라.
62) 이사야의 통일성에 관한 최근의 연구 동향에 관해서는, 장일선, 『이사야』 II, 전망 성서주해 (서울: 전망사, 1994), 155-78을 보라.

정적으로 평가할 수 있다. 이러한 시도들이 보다 확산될 때 비평적 주장들이 안고 있는 문제점들이 바람직한 방향으로 교정될 수 있을 것으로 생각한다.

이사야의 단일 저작권과 통일성에 대한 복음주의 학자들의 입장은 확고하다. 영(Young)은 이사야가 이 책 전체의 저자로서, 자신의 메시지를 수집하고 현재의 형태로 배열한 장본인임을 강조한다.63) 아처(Archer) 역시 그의 『구약총론』에서 비평적 학설의 문제점과 모순점을 체계적으로 나열하고 반박함으로써 이사야의 저작권을 입증하고 있다.64) 볼프는 그의 이사야서 주석 서론에서 이사야 1-39장과 40-66장 사이에 중요한 차이점들이 존재함을 인정하면서도 제2이사야 (또는 제3이사야)의 존재를 부정한다. 그는 오히려 이것을 "디모데 전후서"나 "베드로 전후서"와 같은 의미로 "이사야 전후서"라고 부른다면 수용할 수 있을 것이라고 말한다.65) 볼프에 따르면 이사야 40-66장은 1-39장보다 아마도 여러 해 후에 쓰여진 "새로운 편지"일 것으로 추정된다. 볼프는 그럼에도 이 두 부분이 동일한 예언자의 저작임에는 변함이 없다고 분명히 못박는다.66)

풀러 신학대학교의 라솔(LaSor)은 최근 동료 교수들과 함께 공동으로 저술한 『구약개론서』에서 이사야의 저작권 문제에 대해 비교적 유연한 입장을 취하지만, "그 어떤 근거도 이사야가 이 이사야서의 전체 예언을 말한 중심 인물이라는 견해를 배격하기에는 충분하지 않다"고 결론 내림으로써 이사야의 단일 저작권을 확신한다.67) 국내의 복음주의 신학자 정규남은 "근본적으

---

63) Young, *The Book of Isaiah*, vol. 1, 8. 이사야서의 통일성과 저작권에 관한 보다 자세한 논의는 idem, *Who Wrote Isaiah?* (Grand Rapids: Wm. B. Eerdmans, 1958)을 참조하라.

64) Gleason Archer, *A Survey of the Old Testament Introduction* (Chicago: Moody Press, 1974), 339-59.

65) Wolf, *Interpreting Isaiah*, 36.

66) Ibid., 36-37.

67) LaSor, *Old Testament Survey*, 376. 라솔은 이사야서의 저작권의 문제와 관련하여 비평적인 학자들의 복수 저작설을 검토하고 그 주장이 지닌 문제점들과 한계들을 잘 지적하고 있다. 이것에 대해서는 ibid., 371-77을 보라. 비슷한 논의를 Wood, 『이스

로 두 개의 이사야 학설을 주장하는 이들은 이성적인 근거에 따라 순수하게 장래 일을 예언하는 일에 있어서 신의 계시를 대체로 인정하지 않는다"고 비판한다.68) 나아가 정교수는 "이들의 견해를 따른다면,…모든 예언의 말씀들은 단지 사건이 발생한 후 예언한 거짓 예언들일 뿐이다"라고 언급함으로써 비평적 학자들의 주장이 지닌 문제의 핵심을 적절히 지적한다.69)

이사야서의 통일성에 대한 관심은 이 책 전체를 하나로 묶어 주는 일관된 주제와 동기를 찾아내려는 연구자들에 의해 계속해서 이어지고 있다. 터너(Turner)는 이사야서에 일관되게 나타나는 야훼의 왕권, 거룩함, 다윗의 계보, 시온에 대한 언급 등이 이 책 전체의 공통된 신학적 방향을 결정짓는 구성 요소임을 강조한다.70) 비교적 최근의 연구로는 힐(Hill)이 1993년에 제출한 그의 철학박사 학위 논문을 들 수 있다. 힐은 그의 논문에서 이사야서의 통일성을 변증하는 하나의 시도로서 이 책에 사용된 중요한 신학적 주제인 출애굽 모티프를 검토한 다음, 이것이 이사야서의 최종적인 정경 형성 과정에서 통일성을 부여하는 중요한 요소로 작용했음을 밝혀냈다.71)

이사야서의 통일성과 저작권에 관한 논의를 여기에서 더 이상 진전시키

라엘의 선지자』, 441-43에서도 볼 수 있다. 비평적 학자들이 이른바 제2이사야를 포로후기의 존재로 상정하는데 반해 왈톤은 이사야서 전체가 포로기 이전에 완성되었음을 논증함으로써 이사야의 단일 저작권을 변호한다. John H. Walton, "New Observations on the Date of Isaiah", *JETS* 28 (1985): 129-32. 해리슨(Harrison) 역시 그의 *Introduction to the Old Testament*, 774-95에서 이사야의 단일 저작권과 통일성에 대해 자세히 논증한다. 메릴도 이사야의 단일 저작권을 옹호한다. Eugene H. Merrill, 『구약의 역사적 개요』, 김진명 역 (서울: 크리스챤다이제스트, 1995), 316-17. 이사야의 통일성에 대한 집중적인 연구서로는 O. T. Allis, *The Unity of Isaiah* (Philadelphia: The Presbyterian and Reformed Publishing Co., 1950)를 보라.

68) 정규남, 『구약개론』, 226.
69) Ibid., 227.
70) Mary Donovan Turner, *Daughter Zion*, 80. 같은 주장을 이미 덤브렐이 제기한 바 있다. Dumbrell, "The Purpose of Isaiah", 112를 보라.
71) Linzy H. "Bill" Hill, *Reading Isaiah as a Theological Unity Based on an Exegetical Investigation of the Exodus Motif* (Ph.D. dissertation, Southwestern Baptist Theological Seminary, 1993).

는 것은 이 논문의 범위를 벗어나는 일이다. 다만 이 연구가 기본적으로 이사야서가 단일 저자에 의해 기록되었고, 따라서 문학적인 면과 신학적인 면에서 일관성과 통일성을 지닌 경전이라는 연구자의 학문적 신앙적 신념을 전제로 진행될 것임을 밝히는 것으로 충분하다고 본다. 한 가지 부언한다면 이 논문이 이사야서에 나타난 시온 주제를 논구해 나갈 때 비록 일차적인 목적은 아니지만 이사야의 신학적 통일성을 입증하는 부수적인 효과도 기대할 수 있으리라는 점이다. 그 이유는 시온 주제가 예언서 전체에서 일관되게 중심 주제로 사용되고 있음이 밝혀질 것이기 때문이다.[72]

이 책은 이와 같이 복음주의적 관점을 충실히 견지하면서 필요할 경우 문법적-역사적 비평 및 양식비평 방법에 따른 성과도 수용하여 다음과 같이 전개할 것이다. 제1부 서론에서는 연구의 의의와 목적을 제시하고, 최근의 연구 동향을 70년대 이후의 연구 성과를 중심으로 제한적으로 살펴본다. 여기에서 70년대 이후 최근까지의 시온 주제에 대한 다양하고 활발한 연구 경향과 신학적 관심을 확인할 수 있을 것이다. 이어서 이 책의 연구 방법과 전개를 제시한다.

제2부에서는 구약에서의 시온 주제의 기원과 전개를 다룬다. 제1장에서는 지리적인 측면에서 시온-예루살렘의 지명의 기원과 의미를 추적해 봄으로써 이것이 어떻게 신학적인 의미와 연계되고 발전되는지를 밝히고자 한다. 시온과 예루살렘은 지리적으로 볼 때 엄격히 구분되는 실제임에도 불구

---

[72] 터너에 따르면 시온-예루살렘에 대한 관심이 이사야서 전체를 하나로 묶어 주는 연결 고리가 된다. Turner, *Daughter Zion*, 56-57. 우드와 반게메렌도 시온 주제가 이사야서 전체의 문체와 주제의 유사성과 반복성을 지시하는 중요한 요소라는 데 견해를 같이한다. Wood, 『이스라엘의 선지자』, 443; 또한 Willem A. VanGemeren, 『예언서 연구』 김의원, 이명철 역 (서울: 엠마오, 1993), 436을 보라. 렌토르프는 이사야의 주요 주제들로 야웨의 영광(כבוד)과 이스라엘의 '거룩한 자' 야웨 등을 제시하며, 특히 시온 주제가 이사야서 전체를 결합시켜 주는 중요한 요소임을 강조한다. R. Rendtroff, "Zur Komposition des Buches Jesaja", *VT* 34 (1984): 318. 비슷한 입장이 R. E. Clements, "The Unity of the Book of Isaiah", *Int* 36 (1982): 117-29에서도 피력된다.

하고 현실적으로 성경 기자들에 의해 거의 동일한 개념과 표상으로 받아들여지고 있는 점을 감안하여 이후의 논의부터는 필요할 경우 '시온-예루살렘'을 단일 어구로 묶어 사용할 것이다. 제2장에서는 지금까지 학자들에 의해 제안되어 온 시온 주제의 발생과 기원에 대한 학설들을 소개하고 평가함으로써 시온 신학의 해석에 대한 기초를 제공하고자 한다. 그런 다음 제3장에서는 시온 주제가 구약의 시편과 예언서에 어떻게 반영되고 전개되는지를 개괄적으로 검토함으로써, 이사야의 시온 이해를 위한 신학적 방향을 제시해 보고자 한다.

제3부에서는 시온-예루살렘의 지리적 신학적 의미가 이스라엘의 역사에 있어서 어떻게 발전하고 변천하였는지를 살펴본다. 편의상 이스라엘의 역사를 크게 세 시기, 즉 왕정 수립 이전, 왕정 시기, 포로기 및 귀환 시기로 구분하고, 기본적으로 성경의 내적 자료와 증거에 근거하여 논의를 전개할 것이다. 여기에서는 이스라엘의 역사적 흐름에 따라 시온-예루살렘이 이스라엘의 중요한 신학적 주제로 자리잡아 가는 것을 확인할 수 있을 것이다. 동시에 이스라엘의 중요한 역사적 사건, 특히 국가적 위기와 마주칠 때에 시온 주제가 성경 기자들에 의해 재해석되고 강조되는 것을 발견할 수 있을 것이다.

제4부는 이 연구의 중심이 되는 부분으로, 지금까지의 논의에 기초해서 이사야가 시온을 어떻게 해석하고 자신의 신학적 구도에 적용하는지를 여덟 개의 소주제로 구분하고 관련 구절들을 제시한 후, 이를 주석적 신학적 해석 방법을 통하여 해명한다. 여기에서 다양하고 풍성한 이사야의 시온 신학의 진수가 드러날 것이다.

제5부는 시온 주제와 이사야의 중요한 신학적 사상들과의 관련을 밝힌다. 이를 통해 시온 주제가 이사야의 다른 개념들과 어떻게 유기적인 관계를 맺고 있고, 따라서 그것이 이사야의 신학 전반에 얼마나 중심적인 요소로 역할하는지를 규명할 것이다. 이로써 시온 주제가 이사야에게 있어서 단순히 독립된 소주제로서의 의미를 뛰어넘고 있음이 다시 한 번 밝혀질 것이다

제6부는 결론으로 지금까지 논의한 각 장의 성과를 개괄하고 이사야의

시온 주제가 그의 신학에서 차지하는 중요성과 의의를 정리함으로써 이 책을 마무리 할 것이다.

　이 책에서 인용하는 우리말 성경 본문은 별도의 언급이 없는 한 한글개역성경을 사용하며, 히브리어 본문은 BHS를 따른다.

II

시온 주제의 기원과 전개

1. 시온-예루살렘 지명의 기원과 의미

(1) 시온

구약성경에서 '시온'이란 명칭은 다양한 문맥에서 발견된다. 지리적 상황과 관련하여, '산' 또는 '산들'(시 133:3), '딸 시온의 산'(사 10:32; 16:1), '산성'(삼하 5:7; 역대하 11:5) 등으로 나타나며, 주민과 관련하여 '딸' 또는 '처녀 딸'(왕하 19:21; 애가 2:13), '거민'(사 12:6; 렘 51:35), '시온의 딸'(사 3:16 이하; 4:4) 등으로 나타난다. 하나님과 관련하여는 '야훼의 성읍'(사 60:14), '우리 하나님의 성읍'(시 48:1), '나의 성산'(욜 3:17; 시 2:6), '이스라엘의 거룩한 자의 시온'(사 60:14)과 같은 표현이 사용된다. 시온의 평행 어휘들로는 '이스라엘'(사 46:13; 습 3:14 이하; 시 149:2), '예루살렘'과 '야곱'(애가 1:17), '야곱 중에 죄과를 떠나는 자'(사 59:20) 등이 있으며, 그 밖에 시온과 나란히 나타나는 병치어들로 '유다'(렘 14:19), '땅'(사 66:8), '유다 성읍들'(시 69:35; 애가 5:11), '유다의 딸들'(시 48:11; 97:8) 등이 있다.[1]

---

1) G. Fohrer, "Zion-Jerusalem in the Old Testament", in *TDNT*, ed. Gerhard Kittel, trans. & ed. Geoffrey W. Bromiley (Grands Rapids: Wm. B.

'시온'(ציון)의 어원은 히브리어, 아랍어, 아람어 같은 셈족어와 엘람어, 후리어 같은 비셈족어로부터 유래했을 가능성이 있다. ציון에 매우 근사한 히브리어 어근으로는 ציה('메마른 땅, 황무지')가 있다. 이에 상응하는 시리아어 동사는 shy('건조하다, 갈증나다')로, 여기에서 시온을 나타내는 시리아어 sehyon이 나왔다고 볼 수 있다. 그러나 시온(ציון)이라는 어휘가 구약성경에서 이러한 의미를 가지는 것으로는 전혀 확증되지 않고 있다. 그 밖에 가장 가능성이 큰 전통적인 이론은 시온(ציון)을 아랍어 어근 syn('보호하다')과 관련시킴으로써 "요새, 성채"의 의미를 부여하려는 시도이다. 이것은 구약의 많은 구절들, 특히 מצדת ציון('시온 산성'; 삼하 5:7=대상 11:5)에 나타난 시온의 용례와 부합하는 것으로 보인다. 그럼에도 자체가 "성채"를 의미할 경우 동일한 의미를 가진 מצדת('산성')는 이 어구에서 불필요한 군더더기 말이 되어 버린다는 문제가 발생한다.[2]

이와 같이 시온의 어원을 명확히 밝혀내기 어렵기 때문에 이 말이 다윗 당시에는 이미 그 어원과 본래의 의미를 상실한 지 오래된 단순한 지명에 지나지 않았다는 주장이 설득력 있게 제안되고 있다.[3] ציון이 관사 없이 사용되고 있다는 점도 이러한 주장을 뒷받침한다. 사실상 구약성경은 이 단어의 유래를 암시하는 어떤 기원론적인 이야기도 전해주지 않는다. 뿐만 아니라 성경 밖의 자료들도 ציון의 유래를 규명할 만한 단서를 제공하지 않고 있다. 따라서 ציון은 그 단어의 원래 의미가 어떠했건 이스라엘 종교에서 처음부터 하나의 지명으로서 상징적인 지위를 확보해 왔다고 결론내릴 수 있다.

Eerdmans, 1970), 7: 293-94.

2) 포러는 시온이란 지명이 그것이 위치한 지형의 특성과 관련되었을 가능성을 강하게 시사한다. 즉 시온은 지표면에 형성된 구릉 또는 언덕을 의미한다는 것이다. Ibid., 295.

3) David L. Eiler, *The Origin and History of Zion as a Theological Symbol in Ancient Israel* (Ph.D. dissertation, Princeton Theological Seminary, 1968), 87.

(2) 예루살렘

구약성경에서 흔히 '시온'의 동의어로 사용되는 '예루살렘'이라는 명칭은 매우 고대로부터 알려져 있었음이 밝혀지고 있다. BC 19-18세기의 것으로 추정되는 이집트의 '저주 문서'(Execration Texts)에는 예루살렘이 가나안의 도시국가 명단 가운데 우루살림마(*Urushalimma*) 또는 루살리뭄(*Rusalimum*)으로 표기되어 나타난다.

또한 이 이름은 BC 14세기경의 아마르나 문서(Amarna Letters)에서 우루살림(*Urusalim*)으로 나타난다. 이 문서에는 당시 예루살렘의 통치자이자 이집트의 봉신이었던 압디히바(Abdi-Hiba)가 이집트왕 아메노피스 4세(아케나텐)에게 충성을 다짐하는 한편으로 이집트의 적들을 격퇴하도록 도와 달라는 내용의 편지가 들어 있다. 또 다른 것으로는 세펠라에 위치한 한 성읍의 통치자인 슈와르다타(Shuwardata)가 쓴 편지인데, 여기에는 하비루의 침입으로 인해 매우 위험한 상황에 처했다는 언급과 오로지 그와 압디히바만 끝까지 남아 하비루들에 항쟁하고 있음을 이집트의 군주에게 보고하는 내용이 들어 있다. 이들 편지에는 BC 14세기 무렵에 예루살렘이 얼마나 중요한 요충지였는지가 잘 나타난다. 보다 후기의 문헌으로는 BC 701년 산헤립의 예루살렘 포위를 기록한 앗수르의 문서에 우르살림무(*Ursalimmu*)로 표기되어 나타난다.[4] 이와 같이 예루살렘은 BC 19세기부터 14세기까지 번성하던 도시 국가였으나 이스라엘 부족들의 정복과 정착에 따른 혼란기가 계속되면서 그 세력이 급격히 쇠퇴한 것으로 보인다.[5]

예루살렘은 종전까지 셈족어 '*Uru*'(도성)와 '*Salim*'(아모리인들의 신명)의 합성어인 '*urusalim*'에서 나온 말로서, '살림의 성읍'을 뜻하는 것

---

4) Philip J. King, "Jerusalem", in *ABD*, ed. David Noel Freedman (New York: Doubleday, 1992), 3:751; B. Mazor, "Jerusalem in the Biblical Period" in *Encyclopedia of Archaeological Excarvations in the Holy Land*, ed. Michael Avi-Yonah (London: Oxford University Press, 1976), 2:585.

5) Tomoo Ishida, *The Royal Dynasties in Ancient Israel: A Study on the Formation and Development of Royal-Dynastic Ideology*, BZAW 142 (Berlin: W. de Gruyter, 1977), 118.

으로 해석되어 왔다.6) 그러나 히브리어로 '예루살라임'(yerushalayim)으로 표기되고, 아람어로는 '예루살렘(yerushalem)으로 표기되는 이 명칭이 'yrh'(세우다)와 'slm'(신의 이름)의 합성어로서 '살렘 신의 기초'(the foundation of the god Shalem)를 뜻한다는 것이 보다 설득력 있는 견해로 받아들여진다.7)

'살렘'(salem)이 신의 이름이었다는 것은 가나안과 북부 셈족어 계통의 여타 자료들에 의해 입증되고 있다.8) 우가릿(Ugarit) 문서에는 최고 신 '엘'(il)에게 쌍둥이 아들 '사하르'(shr)와 '살렘'(slm)이 있었는데, 새벽의 샛별을 '사하르'라 지칭하고 저녁에 반짝이는 샛별은 '살렘'으로 지칭한 것으로 나타난다.9) 이들은 모두 이스라엘 이전 시대에 우가릿 지역에서 숭배된 천체 신들이었다.10)

따라서 예루살렘이라는 지명은 어원학적으로 볼 때 이곳이 원래 가나안 신 살렘의 숭배지였음을 반영하며,11) 최소한 다윗의 정복 무렵까지도 예루살렘에 살렘 제의가 존속했을 가능성이 있다.12) 그러나 구약성경에서 살렘

---

6) Barry J. Beitzel, "Jerusalem", in *Baker Encyclopedia of the Bible*, ed. Walter A. Elwell (Grand Rapids: Baker Book House, 1988), 2:1123.

7) Fohrer, "Zion-Jerusalem", 298; M. Burrows, "Jerusalem", *IDB*, 2:843-44. 따라서 예루살렘을 '평화의 도시'로 풀이해 온 전통적인 해석은 역사적으로나 어원학적으로 정확한 것이 아니라 할 수 있다.

8) 예루살렘과 살렘 신의 어원학적 관련에 대해서는 다음 논의들을 참조하라. N. W. Porteous, "Shalem-Shalom", *Glasgow University Oriental Society Transections*, X (1940-41): 1-2; E. Burrows, "The Name of Jerusalem", in *The Gospel of the Infancy and Other Biblical Essays*, The Bellarmine Series 6, ed. E. F. Stucliffe (London: Burns, Oates & Washbourne, 1941), 118-23; Fohrer, "Zion-Jerusalem", 297; M. Burrows, "Jerusalem", 843-44.

9) J. Gray, "Shalem (God)", *IDB*, 4:303-304.

10) R. K. Harrison, "Jerusalem, Old Testament", in *The New International Dictionary of Biblical Archaeology*, ed. Edward M. Blaiklock & R. K. Harrison (Grand Rapids: Zondervan Publishing House, 1983), 266.

11) Barry J. Beitzel, "Jerusalem.", 1123.

12) Eiler, *The Origin and History of Zion*, 89. 여기서 에일러는 살렘을 창세기 14:18-22에 나오는 "지극히 높으신 자"('el 'elyon)와 동일시하려 한다.

을 신의 호칭으로 사용하거나 간주한 사례는 전혀 발견되지 않는다. 그러므로 줄잡아 예루살렘이 다윗에 의해 정복된 이후로는 이 지명이 지닌 원래의 의미가 더 이상 기억되지 않았다고 할 수 있다.13)

(3) 지리적 측면에서 본 시온-예루살렘

다윗이 처음 점령한 여부스인들의 성읍은 남서쪽 구릉 지대에 자리잡고 있었다.14) 다윗의 예루살렘 정복 장면을 기술하는 사무엘하 5:6-10과 역대기하 11:4-9은 '시온 산성'(מצדת ציון)이 성벽으로 둘러싸인 여부스 성읍을 가리키며,15) 이곳이 다윗에 의해 점령되고 나서는 '다윗성'(עיר דוד)으로 지칭되었음을 보여준다. 따라서 '시온'과 '다윗성'은 원래 지리적으로 동일한 지역을 가리키는 동의어라고 할 수 있다.16)

그러나 이 두 명칭은 시간이 흐르면서 각기 다른 어감을 지닌 말로 사용되어 왔다. '다윗성'이란 명칭은 남동쪽 언덕에 자리한 옛 성읍을 가리키는 말로 줄곧 사용되었다.17) 한편 '시온'은 거의 대부분 시적 문맥에서 사용되어 왔으며, 때로는 성전 산을 포함한 성읍 전체를 가리키는 예루살렘과 동의어로 사용되기도 한다.18)

또는 '시온'이 원래 이 말이 가리키는 지리적 의미를 벗어나 성전과 관련

---

13) 그레이는 이스라엘 이전의 예루살렘 신 '살렘'을 모압 신 '아스타르 그모스' 및 솔로몬이 예루살렘에 제단을 세운 암몬 신 '몰렉' 또는 '밀곰'과 동일시하려 한다. J. Gray, "Ashtoreth", *IDB*, 1:255-56; "Chemosh", *IDB*, 1:556; "Molech, Moloch", *IDB*, 3:422-23; "Shalem(God)", 303-304. 그러나 성경은 솔로몬이 세운 '그모스', '밀곰', '아스타르트' 제의들이 예루살렘에 이미 존속하던 것들의 연장이 아니라 외국에서 들여온 이방 제의들임을 분명히 밝히고 있다(왕상 11:58; 11:33; 왕하 22:10, 13).

14) J. Simon, *Jerusalem in the Old Testament Researches and Theories* (Leiden: E. J. Brill, 1952), 60-64.

15) Ibid.

16) 이 두 지명이 지리적으로 동일한 곳을 가리킨다는 주장에 대해서는 ibid., 61을 참조하라.

17) G. A. Barrois, "David, City of", *IDB*, 1:782.

18) Eiler, *The Origin and History of Zion*, 93.

된 성스러운 지역을 지칭하는 경우도 있다.19) 이는 '다윗성'이 점차적으로 '시온'을 대신하여 특히 남동쪽 언덕에 자리한 성읍의 옛 부분을 가리키게 되었음을 보여준다. 따라서 시온은 다소 고풍스런 용어로서 예루살렘과 비슷한 의미를 가지면서도 지리적으로는 불명확한 어휘로 자리잡게 된 것이다.20) 그러나 '시온'이 어떻게 해서 예루살렘의 신성한 측면을 강조하거나 성전 구역을 지칭하는 용어로 사용되기 시작했는지에 관하여는 분명히 밝혀진 것이 없다.

예루살렘의 정확한 지리적 의미는 시온과 다윗성의 경우에 비해 확실하지 않다.21) 유다 지파의 북쪽 경계를 묘사하는 여호수아 15:8은 "또 힌놈의 아들의 골짜기로 올라가서 '여부스 곧 예루살렘 남편' 어깨에 이르며"라고 기술한다. 이는 여부스인들의 영토가 힌놈 계곡의 남쪽과 접해 있음을 말해주며, 나아가 남서쪽 언덕이 여부스인들의 영토에 속한 것임을 분명히 지시한다.

또 이 구절은 여부스(היבוסי)가 예루살렘(ירושלם)과 지리적으로 동일함을 보여준다. 뿐만 아니라 여호수아 15:63의 "예루살렘 거민 여부스 사람"(היבוסי יושבי ירושלם)과 사사기 1:21의 "예루살렘에 거한 여부스 사람"(היבוסי ישב ירושלם)이라는 표현들은 예루살렘이 전통적으로 여부스인들의 영토였음을 강력히 시사한다. 예루살렘과 여부스가 동일 지역이라는 사실은 사사기 19:10의 "여부스는 곧 예루살렘이라"(יבוס היא ירושלם)는 어구에서도 뚜렷이 드러난다.

다윗의 예루살렘 정복을 다루는 평행 기사들에 나타난 "왕과…예루살렘으로 가서 그 땅 거민 여부스 사람을 치려하매"(ירושלם היבסי יושב…הארץ וילך)라는 어구 역시 예루살렘이 여부스인들의 점유지였음을 말해준다(삼하 5:6; 참조, 대상 11:4). 이 구절들은 '여부스'와 '예루살렘'을, 그리고 '시온 산성'과 '다윗성'을 동일시하지만, '여부스'와 '시온 산성'(또

---

19) Fohrer, "Zion-Jerusalem", 300.
20) Eiler, *The Origin and History of Zion*, 94.
21) 그러나 사이먼은 예루살렘이 지리적으로 정확한 용어임을 성경 본문의 증거들을 들어 논증한다. Simon, *Jerusalem*, 242-49를 보라.

는 '다윗성'), 그리고 '예루살렘'과 '시온 산성'(또는 '다윗성')은 구별하는 것 같다. 그 근거는 다윗이 여부스인들의 영토인 예루살렘으로 자신의 부하들을 이끌고 가서 특히 '시온 산성'(מצדת ציון)을 장악하기 위해 전투를 벌이기 때문이다.22)

'시온 산성'은 성벽으로 둘러싼 남동쪽의 구릉지대로, 다윗이 이곳을 정복한 후 자신의 이름을 따서 '다윗성'(עיר דוד)이라 명명하였다. 이는 예루살렘이 다만 요새화된 산성뿐 아니라 인접 구릉지에 자리잡은 여부스인들의 영토까지 포함한다는 사실을 지시한다. 산성 북쪽 언덕에 위치한 여부스 사람 아라우나 소유의 타작마당에 대한 언급도 이 같은 구분을 보여준다(삼하 24:16, 18; 참조. 대상 21:15, 18, 28; 대하 3:1).23)

그 밖에도 많은 구절들이 예루살렘과 다윗성을 구별하고 있다. 바로의 딸과 결혼한 솔로몬은 "자기의 궁과 여호와의 전과 예루살렘 주위의 성"이 완공될 때까지 그녀를 다윗성에 데려다 놓고 기다리게 했다(왕상 3:1; 참조. 9:15, 24). 성전 봉헌을 위한 솔로몬의 소집에 따라 이스라엘의 대표들이 예루살렘에 왔을 때, 법궤를 '다윗성 곧 시온'에서 성전으로 옮기는 의식을 거행했다(왕상 8:1-6). 비슷하게 아하스 왕의 시신 역시 므깃도에서 예루살렘으로 옮겨진 다음 다윗성에 매장되었다(왕하 9:28; 참조. 14:20). 열왕기서는 왕이 예루살렘에서 수년을 통치한 후에 죽어 다윗성에 장사되었다는 전형적인 결구로 각 왕들의 통치 기사를 끝맺는다.24)

(4) 요약

이상의 논의에서 밝혀진 사실들은 다음의 몇 가지로 요약된다.

---

22) Eiler, *The Origin and History of Zion*, 95.
23) Ibid., 96. 예루살렘과 여부스, 시온 산성과 **다윗성**의 지리적 관련에 대한 자세한 논의는 Ishida, *The Royal Dynasties in Ancient Israel*, 127-30을 보라.
24) 왕상 2:10-11 (다윗); 11:42-43 (솔로몬); 14:21, 31 (르호보암); 15:2, 8 (아비얌); 15:9, 24 (아사); 22:42, 50 (여호사밧); 왕하 8:17, 24 (여호람); 8:25; 9:28 (아하시야); 12:1, 21 (요아스); 14:2, 20 (아마샤); 15:2, 7 (아사리야); 15:33, 38 (요담); 16:2, 20 (아하스).

첫째, 시온과 예루살렘은 이스라엘인들이 고대 가나안 인들에게서 물려받은 지명으로, 그 어원이 무엇인지는 분명히 밝혀져 있지 않다. 구약성경도 시온의 원래 의미에 대해 어떤 암시도 하지 않는다. 다만 예루살렘이라는 지명은 가나안의 신명 살렘에서 유래된 것으로 보이지만, 이것이 이스라엘 사람들에게 종교적인 의미를 지녔다는 증거는 없다.

둘째, 지리적인 측면에서 시온과 예루살렘은 원래 구별된 지명이었다. 시온은 보다 좁은 범위를 지칭하는 용어로 남쪽 언덕의 요새화된 성읍을 가리키며, 후에는 '다윗성'과 동일시되었다. 예루살렘은 보다 넓게 시온 산성을 포함하여 그 인근 지역까지 가리켰다.

셋째, 시온이란 지명을 사용할 때 일차적인 관심의 대상은 대체로 성전이나 성전 산으로 나타난다. 따라서 시온과 예루살렘의 주된 차이는 단순히 지리적인 측면에만 국한되지 않는다. 즉 예루살렘은 기본적으로 정치적인 수도를 지시하고, 반면에 시온은 보다 신성한 영역, 예컨대 성전과 관련된 성스러운 지역이나 새 시대에 도래할 종말론적 하나님의 도성을 지시하는 용어로 자리잡게 된 것이다.[25]

2. 시온 주제의 기원

시온 주제의 신학적인 내용과 더불어 학자들 사이에 중요하게 논의되어 온 쟁점은 시온 주제의 기원에 관한 문제이다. 학자들은 시온 주제의 핵심적인 내용을 야훼께서 시온을 자신의 도성으로 선택하셨다는 것, 시온은 따라서 야훼와 그의 택한 자의 보좌가 된다는 것, 그리고 야훼께서 자연적 또는 초자연적인 적들의 위협을 물리치시고 그 도성을 안전하게 보호하신다는

---

25) John E. Hartley, "ציון(Zion)", in *Theological Dictionary of the Old Testament*, ed. R. Laird Harris (New York: Thomas Nelson Publishers, 1980), 1906.

것으로 요약한다.26) 그러나 구약의 시온 주제의 발생과 유래에 관하여는 어떤 합의에도 이르지 못한 상태다. 지금까지 학자들에 의해 제기된 기원론은 대체로 다음의 세 가지 주장으로 압축된다.

(1) 여부스 기원설

이 이론은 시온 주제가 다윗이 예루살렘을 정복할 때 이미 여부스인 사회에 유포되어 있던 전승을 물려받은 것이라는 입장이다. 이러한 주장은 폰 라드와 롤랜드에 의해 제기되었고, 슈미트(H. Schmid), 헤이즈(J. Hayes), 에일러(David L. Eiler), 루크(Fr. Luke), 슈라이너(J. Schreiner), 스톨쯔(F. Stolz), 쉬미트(W. H. Schmidt) 등의 지지를 받아 왔다.

헤이즈에 따르면, 야훼의 특별한 선택에 관한 다윗 전승은 여부스의 왕위 계승에 관한 전승들을 흡수하였다고 주장한다. 마찬가지로 법궤와 성전에 의해 상징화된 야훼의 시온 임재에 기초한 시온의 선택에 관한 전승도 시온을 신적 보호를 받는 거룩한 곳으로 생각한 이스라엘 이전의 전통적 사고와 결합되었다고 본다.27) 그는 이러한 흔적을 시온 시편들에서 발견한다. 예컨대, 시편 46:4의 "지극히 높으신 자의 장막의 성소"라는 표현은 예루살렘이 원래 이스라엘 이전에 이곳에서 숭배된 신 '엘리욘'의 성읍이었다는 사실에서 유래하였다는 것이다.28) 그리고 시편 48:2에서 시온을 가리켜 "북방에 있는 산"(צָפוֹן)으로 묘사하는 것 역시 '차폰'이 우가릿 신화에서 자주 신들의 처소로 언급되는 것과 밀접한 관련이 있다고 본다. 우가릿 문헌에서 '차폰'은 '바알의 산'으로도 지칭된다. 그리고 '차폰' 산이 위치상

---

26) von Rad, *Old Testament Theology*, vol 1, 46-47; Ben C. Ollenburger, *Zion, the City of Great King*, JSOTS 41 (Sheffield: JSOT Press, 1987), 16. 여기에 언급된 세 가지 요소는 모두 시편 2편에서 발견할 수 있다. 이사야의 시온 해석에 관한 자세한 논의는 이 책 제5부를 보라.

27) John H. Hayes, "The Traditon of Zion's Inviolability", *JBL* 82 (1963): 421.

28) Ibid., 423.

해안 근처에 자리잡은 것도 시편 48:7에서 다시스의 배의 파선에 관한 언급이 나오는 이유를 설명해 준다는 것이다. 때문에 헤이즈는 시편 48편의 자료가 원래 다른 도시에 적용되었던 것인데 이차적으로 시온에 적용되었거나, 아니면 처음부터 지리적인 위치와 무관하게 신화론적인 형태를 띠게 된 것으로 생각한다.29)

이런 식으로 시온 시편에는 이스라엘 이전의 자료가 시온에 관한 야훼 신앙과 혼합되어 나타난다는 것이 헤이즈의 설명이다. 동시에 그는 이 노래들이 신들이 신화적인 어떤 산에 거주한다고 생각한 우가릿-가나안의 공통적 배경에서 나온 요소들을 활용한 여부스 제의의 일부였을 가능성도 조심스럽게 제안한다.30) 요컨대, 헤이즈는 야훼께서 예루살렘을 자신의 처소로 선택하셨다는 시온 전승이 이스라엘 이전의 여부스 전승들에 그 뿌리를 두고 확장된 것으로 믿는다.

에일러 역시 같은 맥락에서 가령 창세기 14:17-24에 나타난 가나안의 '엘 엘리온' 전승이 예루살렘에서 행해진 여부스인들의 제의를 통해 이스라엘 전승에 영향을 미친 것으로 믿는다.31) 그는 또 예루살렘의 여부스족 주민들과 다윗 통치하에서 예루살렘에 정착한 이스라엘인들 및 유대 지배층이 점진적으로 동화되어 갔을 것으로 본다. 그 까닭은 다윗이 여부스 주민들에 대해 헤렘을 시행하거나 다윗의 점령 이후 여부스 주민들이 그에게 항거했다는 증거가 없기 때문이다.32) 이렇게 해서 다윗 이전의 여부스 최고 신 엘이나 엘리온 칭호, 그리고 그 신과 결합된 신화적 표상들이 야훼의 우주적 권능을 묘사하는 데 사용되었을 것으로 파악한다.33)

루크도 헤이즈와 에일러가 주장한 것처럼 시온 전승과 여부스 전통의 결합을 강조한다. 그는 다윗이 예루살렘을 신생 왕국의 새로운 수도로 선택했을 때 이미 그곳은 오랜 제의 전통을 갖고 있었음을 전제한다. 따라서 다윗

---

29) Ibid., 423-24.
30) Ibid., 424-25.
31) Eiler, *The Origin and History of Zion*, 121.
32) Ibid., 165.
33) Ibid., 167.

이 새 수도 예루살렘에 존재하던 여부스의 전통들을 이스라엘 고유의 전통과 결합시켰다는 것이다.34) 루크는 야훼의 도성 시온에 관한 고대 이스라엘의 전승에서 두개의 흐름을 발견한다. 첫째는 법궤를 이전한 후 성도와 결합되어진 왕정 이전 시기로부터 유래한 지파동맹 체제의 흐름이고, 둘째는 여부스인들의 관습과 신념을 포함한 비지파동맹 체제의 흐름이다. 그리고 야훼의 시온 및 다윗 왕조 선택의 내용에 혼합된 이 두번째 전승의 계통이 나중에 예루살렘의 이사야에 의해 더욱 발전된 것으로 본다.35)

스톨쯔는 여부스의 영향이 다윗 시대의 예루살렘에 미친 영향들을 보다 구체적으로 적시한다. ① 다윗은 심각한 유혈 사태 없이 예루살렘을 점령했다. ② 헷사람 우리야를 포함한 이전의 여부스의 귀족층이 다윗 왕실을 구성했다. ③ 사독은 원래 여부스 시대 예루살렘의 성읍 신의 여부스인 제사장이었다. ④ 나단은 여부스의 제의 예언자이었을 것이다.36) 그러나 스톨쯔의 이러한 제안은 근거가 불확실한 가정에 지나지 않는다는 점이 문제로 지적된다.37)

최근에는 특히 시온 신학의 핵심 요소인 시온 불가침성의 사상에 초점을 두고 이것이 이스라엘 이전 시기로부터 유래된 증거를 밝히려는 움직임이 있다. 이러한 시도의 대표적인 학자는 오킹가로서, 그는 사무엘하 5:6-10에 기술된 다윗의 예루살렘 함락 기사에 여부스인들의 예루살렘 불가침성에 대한 신념이 투입되었다고 본다. 즉 여부스인들은 예루살렘이 무력하고 나약한 "소경과 절뚝발이라도" 능히 방어할 수 있을 만큼 난공불락의 성읍이라는 신념을 갖고 있었다는 것이다.38) 오킹가는 예루살렘에 관한 이와 같은

---

34) Fr. Luke, "The Songs of Zion as a Literary Category of the Psalter", *IJT* 14 (1965): 77.

35) Ibid., 79.

36) Fritz Stolz, *Strukturen und Figuren im Kult von Jerusalem, Studien zur altorientalischen vor- und frühisraelitischen Religion*, BZAW 118 (Berlin: W. de Gruyter, 1970), 7-8; J. J. M. Roberts, "The Davidic Origin of the Zion Tradition", *JBL* 92 (1973): 330, n. 6에서 재인용.

37) Roberts, "The Davidic Origin of the Zion Tradition", 330.

38) P. K. McCarter, *II Samuel*, AB (Garden City: Doubleday, 1984), 138.

전통적인 신념이 이미 아마르나 시대부터 존재해왔다고 주장한다.[39] 그는 아마르나 문서에 포함된 압두히바(Abdu-Hepa)의 편지와 시온 불가침성에 대한 구약의 개념을 비교 검토한 후 두 가지 점에서 평행 요소를 발견한다. 첫째는 위대한 왕 야훼의 개념이다. 아마르나 문서에서 예루살렘 왕 압두히바는 예루살렘을 가리켜 "나의 주 왕의 땅"으로 거듭 지칭함으로써 그곳이 이집트 왕의 영토임을 강조한다. 즉 시온 전승에서 예루살렘의 실제 왕이 야훼인 것처럼, 바로가 예루살렘의 실제 왕이고 압두히바는 바로의 봉신이라는 것이다. 둘째는 시온 전승의 기본 요소로서 예루살렘이 야훼에 의해 선택된 처소라는 개념과 관련된 것이다. 압두히바는 이집트 왕을 예루살렘의 안전을 보장하는 수호자로 인식하고 있다. 바로는 그곳에 자기 이름을 둠으로써(아마도 기념비 같은 것을 통해) 예루살렘에 대한 그의 특별한 관심을 표명했을 것이다.[40]

이런 점들로 미루어 오킹가는 예루살렘과 이집트 왕의 관계가 후기 시온 전승의 모델이 되었을 것으로 믿는다. 비록 양자간에 오랜 시간적인 간격으로 인해 직접적인 관련은 없을지 모르나 간접적인 관련은 배제할 수 없다는 것이다.[41] 따라서 오킹가의 결론은 예루살렘의 신적 선택에 관한 중심 개념은 이미 가나안 시대의 예루살렘에 존재했었고, 이것이 비슷한 형태로 야훼에게 이전되었다는 것이다.[42]

알브렉손도 시온 산에 관한 많은 요소들이 비이스라엘적 기원을 가진 것으로 본다. 예컨대, "북방에 있는 시온 산"(시 48:2)과 "시온 산에 흐르는 시내"(시 46:4)와 같은 표상들은 가나안의 신화적인 개념들로서, 다윗이 예루살렘을 점령하기 전부터 이미 예루살렘 전승들에 융합되어진 것들이라고 주장한다.[43] 이렇게 알브렉손은 이스라엘이 여부스인들의 신화론적 유산을

---

39) Boyo G. Ockinga, "The Inviolability of Zion—a Pre-Israelite Tradition?" *BN* 44 (1988): 55-56.

40) Ibid., 59.

41) Ibid.

42) Ibid., 60.

43) Bertil Albrektson, *Studies in the Text and Theology of the Book of Lamentations* (Lund: CWK Gleerup, 1963), 221-22.

상속받아 자신들의 신학 전통에 적용시켰다고 믿는다.44)

(2) 다윗-솔로몬 기원설

이것은 시온 주제가 다윗-솔로몬 왕실에서 유래하였다는 설로, 이 주장의 대표적인 학자는 로버츠이다.45) 로버츠는 여부스 기원설의 이론이 입증되지 않았고 입증될 수도 없는 전제들에 근거한 것이라는 비판에서부터 출발한다. 그는 롤랜드가 제시한 시온 주제의 네 가지 요소들을 분석하면서 그것들이 모두 여부스 전통과 무관한 것임을 밝힌다. 우선 시온을 높은 산으로 묘사한 것이 엘의 거처에 대한 가나안의 신화론적 표현을 빌려 왔다는 주장에 대해, 이것이 엘의 산과 예루살렘 언덕이 두 가지 점에서 원천적으로 무관한 것임을 지적한다. ① 여부스 성읍은 그 지역에서 가장 낮은 언덕에 세워졌다. ② 예루살렘에는 강이 없다.46)

로버츠는 일단 여부스인들이 엘 제의를 예루살렘으로 이식했을 가능성을 전적으로 부인하지 않으면서도, 여기에 중대한 문제가 있음을 지적한다. 즉 여부스인들은 예루살렘이 위치한 언덕을 시온 산으로 불렀다는 것이다. 그러니까 시온은 처음부터 신화적론인 명칭이 아니고 예루살렘 언덕을 가리키는 실명인 것이다. 게다가 시편 48:2-3은 시온 산을 엘의 산과 동일시하지 않고

---

44) 그 밖에 시온 주제의 여부스 기원설에 동의하는 입장에 관하여는 다음 문헌들을 보라. G. von Rad, *Old Testament Theology*, 2 vols., trans. D. M. G. Stalker (New York: Harper & Row, 1965), 1:46-47; 2:155-58, 293-94; R. E. Clements, *God and Temple* (Philadelphia: Fortress Press, 1965), 41-48; A. R. Johnson, *Sacral Kingship in Ancient Israel* (Cardiff: University of Wales, 1955); Werner H. Schmidt, *The Faith of the Old Testament: A History*, trans. John Sturdy (Philadelphia: Westminster Press, 1983), 207-20.

45) Roberts, "The Davidic Origin of the Zion Tradition", 339-44; idem, "Zion in the Theology of the Davidic-Solomonic Empire", in *Studies in the Period of David and Solomon*, ed. Tomoo Ishida (Winona Lake: Eisenbrauns, 1982), 93-108; R. E. Clements, *Isaiah and the Deliverance of Jerusalem*, JSOTS 13 (Sheffield: JSOT Press, 1984), 72-89.

46) Roberts, "The Davidic Origin of the Zion Tradition", 333.

바알의 산인 차폰과 동일시한다. 가나안 문헌들에서도 엘과 차폰을 관련시킨 직접적인 증거가 발견되지 않는다. 여기에서 로버츠는 다음 사실을 경고한다. 첫째는 성경 본문을 가나안 자료를 입증하는 증거로 무조건 인용하지 말 것이며, 둘째는 가나안 문헌 자체의 신빙성을 과신하지 말 것이다.[47]

로버츠는 또 사무엘하 5:6에 나타난 예루살렘의 불가침성에 관한 여부스인들의 신념이 제의적 전통에서 비롯된 것이 아니라, 외부로부터의 접근과 공격이 어려운 시온 산 특유의 지형적 요인에 근거한 여부스인들의 자신감의 피력으로 이해한다.[48] 로버츠에 따르면, 시온 전승이 야훼를 엘과 엘리온으로 동일시하는 것(시 46:5; 참조. 시 47:3; 83:19; 97:9)은 다윗의 정복자들에 의해 자극받았을 것으로 본다. 이는 당시 그 지역 최강국이던 다윗 제국의 효과적인 통치를 위해 모종의 신학적인 정당화가 필요했을 것이기 때문이다.[49] 즉 이스라엘은 봉신국들로 하여금 야훼에게 최고의 경의를 바치게 하기 위해 이방국들에게 익숙한 엘과 바알의 신화적 특성과 기능을 야훼에게 적용시킬 필요가 있었다는 것이다. 이런 근거에서 로버츠는 시온 전승이 다윗-솔로몬 때에 기원한 것으로 단정한다.

한편 신화론적 주제에 대한 로버츠의 관점은 다음과 같다. 그는 야훼가 시온을 자신의 처소로 선택했다는 시온 주제의 개념이 확정된 후 가나안 신화에서 유래한 신들의 처소에 관한 주제들을 시온과 관련시키고 시온을 성스러운 장소로 미화시키는 단계가 자연스레 수반되었을 것으로 이해한다.[50] 그는 또 여부스의 신화적 전승들이 다윗 당시의 제국 확장 전쟁의 역사적 경험과 일부 접촉하였을 것으로 보고, 이 때문에 시온 전승이 덧입은 세부적인 양식은 신화와 역사의 상호 영향에서 비롯되었을 가능성이 있다고 생각한다.[51]

이런 맥락에서 로버츠는 다시 한 번 시온 주제가 결정된 시점을 다윗-솔

---

47) Ibid., 335.
48) Ibid., 338-39.
49) Ibid., 339-40.
50) Roberts, "Zion in the Theology of the Davidic-Solomonic Empire", 105.
51) Ibid., 108.

로몬 시대로 잡는다. 그리고 이 전승이 생겨난 보다 구체적인 시점은 다윗이 법궤를 예루살렘으로 이전한 직후로 본다. 그는 다윗의 선택과 예루살렘의 선택이 원래 하나로 결합되어 있었다는 관점에 근거하여 야훼의 예루살렘 전승의 시점을 다윗의 즉위 이후로 잡는 것은 불가능하다고 못박는다. 왜냐하면 야훼의 다윗 선택 전승은 다윗 때로부터 비롯되기 때문이다.[52]

아울러 로버츠에 따르면 다윗-솔로몬 시대야말로 시온 전승의 핵심적인 주제이기도 한 예루살렘을 야훼의 거처로 미화시키기에 가장 합리적인 배경을 제공한다. 다윗이 예루살렘을 정치적 종교적인 중심지로 만들기 위해 법궤를 이전할 때 이를 위한 어떤 정당화가 필요했을 것이다. 그러나 문제는 예루살렘이 다윗 치하에서 새로운 종교적 중요성을 정당화할 만한 전통이 없었다는 점이다. 이 문제에 대한 해결책으로 주어진 것이 야훼께서 다윗을 그의 왕으로 선택하신 것같이 시온 산을 그의 거처로 정하셨다는 것이었다. 이 같은 전승은 가히 혁명적인 것이었으며, 이렇게 해서 시온선택의 전승은 늦어도 솔로몬 때에는 고정된 틀을 갖추게 되었다는 것이다.[53]

이러한 설명에 덧붙여 로버츠는 예루살렘에 대해 모반을 계획하는 적 왕들의 행동과 그들의 사악한 음모에 대응하는 야훼의 모습은 이 주제의 기원

---

52) Ibid., 105. 비슷하게 에일러도 법궤와 결합된 전승들이 시온 전승 형성에 핵심적인 역할을 했다고 본다. 그의 설명에 따르면, 야훼의 시온 선택 개념에 대한 원초적이고도 기본적인 토대는 다윗이 법궤 제의를 설립함으로써 마련되었다. 따라서 야훼의 제의적 장소로서의 시온의 거룩성은 이미 존재하던 여부스의 제의 장소나 전승에서 파생되었다기보다는 원칙적으로 법궤로부터 비롯된 것이다. Eiler, *The Origin and History of Zion*, 70. 이런 주장에도 불구하고 에일러는 시온 주제의 뿌리를 여부스 전승에서 찾는다. 오토는 시온 주제 형성에 실로 성소와 법궤 전승이 중요하게 작용했다고 본다. 그럼에도 그는 이스라엘 이전의 예루살렘 전승의 역할에 보다 비중을 둔다는 점에서 역시 유동적인 입장을 보인다. Eckart Otto, "Silo und Jerusalem", *TZ* 32 (1967): 65-77.

53) Roberts, "The Davidic Origin of the Zion Tradition", 343. 브라이트는 다윗 시대에 있었던 세 가지의 역사적인 사건이 시온 주제 형성에 결정적인 기반이 되었음을 지적한다. ① 다윗의 예루살렘 정복(삼하 5장), ② 법궤의 예루살렘 이전(삼하 6장), ③ 나단을 통해 주어진 다윗과 예루살렘의 선택 고지(삼하 7장). John Bright, *Covenant and Promise* (London: SCM Press, 1977), 49-77.

을 다윗-솔로몬 때로 잡을 때 가장 잘 이해될 수 있다고 한다. 당시에는 조공국들이 반란을 시도하거나 심지어 연례적인 공물의 헌납을 태만히 하는 행위까지도 야훼의 주권에 대한 반역이자 직접적인 도전으로 간주하였을 것이다. 실제로 솔로몬 당시 발생한 적어도 세차례의 반란(왕하 11:14-25)은 야훼와 그의 기름부은 자에 대항하여 반란을 도모하는 이방 나라들에 대한 주제가 생겨나기에 충분한 요건이 되었을 것이다.54)

로버츠는 시온 주제는 다윗-솔로몬 때 생겨났고, 이를 증거가 불확실한 이스라엘 이전의 제의로 소급시키거나, 아니면 포로기나 포로 후기로 천연시킬 이유가 없다는 자신의 결론을 다시 한 번 강조한다.55) BC 701년의 산헤립의 퇴각 사건이 시온 전승에 한층 무게를 실어 주기는 했을지언정 이 전승이 이사야 때에 생겨나지 않았으며, 이사야는 다만 미가와 더불어 시온 전승의 개념을 혁신한 점에서 중요한 공헌을 했다는 것이다.56)

(3) 이사야 기원설

이것은 시온 주제가 이사야에게서 유래한다는 설이다. 이 입장을 대표하는 이는 클레멘츠다. 클레멘츠 역시 시온 전승의 가나안-여부스 기원설을 반대한다는 점에서 로버츠와 의견을 같이 한다. 그는 예루살렘 주민들이 자신들의 하나님이 전쟁 때 그들을 보호해 주시고 평화와 번영으로 그들을 축복해 주시리라고 믿은 것은 고대 근동의 제의 전승들에서 보편적으로 발견되는 기본적인 요소임을 지적한다. 이런 점에서 예루살렘 역시 특별히 예외는 아니었다. 그러므로 고대 예루살렘 제의가 성산에 관한 신화와 관련된 것과, 그것이 반역의 세력 및 원시적인 물의 혼돈과 연계된 것이 그렇게 특이한 일은 아니라고 말한다.57)

---

54) Roberts, "The Davidic Origin of the Zion Tradition", 343-44.
55) Ibid., 344.
56) Roberts, "Zion in the Theology", 108. 올렌버거 역시 시온 전승의 기원을 왕정 초기로 잡는 것이 가장 무난하다고 보며, 따라서 8세기 이전에 시온 전승이 존재하고 있었다고 주장한다. Ollenburger, *Zion, the City of the Great King*, 18.
57) Clements, *Isaiah and the Deliverance of Jerusalem*, 78.

그러나 시온 주제가 발생한 시점에 이르러서는 클레멘츠와 로버츠와 견해가 갈라진다. 클레멘츠는 시온 전승의 핵심이라 할 수 있는 예루살렘 불가침의 교리를 701년의 사건을 해석하기 위해 특별히 채용된 개념으로 이해해야 한다고 주장한다. 다시 말해 예루살렘과 관련된 불가침의 교리는 701년에 일어난 산헤립의 퇴각 사건에서 비롯되었다는 것이다. 따라서 예루살렘 불가침의 교리는 이스라엘이 경험한 일련의 역사적 사건들을 해석하기 위해 생겨났으며, 이것은 히스기야와 산헤립의 대결에 가장 직접적으로 적용되었다는 것이 클레멘츠의 해명이다.[58]

클레멘츠는 예루살렘이 반역하는 이방 나라들과 그들의 통치자들을 물리치는 본거지가 될 것이라는 신념이 701년 사건의 이해에 영향을 미쳤으리라고 본다. 달리 말하면, 반역적인 통치자들이 예루살렘 밖에서 격퇴 당할 것이라는 신념이 이사야나 그의 해석자들에 의해 701년의 독특한 역사적 상황에 적용되었다는 것이다. 따라서 클레멘츠는 이사야서의 시온 언급과 열왕기하 18:17-19:37에 기록된 담론의 기자들이 히스기야와 산헤립의 대치 사건에 대한 그들 자신의 관점에서 이 전승을 끌어낸 것으로 단정한다.[59]

이 같은 이론을 토대로 클레멘츠는 이 교리가 이사야 이전에 이미 존재하였다는 주장을 거부한다. 그는 시온의 불가침성에 대한 신념이 산헤립의 파괴로부터 예루살렘이 구출받은 사실에 나타난 신적 섭리를 일반화한 것이라는 신념을 굽히지 않는다. 따라서 '시온 전승'은 이사야의 사역의 산물이라는 것이 클레멘츠의 결론이다.[60]

---

58) Ibid., 84.
59) Ibid., 75.
60) Ibid., 85. 브라이트 역시 BC 701년의 예루살렘 구출 사건이 시온의 불가침성에 대한 신념을 강화시키는 데 기여했으며, 이 신념이 나중에 확고한 국가적 교의가 된 것으로 본다. Bright, *A History of Israel*, 288. 그러나 드보는 시온 주제에 대한 가나안의 영향은 그 증거가 불충분하기 때문에 받아들이기 어려우며, 그렇다고 그것이 이사야에게서 유래한 것으로 볼 수도 없다고 한다. 이와 같이 그는 중간 입장에서 시온 주제의 기원이 이사야 이전, 보다 구체적으로는 산헤립의 공격 이전 시기로 소급되는 것으로 생각한다. 이는 이사야가 이전의 시온 전승에 영향을 받아 그것을 재해석했다는 말이다.

(4) 평가

이스라엘 신학의 형성을 말할 때 그것이 주변의 문화나 종교적인 영향에 전혀 노출되지 않고 배타적으로 발전해 왔다고 생각하기는 어렵다. 이 점에 있어서는 시온 신학도 예외가 아니라 할 것이다. 따라서 여부스 설이 전제하는 이스라엘과 여부스 전승 사이의 접목은 이론상 그 가능성이 성립될 수 있다. 그러나 이러한 가정이 사실로 입증되기 위해서는 객관적이고 실제적인 증거가 있어야 한다. 여부스 기원설은 이런 면에서 결정적인 취약점을 지닌다 할 수 있다. 먼저 여부스족의 신앙과 전승에 관한 언급은 성경 어디에서도 찾아볼 수 없다. 예컨대 로버츠가 제안한 "북방에 있는 시온 산"과 여부스 신 "엘 엘리욘"의 산의 관련에 대해서도 성경 본문은 침묵한다.61) 따라서 이 주장이 가설의 한계를 극복하기 위해서는 명백한 성경의 증거자료를 확보하여야 할 것이다. 또 다른 문제는 이 가설이 출발부터 이교적 이스라엘 신학의 고유성과 독창성을 배제하거나 적어도 과소 평가하고 있다는 점이다. 이 이론이 시온 주제의 기원을 설명하기 위해서는 선택과 계약이라는 야훼 신앙의 독특한 배경을 중시할 필요가 있다.62) 그럴 때 시온 주제가 지닌 본래적이고 정당한 의미가 밝혀질 수 있을 것이기 때문이다.

다음으로 다윗-솔로몬 설은 비교적 성경적 사실에 근거한다는 점과 정황적으로 다윗-솔로몬 시대의 역사적 신학적인 배경과 조화를 이룬다는 점에서 설득력을 갖는다. 그럼에도 이 주장이 단순히 정황론에 머물지 않고 이론적인 정당성을 획득하기 위해서는 보다 충분한 성경적 증거를 제시할 것이 요구된다고 하겠다.

끝으로, 이사야 기원설은 시온 주제가 이사야의 신학에서 새롭게 강조되

Roland de Vaux, "Jerusalem and the Prophets", in *Interpreting the Prophetic Tradition*, ed. H. M. Orlinsky (New York: The Hebrew Union College Press, 1969), 289.

61) Richard Clifford, *The Cosmic Mountain in Canaan and the Old Testament*, HSM 4 (Cambridge: Harvard University Press, 1972), 140.

62) 권혁승, "시온-예루살렘 신학의 성서신학적 위치와 의미", 『신학과 선교』 제15집 (1990): 221.

고 부각된 역사적 동기와 배경을 잘 설명해 준다는 점에서 긍정적으로 평가된다. 그러나 시온 주제와 이사야의 관련을 지나치게 강조한 나머지 이사야 이전 시대와의 역사적 관련을 전면적으로 부정한 것은 논리적 독단이라 할 수 있다. 이런 이유로 이 주장은 학자들의 지지를 얻어내지 못하고 있다.

따라서 위에서 검토한 세 가지 기원설 중에서 타당성을 지닌 이론은 다윗-솔로몬 기원설이라고 말할 수 있다. 그 근거는 이미 지적한 것처럼 다른 이론들에 비해 성경적인 증거를 확보하고 있다는 점과 역사적 측면에서도 설득력을 갖고 있다는 점 때문이다.

3. 시편과 예언서에 반영된 시온 주제

시온 주제의 발단과 기원에 관해서는 학자들 사이에 다양한 견해가 제기되어 왔으며, 아직까지 여기에 대해 어떤 합의도 도출되지 못하고 있음은 앞의 논의에서 밝혀졌다. 그럼에도 시온이 구약성경, 특히 시편과 예언서들에 있어서 중요한 신학적 주제로 자리잡고 있다는 점에는 이견이 없다. 여기에서는 후속 장들의 논의에 대한 기초 작업으로서 시편과 예언서에서 시온 주제가 어떻게 반영되고 있는지 그 윤곽을 검토해 보려고 한다.

(1) 시편

시편에는 시온이라는 말이 38회 사용되는데,[63] 이것들은 궁켈에 의해 '시온의 노래'(Songs of Zion)로 분류된 46, 48, 76, 84, 87, 122편 등에 주로 나타난다.[64] 이들 시편 중에서도 시편 46, 48, 76편이 다윗과 그의 집의 선택과 같은 여타 예루살렘 주제와 관련되지 않고 순수히 시온 주제의

---

[63] Eiler, *The Origin and History of Zion*, 98.

[64] Herrmann Gunkel-Joachim Begrich, *Einleitung in die Psalmen: Die Gattungen der religiosen Lyrik Israels* (Göttingen: Vandenhoeck & Ruprecht, 1933), 42; 참조. H. Gunkel, *The Psalms: A Form-Critical Introduction*, trans. Thomas M. Horner, Facet Books 19 (Philadelphia: Fortress Press, 1967), 31.

핵심 교리를 보여준다는 것 때문에 특히 관심을 끈다.65)

이들 시편은 시온의 불가침성을 강조한다는 점에서 특징적이다. 시온은 하나님의 성읍이며 그의 거처이기 때문에 안전을 보장받는다(46:6-8). 이방 원수들이 공격하더라도 시온 산의 왕이신 야훼께서 친히 막아 주신다(48:2-9). 시온은 우주와 세상의 혼돈의 세력을 정복할 수 있는 야훼의 능력이 나타나는 곳이다(9:12; 53:6; 48:3; 125:1). 이와 같이 하나님의 성읍은 결코 정복되거나 공격받지 않는다.

또 시온은 북방에 위치한 산으로 묘사된다(48:2). 이것은 시온의 지리적인 위치를 나타내는 표현이 아니고, 시온이 야훼가 계신 장소임을 지시하는 표현이다. 시온은 온 세계가 즐거워하는 곳, 곧 세계의 중심이다(48:3). 하나님의 처소는 낙원과 같은 곳이다. 이곳에는 하나님의 성읍을 즐겁게 만드는 시내가 흐르고 있다(46:4).

그러나 시편에는 이처럼 시온의 적극적인 면만 노래되는 것이 아니다. 시온은 하나님으로부터 영원한 보호를 보장받고 있지 않다. 시편 74편은 대적들이 쳐들어와 성소를 파괴하고 온갖 악을 자행하는 광경을 사실적으로 묘사한다. 시편 기자는 성소를 향해 돌진하고, 나무 울타리를 부수고, 성소의 조각품을 파괴하고, 성소에 불을 지르고, 야훼의 처소를 더럽힌 대적들의 만행을 묘사한다(4-8절). 시편 기자는 얼마나 오래 원수들이 야훼의 이름을 비웃고 조롱할 것인지를 안타깝게 묻는다(10절). 시편 기자는 자기 백성을 기억하고 구원하시며, 원수에게 보응하실 수 있는 능력의 하나님을 애타게 찾는다(12-17절). 다른 시편들에서는 야훼를 향해 황폐화된 시온을 재건하고 복구해 주실 것을 호소한다(시 51:18; 69:35; 102:13).

시편 기자는 이처럼 시온이 야훼의 처소이고 기쁨과 평화와 아름다움이 있는 곳이지만, 이 성읍의 영광은 보장된 것이 아니라는 것과, 한때 번성하고 아름다운 곳이었으나 지금은 황폐해진 성읍을 회복시켜 달라고 야훼께 간절히 호소하게 될 것임을 말한다.

---

65) Albrektson, *Studies in the Text and Theology of the Book of Lamentations*, 220.

시온에 대한 시편의 묘사에는 일정한 사고의 진전이 발견된다.[66] 이는 장차 엄습할 비극을 예상하면서, 또는 현실적인 비극에 대처하면서 예루살렘이 언제까지나 난공불락의 성읍으로 남아 있을 수만은 없다는 점을 철저히 보여준다는 점에서 그렇다.

(2) 예언서

8세기 유대 예언자들은 미래의 시온을 중심 주제로 삼는다. 그것은 미가와 이사야에서 보다 두드러지게 나타나는 현상이다. 다만 북부 예언자들인 아모스서와 호세아서가 다윗(호 3:5; 암 9:11-12)과 유다(호 1:7, 11)에 관한 약속들을 가지고 있음에도 불구하고, 종말론적 시온에 관해서는 아무런 언급을 하지 않고 있다. 7세기 후반과 6세기초의 예언자들로서는 스바냐, 예레미야, 에스겔에서, 포로기와 포로 후기의 예언자들로는 스가랴에서 발견된다. 또한 이상적인 도성으로서의 예루살렘은 욜 3:17-21, 오바댜 15-21절, 학개 2:9, 말라기 3:4, 다니엘 9:2, 24-26 등에 나타난다.[67]

이처럼 종말론적 시온에 관한 언급은 예언서에서 폭 넓게 발견할 수 있다. 그러나 그 분포는 예언서마다 고르지 않다. 즉 이사야와 스가랴에는 집중적으로 나타나는데 반해 예레미야와 에스겔 같은 책에는 비교적 드물게 나타난다. 예레미야는 세계의 예루살렘에 대해 106회 언급하면서 세 구절만이 그것을 긍정적이고 미래적인 의미로 사용한다. 시온은 17회 사용되고, 그중 4회는 종말론적 구절에 나타난다. 에스겔은 전혀 시온이란 말을 사용

---

66) Mary Donovan Turner, *Daughter Zion: Lament and Restoration* (Ph. D. dissertation, Emory University, 1992), 6. 이점에 관해 맥컨빌은 이렇게 설명한다. "우리가 시온에 관한 시편의 메시지를 '정경'의 빛에서 (브리바드 차일즈가 제안한 의미에서) 본다면, 시온 전승이 매우 다르게 나타난다. 이는 시편 형성의 장소가 제일 성전의 제의가 아니라, 포로 이후의 상황이기 때문이다." Gordon McConville, "Jerusalem in the Old Testament", in *Jerusalem: Past and Present in the Purpose of God*, ed. P. W. L. Walker (Cambridge: Tyndale House, 1992), 31.

67) Gowan, *Eschatology in the Old Testament*, 9. 고완은 아모스와 다윗에 나타난 다윗과 유다에 관한 약속들이 원래의 것이 아닌 후기의 편집으로 본다.

하지 않으며, 예루살렘의 이름도 긍정적인 문맥에서는 결코 사용하지 않는다. 그가 미래의 축복을 말하려 할 때에는 도성, 산, 언덕, 성소와 같은 다른 용어들을 사용한다. 이들이 시온의 적극적인 면에 대해 말을 아끼는 것은 시온의 긍정적인 면을 주로 강조해 온 전통적이고 통속적인 시온 신학에 제동을 걸기 위해 씨름한 이들 두 예언자들의 활동 초기의 삶의 정황에 비추어 보면 능히 납득할 수 있는 일이다.[68] 여기에 대해 고원은 다음과 같이 말한다.

"예레미야와 에스겔은 하나님이 예루살렘에 영원토록 거하신다는 통속적인 신앙과 그 도성의 난공불락성에 대한 믿음을 비판했다. 예레미야는 성전 신학을 공격하고(렘 7:26), 이미 포로로 잡혀간 사람들에게 그들 생전에 고향에 돌아올 기대를 버리라고 조언하고(29장), 597년 이후에 예루살렘에 남아 있는 사람들을 미래의 희망이 없는 자들로 규정한 것(24장)으로 보도된다. 에스겔은 자신들의 유일한 희망이 하나님이 그 도성에 지속적으로 현존하시고 그곳을 보호하시는 것이라고 생각한 포로민들을 대상으로 활동할 때, 예루살렘은 필히 멸망할 것이라고 훨씬 강력하게 역설하였다. 그는 도성과 백성들의 완전하고 참혹한 파괴에 관해 말하고(겔 5장), 자신의 상징적인 행동으로 그 결과를 나타내 보였으며(12장), 야훼께서 자신이 선택하신 곳으로부터 떠나시는 것을 환상 중에 목격하였다 (10:18-19; 11:22-23)."[69]

그런가 하면 다른 한편으로 시온의 미래를 다루는 대다수 구절들은 회복의 약속을 포함한다. 예컨대, 이사야서 후반에는 예루살렘과 그 주민들을 강타한 대재난에도 불구하고 하나님께서 모든 것을 이전보다 더 좋게 회복시키신다는 약속이 강조된다(사 49:14-26). 여기에는 예루살렘이 공간적인 의미를 넘어 인격화되고 있다. 즉 시온은 은유적으로 이스라엘의 어머니로 말해지고(사 49:20), 귀환하는 포로들을 예루살렘의 아들과 딸로 비유한다

---

68) Ibid., 10.
69) Ibid., 8.

(49:22).70) 예언서에서 시온은 시편에서와 마찬가지로 야훼의 처소를 지시하고, 나아가 야훼의 현존이 가져오는 평화와 안전을 상징한다. 야훼는 시온에 거하시고(암 1:2; 사 8:18; 렘 31:6; 슥 2:14; 8:2; 욜 3:16, 17, 21), 시온을 세우셨다(사 14:32). 시온은 야훼의 이름이 거하는 곳이다(사 18:17). 야훼께서 거기서 통치하시며(사 24:13), 또한 야훼의 불이 거기 있다(사 31:9).

시온은 야훼의 현존의 장소로서 적극적인 특징들을 많이 지닌다.71) 시온은 율법이 나오는 곳이며(사 2:3), 거룩하다 칭함을 받는 곳이며(사 4:3; 52:1; 옵 1:17), 두려워할 이유가 없는 곳이다(사 10:24; 습 3:16). 시온은 강하고(사 29:8), 야훼의 보호를 받는다(사 31:4; 33:20; 34:7). 시온은 그 거민들이 더 이상 눈물을 흘리지 않는 장소이다(사 30:19). 시온에는 기쁨의 노래가 울려 나는 곳이며(사 35:10; 52:8; 습 3:14; 렘 31:12; 슥 9:9), 공평과 의가 지배하는 곳이다(사 33:5). 시온은 야훼와 계약 관계를 맺은 동반자이다(사 51:16). 시온은 미래를 위한 희망(사 41:27; 51:3, 11), 구원(사 46:13), 그리고 구속(사 59:20)의 말씀의 수령자이다.

요컨대, 예언자들에게 있어서 시온은 하나님의 임박하고 지속적인 현존의 약속을 가진 종말론적인 장소이자 성스러운 장소이다. 그것은 세계의 중심, 창조가 시작되는 곳, 지상에서 가장 높은 곳, 따라서 하늘과 땅의 접촉점으로 이해된다. 시온의 거룩성은 초자연적인 형상들에 의해 드러나며, 인간의 삶은 이곳을 중심으로 영위되고 구성된다.72)

(3) 요약

앞에서 살펴본 대로 구약성경에서 시온은 적극적인 면과 소극적인 면이 동시에 서술된다. 시편에 묘사된 시온은 하나님의 도성이자 그의 거처로서 즐거움과 아름다움이 넘치는 곳이지만, 그것의 영광과 번영이 무조건적으

---

70) Ibid., 14.
71) Tuner, *Daughter Zion*, 6.
72) Gowan, *Eschatology in the Old Testament*, 16.

로 보장받는 것은 아니다. 때로 시온은 자신의 범죄로 인해 대적의 침입과 원수들의 조롱을 당하기도 하기 때문이다. 시편의 이러한 기조는 예언서에도 동일하게 나타나지만, 예언자들에게 있어서 시온 묘사는 미래적이고 종말론적인 성격이 보다 두드러진다는 것이 특징적이다. 그들에게 시온은 하나님의 현존의 약속을 가진 종말론적 성소였다.

다음 장의 과제는 이와 같이 시편과 예언자들에 의해 묘사된 시온의 특징적인 면들이 이스라엘의 역사적 현실에서 구체적으로 어떻게 반영되고 발전되는지를 밝히는 일이다.

III

시온-예루살렘 주제의 발전

 시온-예루살렘이 이스라엘의 수도가 된 이래 역사적으로 정치, 종교, 사회 등 모든 면에서 중심 위치를 벗어난 적이 없었다. 비록 국운의 부침에 따라 그 위상에 다소의 혼란과 변화가 없었던 것은 아니지만, 이스라엘 국가가 존립할 동안뿐 아니라, 나라가 멸망한 이후에도 그것의 중심적인 위치는 변함없이 고수되었다. 시온-예루살렘은 이스라엘인들의 민족적 종교적 의식 속에 영원히 지워지지 않는 중심 축으로 확고히 자리잡고 있었던 것이다.[1]
 이 장에서는 시편과 예언자들에 나타난 시온의 특성들이 이스라엘 역사에 어떻게 반영되고 발전되는지를 검토해 보려고 한다. 아울러 시온-예루살렘이 이스라엘 역사를 통해 어떻게 국가와 종교의 중심지로 자리잡게 되며, 그것의 의미와 중요성이 어떻게 인식되고 발전해 왔는지를 규명해 보려고 한다. 이러한 역사적인 추적은 다른 한편으로 시온-예루살렘 신학의 발전을 추적하는 일과 직결된다. 그것은 "종교적인 사상은 근본적으로 그 사회나

---

[1] 맥컨빌은 "예루살렘은 이스라엘의 자기 이해와 경건의 가장 중심에 자리잡고 있다"고 말한다. Gordon McConville, "Jerusalem in the Old Testament", in *Jerusalem: Past and Present in the Purpose of God*, ed. P. W. L. Walker (Cambridge: Tyndale House, 1992), 26.

문화에 의해서 결정된다"²⁾는 점에서 그렇다.

이 장의 서술은 구약 본문에 나타난 역사적 진술에 엄격히 기초하여 이스라엘의 팔레스타인 정착 이전부터 국가의 수립과 멸망 이후까지의 전 과정에서 시온-예루살렘이 어떻게 이해되고 신학화되었는지를 해명하는 방식으로 전개할 것이다.

I. 왕정 수립 이전의 시온-예루살렘

(1) 이스라엘의 가나안 정착 이전

성경에서 예루살렘에 관한 언급이 가장 먼저 나타나는 곳은 '살렘'으로 표기하고 있는 창세기 14:18이다.³⁾ 여기에는 아브라함이 자기의 조카 롯을 사로잡아 간 가나안 다섯 왕들을 정벌하고 돌아오는 길에 살렘 왕 멜기세덱으로부터 환대와 축복을 받는 광경이 기술되고 있다(14:18-19). 이 때 살렘은 가나안의 한 성읍이었다.⁴⁾ 그런데 성경은 살렘의 통치자 멜기세덱을 동

---

2) 손석태,『이스라엘의 선민사상』(서울: 성광문화사, 1991), 150.
3) 해리슨은 창 14:18의 살렘을 예루살렘과 동일시하는데 의문을 표한다. 해리슨에 따르면, 첫째는 살렘이 어떻게 히브리어에 들어오게 되었는지 그 유래가 문제되고, 둘째는 이스라엘 이전의 중기 청동기 시대의 도시인 살렘이 어떻게 신약성경(예컨대, 히 7장 등)에서 그토록 높이 평가되는 하나님의 제사장을 배출할 수 있었는지가 문제된다. 따라서 해리슨은 창 14:18의 살렘을 후대에 세례 요한의 활동 무대였던 살렘(요 3:23)과 연결시킬 수 있는 가능성을 조심스럽게 제안한다. 그는 이곳이 신약 시대에 베뢰아로 알려진 요단 남쪽에 위치했던 것으로 본다. R. K. Harrison, "Jerusalem, Old Testament", in *The New International Dictionary of Biblical Archaeology*, ed. Edward M. Blaiklock & R. K. Harrison (Grand Rapids: Zondervan Publishing House, 1983), 266. 그러나 시 76:2은 살렘과 시온을 평행시킴으로써 살렘이 곧 예루살렘임을 지시한다. 위경 "창세기 묵시록"(1QapGn) 22:3도 살렘과 예루살렘을 명백히 동일시한다. J. A. Fitzmyer, *The Genesis Apocryphon of Qumran Cave 1: A Commentary*, Biblia et Orientalia 18 (Rome: Pontifical Biblical Institute, 1966), 153-54 참조.
4) 성경의 증언도 이스라엘 이전 시대의 예루살렘이 셈족에게 속했음을 보여준다(창

시에 "지극히 높으신 하나님의 제사장"으로 지칭한다.5) 그는 살렘의 왕이자 당시 가나안의 최고신 '엘'의 제사장이었으며, 이 때문에 "지극히 높으신 하나님의 제사장"으로 불려질 수 있었다.6)

멜기세덱이란 이름은 "나의 왕은 체덱(צדק)이다"라고 그 뜻을 풀이할 수 있는데, 여기서 "체덱"은 신의 이름, 또는 '나의 신은 구원이시다'라는 신의 속성을 지시하는 말로 이해된다.7) 체덱은 여호수아 10:1-3에서 당시 살렘 왕 아도니세덱의 이름에도 나타나고 있다. '멜렉' 역시 가나안 신의 이름으로 종종 나타난다.8) 이것은 또 페니키아 명칭 '체덱멜렉'(צדקמלך)으로 변형되어 나타나기도 한다.9)

멜기세덱은 '엘 엘리온'(אל צליון), 곧 "지극히 높으신 하나님"의 이름으로 아브라함을 축복하였다.10) 이에 대한 답례로 아브라함은 십일조를 바쳐 감사를 표했다. 뿐만 아니라 아브라함은 "지극히 높으신 하나님"의 이름으로 포로들을 돌려주기로 멜기세덱에게 서약한다(22절). 여기서 아브라함은 멜기세덱이 자기 신을 부르는 호칭을 야훼 하나님에게 적용한다. 즉 아브라함은 멜기세덱의 '엘' 신이 곧 자기가 섬기는 야훼 하나님과 동일한 신이시라는 사실을 인정하고 고백한 것이다.11)

10:15, 16).

5) 시편 110:2, 4은 시온의 왕과 멜기세덱을 연결시킨다.

6) 한 사람이 왕직과 제사장직을 동시에 겸하는 것은 고대 동방의 일반적인 관습이었다. Gerhard von Rad, *Genesis*, trans. John H. Marks, OTL (London: SCM Press, 1981), 179.

7) Claus Westermann, *Genesis 12-36, A Commentary*, trans. John J. Scullion (Mineapolis: Augsburg Publishing House, 1985), 204. 링그렌은 "멜기세덱이란 이름은 예루살렘에 멜렉 신이 존재했음을 보여주는 것"이라고 지적한다. Helmer Ringgren, *Israelite Religion*, trans. David E. Green (Philadelphia: Fortress Press, 1980), 60. 히브리서 기자는 멜기세덱의 이름을 '의의 왕' 또는 '평강의 왕'으로 풀이한다(7:2).

8) 또는 '몰렉'으로도 표기된다(렘 32:35).

9) Westermann, *Genesis 12-36*, 204.

10) 이것은 '엘 엘리온'이 이스라엘의 가나안 정착 이전에 예루살렘에서 숭배된 중요한 신이었음을 말해 준다.

11) 학자들은 대체로 예루살렘의 최고신 '엘 엘리온'이 야훼와 동일시되었다는 데 동

'엘 엘리욘'은 고대 가나안 신의 칭호였다.12) 원래 '엘'과 '엘리욘'은 별 개의 독립된 신으로 인식되어 왔다.13) '엘'은 우가릿 문헌에서 가나안 만신전의 최고신으로 간주되고 있으며, '엘'보다 대략 2세기 전에 등장한 '엘리욘'은 상대적으로 덜 중요한 신으로 나타난다.14) 창세기 14장에서 이 두 신명이 결합된 형태로 나타나는 것은 따라서 다소 이례적인 현상으로 볼 수 있다. '엘리욘'이 "지존"을 뜻하고 '엘'은 한정사로 사용되었다고 보면, '엘 엘리욘'은 ① '엘리욘' 신, ② 지존자 '엘', ③ 복합 신명인 '엘 엘리욘' 등의 세 가지 의미로 해석할 수 있다.15) 다른 한편으로 우가릿 문헌에서 '엘

의한다. Ringgren, *Israelite Religion*, 61. 또 Derek Kinder, *Genesis*, TOTC (Downers Grove: Inter-Varsity Press, 1967), 121-22를 참조하라. 여기서 킨더는 멜기세덱에게 있어서 '엘 엘리욘'은 스스로를 계시하신 참 하나님을 뜻했다고 해석한다. 벤함 역시 멜기세덱이 이스라엘에 역사하시는 하나님의 손길을 인정한 이방인의 표본이라고 평가한다. Gordon J. Wenham, *Genesis 1-15*, WBC (Waco: Word Books, Publisher, 1987), 322. 우드는 아브라함이 멜기세덱을 참된 하나님의 제사장으로 인정한 것은 하나님이 선택한 민족 외에도 하나님을 섬기는 소수가 존재했음을 보여주는 점에서 의미가 있다고 평가한다. Leon Wood, *A Survey of Israel's History* (Grand Rapids: Zondervan Publishing House, 1970), 54. 다른 한편으로 멜기세덱은 가나안의 제사장-왕으로서 어디까지나 가나안의 전통에 따라 아브라함을 대했다는 견해도 있다. Loren R. Fisher, "Abraham and His Preist-King", *JBL* 81 (1962): 269. 카수토는 모든 신들 위에 뛰어나고 온 세상을 창조한 신에 대한 가나안의 신앙이 만물을 창조한 유일신 야훼에 대한 이스라엘의 신앙과 결합된 것으로 풀이한다. U. Cassuto, "Jerusalem in the Pentatueuch", in *Biblical and Oriental Studies*, trans. Israel Abrahams (Jerusalem: The Magness Press, 1973), 72-73.

12) F. M. Cross, Jr., "Yahweh and the God of the Patriarchs", *HTR* 55 (1962): 241-44.

13) M. Pope, *El in the Ugaritic Texts*, VTS 2 (Leiden: E. J. Brill, 1955), 55-56.

14) F. M. Cross, "אֵל, el", in *TDOT*, ed. G. J. Botterweck and H. Ringgren, trans. John T. Willis (Grand Rapids: Wm. B. Eerdmans, 1977), 1:243.

15) J. J. M. Roberts, "The Davidic Origin of the Zion Tradition", *JBL* 92 (1973): 331. 로버츠는 이 중에서 크로스의 견해(Cross, "אֵל", 256)를 따라 '지존자 엘'을 선호한다. 그러나 '지존자'란 호칭이 과연 이스라엘의 가나안 정착 이전의 예루살

엘리욘'은 원래 "땅의 창조자 엘"을 뜻하는 말로 풀이되고 있다.16)
'엘 엘리욘'은 구약에서 창세기 14장 외에 시편 78:35에 단 한 번 등장한다. 민수기 24:16과 시편 73:11에서 '엘리욘'이 단독으로 사용되는데, 두 구절에서 모두 '엘'의 평행구로 나타난다. 특히 민수기 24:16에서는 '샤다이'와 평행을 이룬다. 이 같은 평행은 구약에서 '엘 엘리욘'이 '야훼'와 동일시되고 있음을 나타낸다.17) 시편은 예루살렘 제의의 한 특징이 신적 속성을 지시하는 '엘 엘리욘' 칭호를 자주 사용하는 것임을 보여준다.18)

루크에 따르면 창세기 14장의 내용에서 다음 세 가지의 사실을 추정할 수 있다. ① 가나안 시대의 예루살렘 주민들, 즉 여부스인들은 태고적부터 '엘 엘리욘'의 숭배자들이었다. ② 고대의 다른 성읍들과 마찬가지로 이스라엘 이전 시대의 예루살렘도 선조들로부터 물려받은 그 자체의 독특한 제의 전통을 지니고 있었다. ③ 예루살렘 제의에서 흥미있는 양상은 성읍의 통치자가 그 성읍 신의 대제사장 기능을 겸했다는 점이다.19)

이와 같이 예루살렘을 배경으로 한 창세기 14장의 아브라함과 멜기세덱의 기사가 지닌 중요한 신학적 의미는 예루살렘이 믿음의 조상 아브라함이 야훼 신앙을 고백하고 종교적인 의무를 이행한 곳으로,20) 야훼 제의와 관련

렘 주민들에 의해 '엘' 신에게 적용되었는지에 대해서는 의문을 표한다.

16) Pope, "El in Ugaritic Texts", 52.
17) 크로스는 '엘리욘'과 '엘'이 야훼의 별칭이라고 본다. Cross, "אל", 256.
18) 시 46:4; 47:9; 78:56. '엘 엘리욘', 즉 '지극히 높으신 자'란 표현은 특히 중간시대 이후에 이스라엘의 하나님을 지칭하는 말로 널리 사용되었다. Westermann, *Genesis 12-36*, 204.
19) Fr. Luke, "The Songs of Zion as Literary Category of the Psalter", *IJT* 14 (1965): 76.
20) 여기서 말하는 종교적인 의무란 아브라함이 멜기세덱에게 십일조를 바친 것을 가리킨다. 십일조는 원래 셈족 세계의 통상적인 세금이었다. 멘델손은 십일조가 고대 우가릿에서 중요한 세금의 형태였음을 밝힌 바 있다. 그의 논의에 따르면, 당시의 십일조는 농산물과 가축에 부과되었다. I. Mendelsohn, "Samuel's Denunciation of Kingship in Light of the Akkadian Documents from Ugarit", *BASOR* 143 (Oct. 1956): 20. 이것과 관련하여 피셔는 장사꾼인 아브라함이 자신의 왕에 대한 마땅한 의무로서 십일조를 바친 것으로 이해한다. Fisher, "Abraham and His Preist-King", 268. 십일

하여 옛적부터 성별된 영원히 거룩한 성읍임을 보여준다는 점이다.21)

창세기 15장에는 예루살렘과 거기서 드린 제사에 관한 최초의 언급이 나온다. 이것은 하나님과 아브라함이 '쪼갠 고기를 사이에 두고 계약을 맺은' 기사와 관련된 부분이다. 이 계약체결 의식에서 아브라함이 취한 짐승과 새들은 예루살렘 성전 제의에 사용된 그것과 크게 다르지 않다. 그러므로 창세기 15장은 후기 예루살렘 제의의 예형을 제시한다고 볼 수 있다.22) 창세기 15:21에는 이스라엘이 축출할 나라들의 명단이 나오는데, 여기에서 여

조의 유래와는 별개로 창 14:18-20에서 멜기세덱은 왕으로서의 측면보다는 제사장으로서의 측면이 더 부각된다는 점과 아브라함이 '지극히 높으신 하나님'(엘 엘리온)에 대한 신앙적인 고백과 함께 십일조를 바치고 있다는 점을 주목할 필요가 있다. Wood, *A Survey of Israel's History*, 54를 참조하라. 여기서 우드는 하나님께 드리는 적절한 기초로서 십일조의 원칙이 아브라함 시대에 이미 인식된 것으로 본다.

21) Casutto, "Jerusalem in the Pentatueuch", 73. 김이곤은 이 기사가 살렘 왕 멜기세덱을 다윗 또는 다윗 왕조의 배경으로 보는 전통(시 110:45; 히 5:6, 10; 7:1-17)을 기초로 하여 족장(아브라함) 전통과 예루살렘(다윗) 전통 사이의 간격을 극복하고, 후대의 이스라엘인들로 하여금 다윗 왕조와 다윗 왕조의 선택을 받아들이게 하는 데 기여한 것으로 본다. 김이곤, 『창세기』, 전망성서주해 (서울: 전망사, 1993), 112. 한편 에머톤은 창 14:18-20이 "이스라엘인들로 하여금 야훼 예배와 엘 엘리온 제의의 융합을 받아들이게 하고, 예루살렘을 이스라엘의 종교적 정치적 수도로 인식하게 하며, 다윗 왕의 지위가 고대 멜기세덱의 왕이자 제사장의 지위를 계승하고 있음을 인정하게" 만들려는 목적이 있었다고 주장한다. 아울러 이 구절은 "가나안인들로 하여금 종교적 정치적 전통의 동일한 결합을 받아들이게 하고, 다윗이 옛 가나안의 왕조 전통의 계승자임을 인정하게 하고, 이스라엘인들이 다윗의 영도하에서 외국의 공격에서 그들을 보호해 주는 자들로 간주하게" 만들려는 목적도 있었음을 강조한다. J. A. Emerton, "The Riddle of Genesis XIV", *VT* 21 (1971): 437-38. 그러나 이 같은 주장은 창 14:18-20의 멜기세덱 기사가 다윗의 통치 때에 첨가된 것임을 전제로 한 후대의 신학적 반성을 반영한다고 보는 점에 문제가 있다.

22) Casutto, "Jerusalem in the Pentatueuch", 74. 그러나 폰 라드는 여기서 짐승들을 죽인 것이 희생제사로 이해될 수 있는지에 대해서 의문을 표한다. 그는 고기 덩어리를 태우거나 먹지 않고 땅에 묻은 것은 희생제사가 아님을 말해 준다고 주장한다. von Rad, *Genesis*, 186. 하지만 족장시대는 이스라엘에 아직 규범적인 제사법이 제정되기 이전이므로 아브라함의 의식을 후대의 제사법에 비추어 희생제사 여부를 판단하는 것은 적절치 못한 것으로 보인다.

부스는 제일 마지막에 언급된다. 이것은 여부스 사람들을 축출하는 것이 이스라엘의 정복 사업의 절정이며 종결이란 점을 예시한다고 볼 수 있다.23)

한편 창세기에는 '살렘' 이외에 예루살렘과 관련된 또 다른 지명이 나타난다. 그것은 바로 창세기 22:1-2에 기록된 "모리아 땅의 한 산"이다. 아브라함은 이곳으로 가서 외아들 이삭을 제물로 바치라는 하나님의 명령을 받는다. 역대기하 3:1은 솔로몬이 예루살렘 모리아 산에 야훼의 전을 건축한 것으로 기록하는데, 이 구절은 모리아 산과 예루살렘의 성전산을 동일시하는 근거가 된다. 즉 "모리아 땅의 한 산"은 아브라함에 의해 "야훼의 산"으로 명명되고(창 22:14), 이것이 나중에 예루살렘의 "성전산"으로 불리워진다.24) 카수토는 창세기에 언급된 "모리아 땅의 한 산"이 후대의 성경 기자들에 의해 성전산과 동일시되어진 과정과 그 동기를 검토한 후 창세기 22장의 기사의 이면에도 14장에서와 마찬가지로 예루살렘과 그곳의 신성함을 암시하기 위한 신학적 의도가 자리잡고 있다고 결론짓는다.25) 즉 창세기 22장의 기사는 이스라엘 후손들이 예루살렘과 성전산에서 야훼께 제사를 드리기 시작하기 이미 오래 전 아브라함이 모리아 산에서 자기 아들 이삭을 번제물로 바친 그 옛날부터 이미 성별된 장소로 지정되었음을 보여줌으로써 결과적으로 예루살렘의 신성함을 강조한다는 것이다.26)

---

23) Cassuto, "Jerusalem in the Pentatueuch", 74.
24) 사 2:3; 30:29; 미 4:2; 시 24:3 등. 그러나 고대 역본들이 מריה를 '모리아'로 음역하는 경우는 발견되지 않고, 역본들마다 다른 독법을 보여준다. 그 이유는 역본들이 모리아의 어원을 ראה(보다), ירע(두려워하다), ידה(가르치다) 등으로 각기 다르게 이해하기 때문이다. 유대 전통은 대하 3:1에 근거하여 솔로몬이 모리아 산에 성전을 건축한 것으로 받아들이고 있으며, 탈무드도 같은 입장이다. 그러나 지리적으로 예루살렘에서 브엘세바까지 사흘 길이 못된다는 점 때문에 모리아의 정확한 위치는 여전히 논란의 대상이 되고 있다. 손석태, 『창세기 강의』(서울: 성경읽기사, 1993), 180, 주 60을 보라.
25) Cassuto, "Jerusalem in the Pentatueuch", 76. 사 2:3과 미 4:2은 야훼의 산, 성전 산, 그리고 시온을 평행시킨다.
26) 그러나 고원은 모리아 산을 예루살렘과 동일시하는 것에 회의적이다. 그는 "그러한 동일시는 불확실한 것"으로 단정한다. Donald E. Gowan, *Eschatology in the Old Testament* (Philadelphia: Fortress Press, 1986), 6.

오경에서 시온 또는 예루살렘의 특별한 지위를 암시하는 것으로 이해되어 온 한 가지 표현이 있다. 그것은 신명기에 자주 언급되는 "야훼께서 택하실 그곳"이라는 어구이다.27) 이 어구는 드 베테(De Wette) 이래 비평적 학자들에 의해 성소의 중앙화 또는 예루살렘 제의의 단일화에 대한 신명기적 신학을 반영하는 표현으로 해석되어 왔다. 그러나 이러한 입장은 다수의 학자들로부터 강력한 반대를 받았다. 예컨대, 카수토에 따르면 이것은 예루살렘과 같은 어떤 특정 장소를 규정하는 것이 아니라 제사장이나 예언자가 야훼의 이름으로 인정한 장소에서만 제사를 드릴 수 있음을 뜻하는 것으로 본다.28) 따라서 문제의 어구가 의미하는 것은 예루살렘과 같은 특정한 장소를 중심으로 한 제의의 중앙화가 아니라 사람들이 임의의 장소에서 무절제하게 드리는 제사 행위를 금지하려는 것으로 이해한다.29) 델리치 역시 여기에서 말하는 "야훼께서 택하신 장소"를 예루살렘이나 성전 산으로 이해하는 것은 완전히 독단적인 가정이라고 지적한바 있다.30) 한편 크레이기에 따르면, "야훼께서 택하실 그곳"은 성막과 그 안에 있는 법궤와 동일시된다. 따라서 그 곳은 성막이 위치한 장소에 따라 여러 곳이 될 수 있지만, 특정 시대에는 특정한 장소로 한정된다.31) 이 주장 역시 기본적으로 "야훼께서 택

---

27) 신 12: 5, 11, 14, 18, 21, 27; 14:23-25; 15:20; 16:2, 6, 7, 11, 16; 17:8, 10; 18:6; 26:2; 31:11.
28) Cassuto, "Jerusalem in the Pentatueuch", 77. 참조, Yehzekel Kaufmann, *The Religion of Israel*, trans. Moshe Greenberg (New York: Schoken Books, 1972), 175-77.
29) 신명기의 '예루살렘 제의의 중앙화'에 대한 드 베테의 이론은 이미 1920년대에 외스트라이허(Oestreicher)와 벨히(Welch), 그리고 휠셔(G. Hoelscher) 등에 의해 반박을 받았다. 외스터라이허와 벨히는 신명기서가 전혀 예배의 중앙화를 요구하지 않는다는 점을 강조하였다. 한 걸음 나아가 휠셔는 요시야 시대에 제의의 중앙화가 있었다는 사실 자체를 반대한다. 이것에 관한 자세한 논의는 Moshe Weinfeld, "Deuteronomy—The Present State of Inquiry", *JBL* 86 (1967): 249-62를 보라.
30) Franz Delitzsch, *Biblical Commentary on the Fifth Book of Moses*, trans. James Martin (Grand Rapids: Wm. B. Eerdmans, 1877), 354.
31) P. C. Craigie, *The Book of Deuteronomy*, NICOT (Grand Rapids: Wm. B. Eerdmans, 1976), 217.

하실 그 곳"을 예루살렘에 국한시키려는 해석을 반대하는 점에 있어서는 앞의 견해들과 동일하다.32)

오경에는 시온이나 예루살렘을 직접적으로나 명시적으로 언급하지는 않지만 간접적으로 암시하는 것으로 볼 수 있는 표현들이 있다. 그것은 이른바 '미리암의 노래' 또는 '바다의 노래'로 알려진 출애굽기 15:1-18에 나오는 "주의 성결한 처소"(13절), "주의 기업의 산"(15절), 그리고 "주의 처소"(15절)라는 표현들이다.33) 그러나 이것들이 정확히 무엇을 지시하는지에 관해서는 주석가들의 견해가 엇갈리고 있다.

먼저 여기에 언급된 "주의 기업의 산"이나 "주의 처소"라는 표현을 야훼께서 자기 백성의 구원을 위해 성별하신 특정한 지점, 곧 '시온'을 암시한다고 보는 견해들이 있다. 예컨대, 듀람은 13절의 "주의 성결한 처소"는 '시내'나 '시온' 중 한 곳, 또는 동시에 두 곳 다 가리킬 수 있다고 본다.34) 그리고 17절의 '주의 기업의 산'은 야훼께 속한 산이며 야훼께서 자기 백성을 인도하실 산인 새로운 시내(New Sinai), 곧 시온 산을 가리킨다고 단언한다. 그는 이어서 "17절의 기원이 언제이건 그 시기를 불문하고 17절의 용례는, '거룩한 성소'가 예루살렘의 위대한 성전을 가리키듯, 분명히 시온을 가리킨다"라고 강조한다.35) 라일라스담도 비슷하게 13절의 "성결한 처소"는 성지 전체를 가리키고, 17절의 "주의 처소"는 명백히 시온 산을 지칭한다고 본다.36) 폰 라드는 출애굽기 15:17 이하의 '바다의 노래'에서 출애

---

32) "야훼께서 택하실 그곳"이란 어구를 신명기 학파의 산물로 보는 견해에 반대하는 학자들도 "그곳"과 예루살렘의 관련을 전적으로 부정하는 것은 아니다. 적어도 다윗 이후에는 예루살렘이 법궤가 안치된 항구적인 장소가 되었고, 따라서 후기 이스라엘인들은 그곳을 야훼의 택한 장소로 인식할 수 있었다. J. A. Thomson, *Deuteronomy*, TOTC (Downers Grove: Inter-Varsity Press, 1974), 41-42, 166-67을 참조하라.

33) 이 표현들의 유래에 관하여는 바알이나 못과 같은 가나안 신들의 유산과 관련시키거나, 혹은 우가릿 신화에 나오는 신들의 성소가 자리잡은 산과 관련시키려는 이론들이 있다. 손석태, 『이스라엘의 선민사상』, 157, 주 11을 보라.

34) John I. Durham, *Exodus*, WBC (Waco: Word Books, Publisher, 1987), 208

35) Ibid., 209.

36) J. Coert Rylaarsdam, "The Book of Exodus", in *IB*, ed. G. A. Buttrick

굽과 시온 전승이 결합되고 있음을 지적한다.37)

그러나 다른 한편으로 이와 다른 해석도 있다. 손석태는 이들 표현이 넓은 의미에서 "여호와께서 약속하신 땅"을 지시한다고 본다.38) 코울 역시 "주의 성결한 처소"란 표현이 이스라엘이 행진하고 있는 가나안 땅 전체를 가리킬 수 있고, "주의 처소"는 실로나 그 밖의 다른 어떤 이스라엘의 고대 성소를 가리킬 수 있다고 본다.39) 노트는 13절의 "주의 성결한 처소"가 이스라엘에게 약속된 땅 전체를 가리키며, '주의 기업의 산'도 어떤 특정한 장소로 이해할 것이 아니라, "이제 하나님의 백성이 인도되어 들어 갈 하나님의 땅", 곧 야훼의 소유로서의 이스라엘 땅 전체를 가리키는 것으로 이해해야 한다고 풀이한다.40) 브라이트는 이 표현들이 약속의 땅에 있는 야훼의 성소, 곧 시온을 가리킨다기보다는 시내 산을 가리키는 것으로 생각한다. 그는 이른바 '드보라의 노래'(삿 5:4 이하)에서 시내 산이 약속의 땅을 향한 행진과 결부되어 있다는 점에서 그 증거를 포착한다.41)

이와 같이 출애굽기 15장에 나오는 표현들은 해석상 논란의 여지를 안고 있다. 이 표현들이 출애굽 사건의 감격을 노래한 문맥에 자리잡고 있고, 또 아직 시온을 비롯해 가나안의 어떤 지점도 이스라엘과 관련을 맺고 특별한 의미를 가질 만한 시점이 아니기 때문에 좁게는 시내 산을, 넓게는 약속의 땅 전체를 지칭한다고 보는 것이 옳겠다. 그렇다고 이것이 궁극적으로 '시온'을 암시할 수 있다는 가능성을 전적으로 배제하기는 어려울 것 같다. 그것은 구약의 여러 평행구에 비추어 볼 때 그렇다. 가령, "주의 기업의 산"

(Nashville: Abingdon Press, 1978), 944.

37) von Rad, 『구약성서신학』 제6판: 제2권, 허혁 역 (왜관: 분도출판사, 1971), 289, 주 19를 보라.

38) 손석태, 『이스라엘의 선민사상』, 157, 주 11.

39) R. Alan Cole, *Exodus*, TOTC, ed. D. J. Wiseman (Downers Grove: Inter-Varsity Press, 1973), 125-26.

40) Martin Noth, 『출애굽기』, 번역실 역, 국제성서주석 2 (서울: 한국신학연구소, 1981), 149-50.

41) John Bright, *A History of Israel*, 3rd ed. (Philadelphia: Westminster Press, 1981), 126.

이라는 표현은 시온을 가리키는 "여호와의 산"(사 2:3), "여호와의 이름을 두신 곳 시온 산"(사 18:7), 또는 "하나님의 성 거룩한 산"(시 48:1 등)에 상응하고, "주의 처소"라는 표현은 "그 거하시는 시온 산"(사 4:5), 또는 "그 처소는 시온"(시 76:2; 참조. 시 46:5 이하; 욜 4:21; 사 8:18)과 같은 표현에 상응한다. 또한 이스라엘의 가나안 정착 이후, 특히 왕정 수립 이후에는 예루살렘 성전과 시온을 제외하고는 어떤 곳도 야훼의 처소나, 이스라엘의 구원의 장소로 묘사되는 경우가 없다는 점도 주목해야 할 것이다.[42]

2) 가나안 정복 및 정착 시대

출애굽한 이스라엘이 여호수아의 영도 아래 가나안을 정복한 내용을 보도하는 기사의 일부인 여호수아 10:1-4은 성경에서 예루살렘이 명시적으로 언급되는 최초의 본문이다. 이 본문은 이집트의 세력이 점차 약화됨에 따라 예루살렘과 여타 팔레스타인 봉신국들의 주권이 강화되어 가는 시점을 배경으로 한다.

예루살렘은 이때 토착 여부스인들의 통치를 받고 있었으며, 이곳의 왕은 아도니세덱이었다.[43] 그는 주변국 왕들과 동맹을 결성하여 기브온을 공격했다. 아도니세덱은 당시 히위 성읍들과 외교 관계를 수립할 목적으로 예루살렘 북서쪽을 방문하였는데, 이 지역의 최변경에 기브온이 자리잡고 있었다. 여호수아는 이들 동맹군의 세력 확장을 저지하기 위해 기브온을 도와 아도니세덱을 물리쳤으나 예루살렘을 차지하지는 않았다. 때문에 예루살렘은 그 세력이 크게 위축되기는 했지만 여전히 미정복지로 남을 수 있었다.

---

42) 구약성경에서 시내 산 표상이 시온 산 표상으로 변천하는 과정에 대한 자세한 논의는 Jon D. Levenson, *Sinai and Zion: An Entry into the Jewish Bible* (Minneapolis: Winston Press, 1985)을 보라.

43) 아도니세덱의 이름은 "나의 주는 의롭다", 또는 "나의 주는 세덱이다"로 번역할 수 있는데, 후자의 가능성이 높다. 그 이유는 고대인들의 작명 관습상 그들이 숭배하는 신의 명칭을 따라 이름짓기를 선호했기 때문이다. 칠십인역은 삿 1:5-7에 나오는 아도니베섹과 아도니세덱을 동일시한다. 그러나 소친은 이와 달리 두 사람을 별개의 인물로 본다. J. Alberto Soggin, *Joshua*, trans. John Bowden, OTL (London: SCM Press, 1972), 127.

여호수아 10장의 기사와 함께 사사기 1:8은 유다 지파가 예루살렘을 점령하고 불태운 것으로 보도한다. 이 두 기사는 각각 이스라엘이 팔레스타인 정복시에 예루살렘을 두 차례 공격한 사실을 반영한다고 볼 수 있다. 즉 이스라엘이 일 차 공격에서 예루살렘 왕을 격퇴하였으나 그 성읍은 점령하지 않았으며, 이 차 공격시에는 유다 지파가 예루살렘을 파괴하고 불태웠던 것이다.44) 그럼에도 이유는 분명히 밝혀져 있지 않으나 이스라엘은 여전히 예루살렘을 점령하지 않고 내버려둠으로써45) 예루살렘은 사사시대(참조. 삿 19:10-12)는 물론 왕정수립 초기까지도 자치권을 보장받을 수 있었다.46)

구약성경에서 '여부스'는 예루살렘과 자주 동일시된다(수 15:8; 18:28; 삿 19:10; 대상 11:4-5).47) 성경은 초기 예루살렘의 주민들과 인근의 남쪽 지역 주민들을 가리켜 "아모리 사람들"로 부르고 있음을 볼 수 있다(수 10:5). 반면에 '여부스'라는 명칭은 이스라엘의 정착 말엽 또는 왕정 초기에 와서 주로 사용된다.

이와 관련하여 한 가지 주목할 점은 성전 부지의 소유주인 아라우나의 이름인데(삼하 24:16), 그는 다윗이 여부스를 점령할 당시 그곳의 통치자였던 것 같다. 그 까닭은 '아라우나'란 명칭이 원래 개인의 이름이라기보다는 헷어에서 발견되는 후리족(Hurrian) 단어 *ewrine*('주인')에서 유래한 통

---

44) B. Mazor, "Jerusalem in the Biblical Period", in *Encyclopedia of Archaeological Excavations in the Holy Land*, ed. Michael Avi-Yonah (London: Oxford University Press, 1976), 2:586-87.
45) 이시다에 따르면 외부에서의 침략이 힘든 예루살렘의 지리적 조건에 주된 이유를 돌린다. Ishida, *The Royal Dynasties in Ancient Israel*, 118.
46) 다윗이 예루살렘을 정복할 무렵 이 성읍은 토착 여부스인들의 완전한 독립 국가라기보다는 사실상 블레셋인들의 치하에 놓여 있었다. J. Simons, *Jerusalem in the Old Testament Researches and Theories* (Leiden: E. J. Brill, 1952), 60, n. 1을 보라.
47) 그러나 킹은 예루살렘이 여부스인들의 거주지이기는 했지만 실제로 여부스로 불리운 적은 한 번도 없었다는 사실을 지적한다. 그 근거로 아마르나 문서(Amarna Tablets)에 이곳 이름이 여부스가 아니라 예루살렘으로 나오며, 여타 고대 근동의 문헌들에도 여부스라는 지명이 등장하지 않는다는 사실을 든다. Philip J. King, "Jerusalem", in *ABD*, ed. David Noel Freeman (New York: Doubleday, 1992), 3:751.

치자를 가리키는 어휘이기 때문이다.48) 이렇게 볼 때 여부스인들은 혈통적으로 헷족과 관계가 있으며,49) 이들이 사사시대 동안 이스라엘인들의 미정복지로 남아 있던 예루살렘을 장악하고 있었다고 할 수 있다.

여호수아 18:28은 가나안의 점령지들을 이스라엘 각 지파에게 분배할 때 여부스가 베냐민 지파의 몫으로 할당되었음을 보여준다. 그러나 사사기 19:12은 당시 여부스가 '이스라엘 자손에게 속하지 아니한 외인의 성읍'으로 남아 있었음을 말해 준다. 실제로 여부스는 다윗이 마지막으로 정복할 때까지 유다와 베냐민 사이에 중립 도시로 남아 있었다.50)

3) 요약

위에서 밝혀진 것처럼 이스라엘의 팔레스타인 정착 이전의 상황을 전해 주는 오경에는 시온이라는 명칭은 아직 나타나지 않고 다만 예루살렘만이 단축형으로 또는 우회적으로 언급될 뿐이다.51) 그럼에도 이러한 언급들의

---

48) Mazar, "Jerusalem", 587.

49) 다윗의 장군이었던 우리야도 헷 사람으로서 다윗 성에 그의 자택이 있었다(삼하 11:3).

50) D. A. Carson, "Jerusalem", in *Evangelical Dictionary of the Theology*, ed. Walter A. Elwell (Grand Rapids: Baker Book House, 1984), 579. 예루살렘이 속한 영역에 대해 성경 본문은 엇갈린 보도를 하고 있다. 즉 수 15:8과 삿 1:8은 예루살렘이 유다 지파의 영토에 속한 것으로 말하고, 수 18:28과 삿 1:21은 베냐민 지파의 영토에 속한 것으로 말한다. 이는 아마도 예루살렘이 지리적으로 유다와 베냐민 지파의 영토가 만나는 경계선에 위치한 때문에 야기된 혼동으로 이해할 수 있다. Soggin, *Judges*, 24. 그러나 카우프만은 이를 다르게 설명한다. 즉 예루살렘은 가나안 정복 당시 베냐민 지파의 땅이었으나, 나중에 유다 지파 출신인 다윗이 예루살렘을 점령한 사실을 소급 반영함으로써 결국 유다 지파의 땅인 것으로 말하게 되었다는 것이다. Yehzekel Kaufmann, *The Biblical Account of the Conquest of Palestine* (Jerusalem: Magness Press, 1953), 24-25.

51) 노트는 오경에 예루살렘의 칭호가 나타나지 않는 이유를 그것이 이스라엘의 왕정 수립 시기까지 신앙이나 생활 면에서 이스라엘 지파들과 아무런 관련을 맺지 않고 독자적인 도시 국가로 존속해 옴으로써 이스라엘의 전승에 중요성을 지닐 만한 여지가 없었던 때문으로 풀이한다. Martin Noth, "Jerusalem and the Israelit Tradition", in *The Laws in the Pentateuch and Other Studies*, trans. D. R. Ap-Thomas

신학적인 의미는, 카수토가 적절히 지적했듯이, 하나로 귀착된다고 할 수 있다. 즉 예루살렘이 이스라엘이 점령하고 정착하기 이전 매우 고대로부터 신성한 장소로 성별되었음을 말하려는 것이다. 카수토는 다윗이 나중에 예루살렘을 통일 이스라엘의 수도로 선정할 때 정치적, 지리적, 그리고 전략적 요소들 외에, 다윗 기사에 명시적으로 언급되지는 않았지만, 야웨의 거룩한 예배 장소로서의 예루살렘의 신성함에 관한 이 같은 고대의 전통이 크게 고려되었을 것으로 추론한다.[52] 그러나 실제로 다윗이 이스라엘 이전 여부스인들의 전통을 직접적으로 물려받거나 수용하였는지에 관해서는 앞에서 살펴본 대로 학자들 간에 논란이 되고 있다.[53]

예루살렘은 그러나 다윗에 의해 정복될 때까지 이스라엘의 정치 종교와는 무관한 상태였으며, 따라서 이스라엘의 신학적 전통에 어떤 영향을 미칠 만한 위치에 있지 못했다. 여부스는 이스라엘 국가의 중심지로 역사의 전면에 부상할 때를 조용히 기다리고 있었던 것이다.

2. 이스라엘 왕정 시대의 시온-예루살렘

(1) 통일 왕정 시대

① 다윗의 통치 시대

시온-예루살렘이 이스라엘 역사의 전면에 등장하면서 이스라엘의 정치 사회 종교 등 모든 영역에 중심적 역할을 하기 시작한 것이 바로 이 시기부터이다. 또한 시온 신학이 본격적으로 대두되고 꽃을 피우기 시작한 것도 이 시기이다.

이스라엘에 왕정 체제가 수립된 후 초대 왕으로 즉위한 사울은 그의 활

(London: SCM Press, 1984), 133.
    52) Cassuto, "Jerusalem in the Pentatueuch", 78.
    53) 이에 관해서는 이 책 제2부 2장을 보라.

동 중심지이자 행정 수도를 기브아로 정하였다(삼상 22:6; 23:19.). 따라서 사울 통치 기간 중에는 예루살렘이 아무런 중요성을 지니지 않았다.

그러나 그때까지 여부스족이 장악하고 있던 예루살렘은 사울에 이어 왕위에 오른 다윗에 의해 정복된 후 통일 이스라엘의 새로운 수도가 된다. 그 이전에 다윗이 자신의 수도로 삼았던 헤브론은 유다에서 볼 때는 중앙이지만 이스라엘 전체로 볼 때는 너무 남쪽에 치우쳐 있었다. 때문에 북부의 지파들로부터는 항구적인 수도로 인정받기 어려웠다.[54] 사울의 수도였던 기브아는 반대로 남부의 유다 지파에게 수도로 받아들여지기 어려웠기 때문에 통일 이스라엘의 수도로 적합한 곳이 못되었다. 게다가 기브아의 입지 조건도 문제였다. 생존에 필수적인 식수와 생활 용수의 공급은 저수조에 의존해야 할만큼 그 사정이 열악했다.[55]

그러므로 다윗이 새로운 수도로 예루살렘을 선택했을 때 여기에는 몇 가지 점이 고려되었을 것으로 보인다. 첫째, 예루살렘은 지리적으로 유다와 이스라엘의 경계에 위치하였고, 다윗에 의해 점령되기 전까지 이스라엘의 어떤 지파에도 소속되어 있지 않았으므로 정치적으로 중립 지대였다. 따라서 이곳은 우선 다윗이 자신의 지파나 전통적인 이스라엘의 지파동맹의 간섭에서 자유로울 수 있고,[56] 나아가 남쪽 지파들과 북쪽 지파들 간의 반목을 불식시키고 타협점을 제공할 뿐 아니라,[57] 지파간의 이해 관계를 초월하여 왕국의 통일을 도모할 수 있다는 점에서 새로운 수도의 적지로 인식되었을 것이다.

둘째, 예루살렘은 동쪽 기드론 골짜기에서 발원하는 기혼 샘으로부터 충분한 물을 공급받을 수 있으므로 생활 주거지로 적합했다. 동시에 이곳은 북쪽을 제외한 삼면이 가파른 계곡으로 둘러싸인 고지대에 위치함으로 외부

---

54) Bright, *A History of Israel*, 200.

55) Wood, *A Survey of Israel's History*, 266; idem, 『이스라엘의 통일왕국사』, 윤종훈 역 (서울: 기독교문서선교회, 1994), 323.

56) 엄원식, "Atonism을 통해 본 다윗의 Yahwism", 『구약논단』 제1집, 한국구약학회학회지 (1995, 9): 173.

57) Bright, *A History of Israel*, 200.

의 침입을 효과적으로 막을 수 있는 천혜의 방어 요새지이기도 했다.58)

셋째, 예루살렘은 이스라엘의 남북과 동서의 도로망이 교차하는 교통의 요충지였다. 북쪽 사마리아 산지에서 시작하는 일명 '족장들의 도로'가 예루살렘을 거쳐 남단의 브엘세바까지 이어지고, 서쪽 지중해 연안의 욥바에서 요르단 지역의 라바 암몬으로 연결되는 도로가 예루살렘을 지나갔다.59)

넷째, 종교적인 측면에서 예루살렘이 앞에서 살펴본 대로60) 아브라함 이래 이스라엘의 신앙 전통과 오랜 관련을 맺어온 곳이라는 점도 국민들의 민심을 집중시키는데 유리하게 작용하였을 것이다.61) 예루살렘이 야훼께서 친히 선택하신 장소라는 것은 성경의 일관된 증언이다. 예컨대, 신명기에 자주 언급되는 "야훼께서 택하실 그 곳"(12:5; 14:23-25; 16:6, 7 등)이란 어구는 결과적으로 예루살렘을 지시하는 말로 이해되며,62) 열왕기상 11: 36과 역대하 6:6 등은 보다 명시적으로 "내가 내 이름을 두고저하여 택한 성 예루살렘에서", 또는 "예루살렘을 택하여 내 이름을 거기에 두고"로 표현한다. 스가랴 3:2에는 야훼를 가리켜 "예루살렘을 택한 이"(בירושלים הבחר)로 지칭한다. 이러한 본문들은 그러므로 다윗의 예루살렘 선택이 야

---

58) Ibid.; Wood, 『이스라엘의 통일왕국사』, 323-24.
59) 권혁승, "다윗 이전 예루살렘에 관한 소고", 『신학과 선교』 제18집 (1993): 202.
60) 이 책 제3부 1절을 참조하라.
61) 엄원식은 "다윗은 새 국가의 신성한 왕권을 위한 이데올로기의 개발을 위해 여부스 족의 전승을 이용했을 가능성이 있다"고 주장하고, 이것은 여부스 족의 제사장 사독을 야훼 성소의 대제사장으로 유임시킨 사실에서 입증된다고 지적한다. 엄원식, "Atonism을 통해 본 다윗의 Yahwism", 174. 그러나 다른 한편으로 다윗이 여브스족의 도시인 예루살렘을 그의 본거지로 삼은 것은 이스라엘과 유다 백성 그 어느 편으로부터도 전폭적인 지지를 받지 못한 상황을 암시하며, 이점이 결국 다윗 왕권의 합법성까지 의심받는 요인으로 발전되었다는 지적이 있다. 정중호, 『이스라엘 역사』 (서울: 대한기독교서회, 1994), 101. 베이첼은 예루살렘이 신생 이스라엘의 상업 중심지로서의 경제적인 중요성도 수도 선정의 또 다른 요인으로 작용하였을 것이라고 생각한다. Barry J. Beitzel, "Jerusalem", in *Baker Encyclopedia of the Bible*, ed. Walter A. Elwell (Grand Rapids: Baker Book House, 1988), 2:1123.
62) Thomson, *Deuteronomy*, 41-42, 166-67을 참조하라.

훼의 섭리에 따라 이루어진 것임을 강하게 시사한다.63)

다윗의 예루살렘 정복 기사는 사무엘하 5:6-9과 역대상 11:4-8에 기록되어 있으며, 구약성경에서 '시온'이란 명칭이 여기서 처음으로 나타난다. 그러나 사무엘서의 기사는 본문 손상으로 인해64) 다윗이 이 도성을 어떻게 점령하였는지를 분명히 제시하지 않고, 역대기의 평행 구절도 문제 해결에 도움을 주지 못한다.65) 특히 이 본문에 나타난 צנור는 모호한 단어로66), 다른 곳에서는 시편 42:7에 단 한 번 나타난다. 그러나 주석가들의 대체적인 해석은 다윗이 지하 수로를 통해 용병들로 구성된 자신의 특공대를 침투시킨 다음 수원을 차단함으로써 여부스의 도성을 차지한 것으로 본다.68)

다윗이 예루살렘을 점령할 때 유다 지파나 북쪽 지파에서 선발한 군대가 아니라 자신이 고용한 부하들(אנשי)을 동원함으로써 예루살렘을 남과 북

---

63) 그 밖에 야훼의 예루살렘 선택을 언급하는 구절들로는, 왕상 8:44; 왕하 21:7; 23:27; 대하 6:38; 12:13; 33:7; 슥 1:17; 2:12 등이 있다. 야훼의 예루살렘 선택의 신학적인 의미에 관하여는 권혁승, "하나님의 왕권과 시온전승의 관계성에 관한 고찰", 『신학과 선교』 제21집 (1996): 33-37을 보라.

64) 본문 손상에 관하여는 H. P. Smith, *A Critical and Exegetical Commentary on the Books of Samuel*, ICC (Edinburgh: T. & T. Clark, 1899), 287-89. 또한 S. R. Driver, *Notes on the Hebrew Text and Topography of the Books of Samuel*, 2nd ed. (London: Oxford University Press, 1913), 258-61을 보라.

65) 삼하 5:6의 "소경과 절뚝발이라도 너를 물리치리라"는 어구가 예루살렘의 난공불락에 관한 여부스인들의 전통적인 신념을 반영하는 것이며, 이것이 시온 불가침성의 신학으로 발전되었을 것으로 보는 견해가 있다. Boyo G. Ockinga, "The Inviolability of Zion—a Pre-Israelite Tradition?" *BN* 44 (1988): 55를 보라. 시온 주제의 여부스 기원설에 관해서는 이 책 제2부 2장을 보라.

66) 개역은 "수구"로, 표준새번역은 "물을 길어 올리는 바위 벽"으로 번역한다. 그러나 평행 구절인 대상 11:4-9에는 이 말이 나타나지 않는다.

67) 개역과 표준새번역은 다 같이 "폭포"로 번역한다.

68) Bright, *A History of Israel*, 200, n. 34를 참조하라. 사이먼은 다윗의 부하들이 기혼 수로에 침투한 다음 물길을 차단함으로써 여부스인들의 항복을 받아 낸 것으로 생각한다. Simons, *Jerusalem*, 168-173. 또한 H. W. Herzberg, *I & II Samuel: A Commenary*, trans. J. S. Bowden (Philadelphia: Westminster Press, 1964), 268-69; M. Burrows, "Jerusalem", *IDB*, 2:848에도 동일한 견해가 피력되고 있다.

어느 쪽에도 합병하지 않고 그의 개인적인 소유지로 삼을 수 있었다. 다윗은 나아가 "예루살렘 성벽을 강화하였고, 페니키아 건축공들의 힘을 빌어 궁전을 세웠으며, 그 장소를 '다윗의 성읍'이라고 명명하여 자신의 관저로 삼았다."69) 이렇게 해서 그 지역은 명실상부하게 다윗 왕의 영유지가 된 것이다.70) 이때부터 예루살렘은 이스라엘의 중심부를 형성하면서 수도로서의 위용을 갖추게 되었고 주변 지파들에 대해서는 어느 정도 치외법권 지대로 남을 수 있었다.71)

이러한 상황은 결과적으로 다윗과 그 후손들에 의해 오랜 세습왕조의 기틀이 잡혀가는 중요한 토대가 된다.72) 특히 다윗이 행한 결정적인 조치는 아벡 전투 이래 기럇여아림에 안치되어 있던 법궤를 예루살렘으로 이전한 일이다.73) 이렇게 함으로써 그는 예루살렘이 정치적 수도인 동시에 종교적

---

69) G. Fohrer, 『이스라엘 역사』, 방석종 역 (서울: 성광문화사, 1988), 127.

70) 노트는 다윗이 여부스의 도시국가 제도를 물려받아 존속시키고, 자신의 가솔과 관리들, 그리고 용병들만 이 성읍에 거주케 한 것으로 믿는다. Martin Noth, *The History of Israel*, trans. S. Godman (London: Adam & Charles Black, 1958), 189-90. 이시다는 다윗 당시의 예루살렘 인구를 5,600명으로 추산한다. 여기에는 왕의 가족(40), 관리 및 후궁의 하인(100), 상설 군대(600), 외국 용병(600), 민간 관료(60), 성직자(100), 기타(100), 앞의 사람들에게 딸린 가솔(4,000)이 포함된다. Ishida, *The Royal Dynasties in Ancient Israel*, 133. 하지만 다윗이 이미 거주하던 여부스 원주민들을 추방하거나 학살했다는 기록이 없다는 것은 이들 중 대다수가 여전히 그 성읍에 거주했음을 의미한다고 보는 것이 옳다. Wood, *A Survey of Israel*, 266을 보라.

71) Siegfried Herrmann, 『이스라엘 역사』, 방석종 역 (서울: 나단출판사, 1989), 194. 헤르만은 이때의 예루살렘이 일부 토착민을 제외하고는 전체적으로 새로운 인적 요소들로 구성되었고, 그 체질 또한 비유다적이고 비이스라엘적이었다는 점에서 국제적인 도시의 면모를 지녔을 것으로 본다. Ibid., 203.

72) 헤이즈에 따르면, 예루살렘을 왕도로 선정하고 다윗 왕조를 창립함으로써 다윗의 선택과 시온의 선택이라는 새롭고 특수한 두개의 전승이 생겨난 계기가 된다. John H. Hayes, "The Tradition of Zion's Inviolability", *JBL* 82 (1963): 420.

73) 이 사실은 삼하 6장에 기록되어 있다. 페더슨은 다윗이 법궤를 안치하기 위해 마련한 성소가 이전 여부스인들의 성소 자리로서, 아라우나의 타작마당이 바로 그곳이라고 주장한다. J. Pederson, *Israel: Its Life and Culture*, vols. III-IV (Copenhagen: Branner og Korch, 1941), 237-40. 그러나 이것을 입증할 만한 증거가 없다. 드보는

수도로서의 위상을 갖추게 하였다. 아울러 법궤의 이전을 통해 다윗은 자신이 창건한 국가가 이스라엘 옛 질서의 합법적인 계승자임을 천명하고 아울러 과거의 성스러운 제도들의 보호자이자 후원자임을 공표하고자 했다.[74] 이로써 예루살렘은 거룩한 도성이자 왕의 도성으로서의 이중적 성격을 지니게 되었으며, 그 명칭도 "다윗 성"(삼하 5:7)과 "하나님의 성"(시 46:4)으로 불리어지게 되었다.[75]

성경은 다윗이 예루살렘으로 천도한 이후 벌인 몇 가지 건축 사업에 대해 보도한다. 그중에 가장 중요한 활동은 "밀로에서부터 안으로 성을 둘러 쌓은" 것이다(삼상 5:9; 대상 11:8). 이것은 다윗의 예루살렘 정주 초기의 일로 보이며, 그 이후에 두로 왕 히람이 보낸 기능공들의 힘을 빌어 자신의 거처인 백향목 궁을 건축한 것 같다(삼하 5:11).[76]

다윗은 예루살렘을 새로운 수도로 만든 다음 북쪽의 성전 산 방면으로 요새화된 성을 확장해 나갔다. 이는 새로 수축한 성곽이 시온 산성의 북쪽에 위치한 옛 성곽 너머로까지 뻗어 나갔음을 뜻한다. 다윗은 자신의 궁을 지은 다음 하나님의 집도 건립하기 원했으나 뜻을 이루지 못했다(삼하 7

왕상 1:38-39에 기록된 솔로몬의 기름 붓는 기사에 근거하여 다윗의 법궤가 안치된 성소가 기혼샘 부근일 것으로 추정한다. R. de Vaux, *Ancient Israel: Its Life and Institutions*, trans. J. McHugh (New York: McGraw-Hill Book Company, 1961), 102.

74) Bright, *A History of Israel*, 200-201; 김의원, 『구약역사』 (서울: 개혁주의신행협회, 1996), 309.

75) 포러는 예루살렘의 중요성이 제고된 근거로 이곳이 다윗의 집의 거처가 된 점, 만군의 야훼의 임재의 장소가 된 점, 야훼 신앙이 가나안 사상들과 결합함으로써 확장된 점 등을 든다. G. Fohrer, "Zion-Jerusalem in the Old Testament", in *TDNT*, ed. Gerhard Kittel, trans. & ed. Geoffrey W. Bromiley (Grands Rapids: Wm. B. Eerdmans, 1970), 7:303. 노트도 다윗이 예루살렘을 수도로 정하고 법궤를 새로운 수도로 이전한 것이 이스라엘의 종교 정치사에 중대한 영향을 미친 결정적인 사건이라고 강조한다. Noth, "Jerusalem and the Israelite Tradition", 132-44. 또한 R. E. Clements, *God and Temple* (Philadelphia: Fortress Press, 1965), 40-42를 보라.

76) Mazar, "Jerusalem", 588.

장).77) 결국 이 성전은 그 아들 솔로몬에 의해 다윗 자신이 구입한 아라우나 타작마당 자리에 세워진다.

다윗의 왕국은 예루살렘을 중심으로 이집트에서 유프라테스로 확장되어 나갔다. 다윗 치하의 행정 관리들의 명단은 그가 예루살렘에 훌륭하게 조직된 행정부를 지니고 있었음을 보여준다(삼하 8:15-18; 대하 18:14-17). 다윗이 세상을 떠난 후에는 자신의 이름을 따라 명명된 '다윗 성' 내의 묘역에 묻혔다(왕상 2:10).78)

② 솔로몬의 통치 시대

다윗 제국의 확장과 국민적 합의는 솔로몬에 이르러 절정에 이른다. 개혁가이자 강력한 행정가인 솔로몬은 예루살렘을 당시의 국제적인 중심 도시로 부상시키는데 크게 기여하였다. 이집트와 바벨론을 왕래하는 상인들뿐 아니라, 엘랏, 홍해, 오빌 등을 대상으로 한 페니키아 무역은 솔로몬의 수도를 통과하였다. 솔로몬 자신의 해상 선단은 스페인 서부 해안의 한 섬에 위치한 다시스까지 항해하곤 했다. 이 선단은 삼 년 마다 애완용 원숭이, 비둘기, 은, 철, 주석, 상아, 금과 같은 외국 상품들을 수입해 들여왔다.79) 예루살렘은 거주민들과 내방객들이 혼재함으로 언제나 붐볐으며, 이와 더불어 이스라엘의 국가적 위상도 크게 제고되었다(왕상 10장).

솔로몬은 특히 건축가로서 명성이 높았다. 그가 주도한 많은 건축 사업

---

77) 고대 근동에서 신전의 건립은 왕의 임무였다. 그러나 그것은 신들의 지시나 동의가 있을 때만이 가능했다. A. S. Kapelud, "Temple Building, a Task for God and Kings", *Orientalia* 32 (1963): 56-62. 드보는 다윗이 나단으로부터 성전 건립을 거부당한 이유에 대해 성전 건립이 지파동맹의 종교적 전통을 보존하려는 나단의 보수적인 성향과 충돌되었기 때문으로 설명한다. Roland de Vaux, "Jerusalem and the Prophets", in *Interpreting the Prophetic Tradition*, ed. H. M. Orlinsky (New York: The Hebrew Union College Press, 1969), 280.

78) 왕들을 수도의 성내에 매장하는 것은 고대 근동의 관습이었다. 그러나 대하 32:33에 따르면 다윗 성의 묘역에는 유다 왕들뿐 아니라 왕족들까지 매장한 것으로 보인다. Ishida, *The Royal Dynasties in Ancient Israel*, 135를 참조하라.

79) Bright, *A History of Israel*, 215.

가운데 가장 중요한 것은 성전 건립이었다. 성전을 세우기 위해서는 먼저 성역을 둘러싸고 보호할 성벽 확장 공사가 필요했다.[80] 그 성벽은 다윗 성의 북동쪽 모퉁이에서부터 기드론 골짜기 위 북쪽으로 뻗어 나갔다. 열왕기상 11:27은 "솔로몬이 밀로를 건축하고 그 부친 다윗의 성의 무너진 것을 수축하였다"고 보도한다. 여기에 언급된 '밀로'는 남동쪽 돌출부의 동편 능선에 위치한 축대로서 이미 다윗 때부터 존재했었으며(삼하 5:9), 왕정시대 동안 수시로 개축되곤 했다.[81]

솔로몬은 면밀한 사전 준비를 거쳐 7년 동안 공사를 한 끝에 성전 건축을 완성하였다.[82] 열왕기상 5:3-5에 따르면 솔로몬이 성전 건립에는 최소한 두 가지 목적이 있었던 것으로 보인다. 첫째는 야훼의 이름을 위해서였고, 둘째는 다윗에게 주신 야훼의 약속, 즉 야훼의 뜻을 이루려 함이었다.[83]

자체의 건축 전통을 갖지 못한 이스라엘은 이번에도 두로 왕 히람으로부터 건축술과 백향목 자재들을 제공받았다(왕상 5장; 대하 2장).[84] 이 목재

---

80) 포러에 따르면, 솔로몬에 의한 예루살렘 확장에는 두 가지 목적이 있었다. 첫째는 대국의 통치자에게 걸맞은 새로운 거처의 필요를 충족시키기 위해서, 둘째는 공공 건물의 확장과 함께 불어나는 인구를 수용할 수 있는 공간을 마련하기 위해서였다. Fohrer, "Zion-Jerusalem", 303.

81) 예컨대 히스기야는 앗수르의 침공에 대비하기 위해 이를 더 중수하였다(대하 32:5). 이 같은 점으로 미루어 볼 때 '밀로'는 수비와 관련된 구조물로 요새의 탑이었던 것으로 믿어진다. Wood, *A Survey of Israel's History*, 290, n. 9. 또 이것은 가파른 언덕에 테라스 형태로 설치되었던 것으로 추정된다. 김의원, 『구약역사』, 306, 주 14.

82) 왕상 6:1과 6:38에 따르면, 성전 건축은 솔로몬의 즉위 4년인 BC 966년 4/5월에 시작하여 959년 10/11월에 완공된 것으로 나타난다. 솔로몬의 성전 건축과 이곳에서 거행된 제의들은 이후 예루살렘이 누려온 역사적 중요성의 기반이 된다. Fohrer, "Zion-Jerusalem", 303.

83) 그 밖에 성전 건립에는 솔로몬이 자신의 정치적 입지를 강화하고 민심을 결집시키기 위한 숨은 의도도 깃들어 있었던 것 같다. 손석태, 『이스라엘의 선민사상』, 192.

84) 성전은 건축 구조뿐 아니라 신학적인 면에서도 페니키아의 영향을 크게 받았다. King, "Jerusalem", 755. 브라이트는 성전의 구조가 페니키아의 양식을 따랐기 때문에 그 상징들 가운데 다수가 이교적 배경을 반영하게 된 것이 불가피했음을 지적한다. 예컨

들은 지중해에서 욥바로 해상 운송한 다음 다시 육로를 이용해 예루살렘으로 운반하였다(대하 2:16).

성전을 건립한 위치는 오래 전 아브라함이 이삭을 바치도록 명령받았던 모리아 산으로서(창 22:2; 참조. 대하 3:1), 다윗 시대에 재앙이 멈추었던 아라우나의 타작마당 지역과 일치하는 곳이다(삼하 24:16-25). 모리아 산은 북쪽으로 다윗 성과 인접해 있었다.[85]

성전은 해 뜨는 방향인 동쪽을 향하도록 설계하였다. 성전의 내부는 길이가 대략 90피트, 폭이 30피트, 높이가 45피트 정도 되었다. 동쪽의 앞면 전체는 중앙에 두개의 놋기둥을 가진 15피트 깊이의 주랑으로 이루어져 있었다(왕상 7:15). 성전 둘레의 나머지 세 방면에는 골방을 만들었다. 성전을 완성한 후 솔로몬은 성막에 시온에서 옮겨온 법궤를 비롯하여 여러 물품들을 비치하였다(대하 5장).

예루살렘 성 안에는 그 밖에도 왕이 건설한 건축물들이 있었다. 성전 및 성벽과 더불어 '자기의 궁'이 언급되고 있다(왕상 3:1; 7:1, 8; 9:1, 15). 솔로몬은 '야훼의 전'을 건축한 다음 곧바로 자신이 거처할 '왕궁'을 13년에 걸쳐 건축했다(왕상 3:1). 그는 그 외에도 다수의 건축물을 세웠다(왕상 9:15). 이것과 함께 레바논 백향목으로 지은 궁, 기둥 낭실, 보좌의 낭실, 재판하는 낭실 등이 언급되고 있으며, 곁들여 '큰 뜰'과 '그 낭실 뒤 다른 뜰'도 나오고 있다(왕상 7:2-12). 또한 솔로몬은 그의 애굽 출신 아내가 거처할 집도 지어 주었다(왕상 7:8; 9:24). 이 거대한 건축 단지는 다윗성과 성전 사이에 위치했는데,[86] 성전과 왕궁 및 그 부속 건물들의 이러한 밀집은 수도 예루살렘의 종교적, 정치적, 문화적 중요성을 강화시키는 데 일조

대 청동바다(왕상 7:23-26)는 지하에 있는 생명과 풍산의 원천인 신선한 물의 바다를 상징화했고, 번제단(참조. 겔 43:13-17)은 원래 신들의 산을 암시했던 것으로 본다. 그러나 다른 한편으로 이러한 특징들은 야훼 신앙에 입각해 재해석되고 야훼의 우주적 지배를 상징하는 것으로 받아들여짐으로써 이교적 색채를 점차 탈피해 갔음을 강조한다. Bright, *A History of Israel*, 218.

85) Wood, *A Survey of Israel's History*, 295.

86) M. Burrows, "Jerusalem", 849.

하였다.87) 성전과 왕궁은 국가의 행정 중심을 형성하였다. 아울러 성전과 왕궁 및 그 부속 건물들이 이처럼 한 지역에 밀집해 있음으로서 이 나라의 종교와 정치적인 활동을 긴밀히 연결시키는 촉매 역할을 했다. 성전의 일차적인 기능은 종교적인 것이었지만,88) 아울러 국가의 경제 정치적인 면에서도 중요한 역할을 담당하고 있었다. 그 까닭은 고대의 성전은 재정 업무와 환전을 관할하는 중앙은행의 기능도 겸했기 때문이다.89)

전도서 2:6에는 "다윗의 아들, 예루살렘 왕 전도자"가 수목에 물을 공급하기 위해 연못을 판 것으로 기록하고 있다. 이것은 솔로몬이 예루살렘에 물을 공급하기 위해 모종의 조치를 취했다는 전승을 반영한다. 바위를 잘라내어 만든 일련의 고대 수로는 남동쪽 언덕의 한 층 낮은 끝머리와 그 아래에 있는 골짜기로 기혼의 물을 이어 주었다. 고고학자들은 그 물길 가운데 하나를 솔로몬의 업적으로 돌린다.90)

이런 건축물들 외에 솔로몬은 이방의 아내들을 위해 이교의 제단들도 세웠다. 그 가운데 그모스와 몰록을 위한 산당은 "예루살렘 동쪽 산" 위에 있었다(왕상 11:7-8). 이 지점은 감람산의 남쪽 끝 정상인 것으로 보인다.91)

솔로몬은 그의 건축 사업을 위해 강제 노역과 무거운 세금을 부과하였다. 이것은 백성들, 특히 북쪽 지파들의 원성을 사게 되었고, 그의 사후에 이들이 분열해 나간 중요한 원인이 된다. 뿐만 아니라 건축과 확장에 대한 솔로몬의 과도한 야망은 왕국 전체에 심각한 경제난을 초래하기도 했다. 솔로몬은 죽은 후 그 부친 다윗이 묻힌 "다윗 성"에 장사되었다(왕상 11:43).

통일왕정 시대의 이스라엘은 다윗과 솔로몬의 통치를 거치면서 영토가 크게 확장되고 주변의 많은 군소국들을 봉신국으로 지배할 수 있었다. 그와

---

87) King, "Jerusalem", 755.
88) 종교적인 측면에서 성전은 두 가지 목적을 충족시켜 주었는데, 첫째는 왕조의 성소 기능을 한 것이고, 둘째는 이스라엘의 민족적 성소의 기능을 한 것이다. Bright, *A History of Israel*, 218.
89) King, "Jerusalem", 755.
90) M. Burrows, "Jerusalem", 849.
91) Ibid.

동시에 다윗 왕조의 정통성과 신성을 합법화하는 왕정 이데올로기가 생겨났다. 이것은 특히 시편의 제왕시들에 잘 반영되고 있는데, 그 핵심은 다윗 가문의 왕들은 야훼의 기름부은 자들로 그들의 왕위가 전적으로 보장된다는 사상이다(시 89편; 132편 등). 한편 나단의 신탁에도 왕정 신학이 나타나며, 여기에는 왕은 야훼의 통치의 지상 대리자이며 그의 종이므로, 다윗의 후손을 통해 그 왕국이 영원토록 보호받게 된다는 확약이 나온다(삼하 7:8-17).

한편 밀러의 분석에 따르면, 이 왕정 신학은 다음 몇 가지 점에서 예루살렘 및 성전과 밀접한 관련을 맺는다. ① 야훼는 예루살렘을 자신의 특별한 임재의 장소로 그리고 그의 백성의 수도로 선택하였다. ② 야훼는 다윗과 그의 후예들을 예루살렘에서 영원토록 통치하도록 선정하였다. ③ 예루살렘 성전은 제의의 구심점이었다. ④ 다윗 계열의 왕은 백성과 야훼 사이를 중재하는 특별한 역할을 담당했다. ⑤ 야훼의 예루살렘 수호와 다윗 왕조의 지속은 야훼에 대한 왕과 백성의 충성에 달려 있었다.[92]

---

[92] J. M. Miller and J. H. Hayes, *A History of Ancient Israel and Judah* (London: SCM Press, 1986), 203. 프리젠은 시온 전승과 다윗 전승을 구분하는 것이 마땅하다고 생각한다. 그는 지적하기를 "시온이 다윗을 위한 정치 중심지로서 부분적 역할을 한다는 것은 사실이 아니다. 그것은 오로지 하나님의 처소이다"라고 한다. Th. C. Vriezen, "Essentials of the Theology of Isaiah", in *Israel's Prophetic Hreitage: Essays in Honor of James Muilenburg*, ed. B. W. Anderson and Walter Harrelson (New York: Harper & Brothers, 1962), 130. 비슷하게 올렌버거도 왕정 이데올로기를 모체로 하는 다윗 전승과 시온 전승은 각기 독립된 전승으로서 양자를 동일시하거나 병합시킬 수 없음을 강조한다. Ben C. Ollenburger, *Zion, the City of Great King: A Theological Symbol of the Jerusalem Cult*, JSOTS 41 (Sheffield: JSOT Press, 1987), 59-66. 그러나 로버츠의 견해는 다르다. 그는 "다윗 왕조에 대한 이사야의 개념의 윤곽은 시온 전승과 결합된 왕정 신학에 의거하고 있다. 시온 전승의 형성기부터 야훼의 예루살렘 선택이 다윗 왕조의 선택과 관련되어 왔고 그것을 전제로 삼아왔다(시 132:11-14). 이 둘은 불가분리적으로 결합되어 있다"는 말로 다윗 전승과 시온 전승의 관련을 강하게 역설한다. J. J. M. Roberts, "Isaiah in Old Testament Theology", *Int* 36 (1982): 138. 같은 주장이 idem, "Zion in the Theology of the Davidic-Solomonic Empire", in *Studies in the Period of David and Solomon and Other Essays*, ed. Tomoo Ishida (Winona Lake:

(2) 분열왕정 시대의 시온-예루살렘

이 시기는 남북 왕조의 분열과 그에 따른 국력의 약화, 그리고 강대국 앗수르의 위협과 북왕국의 멸망, 그리고 약 한 세기 이후의 바벨론에 의한 남왕국의 멸망과 포로 사건으로 이어지는 역사적 격변기라 할 수 있다. 이러한 국가적 변란을 겪으면서 시온-예루살렘에 대한 개념 역시 변화의 국면을 맞게 된다. 특히 유다의 국가적 정치적 위상의 변화는 곧바로 시온-예루살렘에 대한 신학적인 이해의 변화를 수반하였다. 즉 시온-예루살렘이 국가의 몰락과 더불어 더 이상 정치적 종교적 중심지로서의 기능을 다하지 못하게 됨에 따라 시온은 이스라엘의 종말론적 회복의 거점으로 내재화되어 가는 것을 보게된다. 그리고 이러한 경향은 포로기와 귀환 시대를 거치면서 더욱 심화되어 간다.

① 분열왕정 초기 및 중기

남 유다에서 분리해 나가 독립 왕국을 수립한 북 이스라엘의 첫 왕 여로보암은 세겜을 그의 처음 수도로 정했다(왕상 12:25). 그 후 여로보암은 수도를 디르사로 옮겼다.[93] 그러나 남 유다는 여전히 예루살렘을 그들의 수도

Eisenbrauns, 1982), 105에도 진술되고 있다. 여기에서 로버츠는 "다윗의 선택과 예루살렘의 선택이 원래부터 연계되어 있다는 사실은 의심할 여지가 없다"고 지적한다. 클레멘츠 역시 동일한 입장을 취한다. 그는 시온 전승의 핵심이라 할 시온 불가침성의 교리가 다윗 왕조에 대한 야훼의 보호라는 신념에 그 뿌리를 두고 있음을 지적함으로써 두 전승이 긴밀한 관계를 맺고 있음을 강조한다. 즉 "시온의 신성불가침은 고립된 교리가 아니고 다윗 왕조에 초점을 둔 보다 복합적인 이데올로기의 일부인 것이 분명하다"는 것이다. 또한 클레멘츠는 "왕조 이데올로기, 예언, 그리고 유다의 정치적 야망들이 예루살렘-시온이 자기 백성 이스라엘을 위한 야훼의 계획에 특별한 역할을 할 것이라는 광범위한 신념 속에 함께 농축되어진 것"으로 말한다. R. E. Clements, *Isaiah and the Deliverance of Jerusalem*, JSOTS 13 (Sheffield: JSOT Press, 1984), 85-86. 김정우도 시온-다윗 주제가 야훼의 왕권 사상을 매개로 밀접하게 결합되어 있다고 보며, 아울러 선택 개념도 이 두 주제를 묶어 주는 주요 요소가 된다고 한다. 김정우, 『시편 89편: 그 문학과 신학』 (서울: 총신대학출판부, 1990), 66, 주 2.

93) 헤르만은 여로보암이 세겜-브누엘-디르사 등 세 번에 걸쳐 행정 수도를 옮긴 사실을 지적하고, 여기에서 이미 이스라엘 왕국의 불안정성에 관한 증거가 드러난다고 말한

로 유지하였다. 남 왕국 유다의 첫 왕 르호보암 재위시에 이집트 왕 시삭이 예루살렘을 공격하여 성전과 궁전을 모두 약탈해 갔다(왕상 14:25-26).94) 르호보암은 시삭을 철군시키고 예루살렘을 안전하게 보호하는 대가로 막대한 공물을 제공해야만 했다. 르호보암은 죽어서 다윗 성에 묻혔고, 그의 후계자들도 대다수 다윗 성에 묻혔다(14:31; 15:8 등).

르호보암의 손자이자 아비얌의 아들인 아사는 그 동안 만연했던 이교화의 경향을 차단하기 위해 아세라 우상을 만들고 숭배한 그의 모친 마아가를 대비의 자리에서 몰아내고 개혁을 단행하였다. 그는 성전에 새로운 비품들을 더 설치하고 하나님의 제단을 다시 세웠다. 그리고 우상들을 기드론 시냇가에서 불태웠다(15:13). 이 개혁으로 아사와 그의 아들 여호사밧의 통치 기간 동안 유다는 적어도 공식적으로는 이교의 제의들로부터 벗어날 수 있었다.95)

요아스는 그의 치세 기간 동안 성전을 개수하고 정화하는 데 많은 노력을 기울인 왕이다(왕하 12장). 요아스는 아달랴가 왕권 찬탈을 목적으로 정변을 일으켰을 때 성전에 피신함으로써 간신히 목숨을 건졌었다. 그는 이 은신 기간 동안에 성전에서 은밀히 즉위식을 가졌는데, 이 즉위식 장면을 통해 예루살렘의 지형을 어느 정도 그려볼 수 있다. 요아스의 후원자인 여호야다는 왕궁과 수르 문과 호위대 뒤에 있는 문에 경비병을 세워 왕궁의 동정을 감시하도록 조치한 다음 대관식을 거행하도록 했다(왕하 11:5-6절). 이 문들의 정확한 위치는 확인되지 않고 있으며, 다만 "호위대 뒤에 있는 문"은 새 왕을 궁전으로 안내할 때 통과한 "호위병의 문"(19절)과 동일한 것으로 추정할 따름이다.96)

다. Herrmann, 『이스라엘 역사』, 239.

94) 시삭의 공격이 예루살렘만 목표로 삼은 것은 아니었다. 카르낙(Karnak)의 아몬 성전 남쪽 벽면에 새겨진 명문에 따르면 이때 시삭이 150개의 도시를 정복한 것으로 나와 있다. 그 밖의 고고학적인 증거들도 이집트 군대가 이 원정에서 팔레스타인 전역을 파괴했음을 보여준다. Wood, *A Survey of Israel's History*, 339; 참조. Bright, *A History of Israel*, 233-34.

95) Bright, *A History of Israel*, 240.

96) M. Burrows, "Jerusalem", 849.

이것이 사실이라면 그 문은 성전과 왕궁 사이에 위치한 것으로 보아야 한다. 이 문은 역대하 23:20에서 "윗문"으로 지칭되고 있다. 수르문은 역대하 23:5에서 "기초문"으로 불려진다.

요아스의 즉위 식장에 나타나 반역 행위라고 비난하던 아달랴는 요아스의 호위병에게 체포되어 "왕궁 말달리는 길"(왕하 11:16)[97]을 통과해 끌려가다가 거기서 죽었다. 이 "마문"은 느헤미야 3:28과 예레미야 31:40에도 언급되는데, 두 곳 모두 기드론 골짜기 부근 언덕의 동쪽 어느 지점에 위치한 것으로 나타난다. 아달랴가 죽은 후 바알 신전은 파괴되고 그 제사장들도 처형되었다. 요아스의 치세 때에 시리아 왕 하사엘이 유다 전역을 공격하고 예루살렘까지 파괴하려고 위협했다. 요아스는 성전과 왕궁의 모든 보화를 하사엘에게 바침으로써 예루살렘을 초토화 일보직전에서 구할 수 있었다(왕하 12:17-18). 그러나 역대기에 따르면 시리아 군이 예루살렘을 공격하였고 이때 요아스는 부상을 당한 것으로 보도한다(대하 24:17-24). 그는 신하들의 모반으로 암살 당해 다윗 성에 묻혔다(왕하 12:21).[98]

아마샤는 요아스의 뒤를 이어 남왕국 유다의 왕위를 계승한 자로 북왕국 이스라엘의 여호아스에게 패하여 벧세메스에서 포로가 되었다. 여호아스는 계속해서 예루살렘까지 쳐들어와 예루살렘 성벽을 에브라임 문에서부터 성 모퉁이 문까지 400규빗을 헐었다(왕하 14:8-13). 에브라임 문이라는 명칭은 북쪽으로 가는 도로가 그 곳을 통과했음을 암시한다.[99] 아마샤 역시 신하들의 모반에 의해 살해당한 후 다윗 성에 장사되었다(왕하 14:19-20). 아마샤의 뒤를 이어 아사랴가 16세의 어린 나이에 왕위를 계승하였다.[100]

아사랴는 예루살렘의 방비를 강화하고 그 밖의 몇몇 지역을 요새화 했

---

97) 역대하 23:15에는 "왕궁 마문 어귀"로 나타난다.
98) 그러나 역대기 기자는 "열왕의 묘실에는 장사지내지 아니하였더라"고 기록한다(대하 24:25).
99) M. Burrow, "Jerusalem", 850.
100) 아사랴는 웃시야라는 이름으로도 불리었다. 아사랴는 왕상 14:21; 15:1, 6, 8, 17, 23, 27; 대상 3:12에, 웃시야는 왕하 15:13, 30, 32, 34; 대하 26:1, 3, 11; 사 1:1; 6:1; 호 1:1; 암 1:1; 슥 14:5에서 사용된다.

다. 군대를 효율적으로 재조직하였으며 장비도 개선하였다. 그는 큰돌과 화살을 발사하는 기구를 만들어 성곽 위에 설치하였다(대하 26:11-15). 역대기서는 웃시야가 예루살렘 성에 망대를 세운 것으로 보도한다(대하 26:9). 이 망대는 특별 경계가 필요한 지점에 세워짐으로써 성벽의 안전을 강화하는 데 기여한 것 같다.[101]

웃시야 당시 북왕국에는 유다 드고아 출신인 아모스가 벧엘을 중심으로 예언 활동을 하고 있었다. 아모스는 그의 활동 무대와 예언 대상이 북왕국이었기 때문에 예루살렘에 관해 자주 언급하지 않는다. 다만 예배 장소와 관련한 아모스의 예루살렘 관이 암시적으로 나타날 뿐이다. 즉 "벧엘을 찾지 말며 길갈로 들어가지 말며 브엘세바로도 나아가지 말라"(5:4)는 경고에서 아모스는 유다 출신으로서 예루살렘 제의의 합법성을 은연 중에 강조하는 것으로 보인다.[102] 또 아모스는 또 "야훼께서 시온에서부터 부르짖으시며 예루살렘에서부터 음성을 발하시리니"(1:2)라고 말함으로써 예루살렘이 야훼의 현현의 장소임을 밝힌다. 그러나 그렇다고 해서 야훼가 반드시 예루살렘에서만 예배되어야 한다는 것으로 발전하지는 않는다. 그 이유는 아모스에게 있어서 야훼는 특정 지역에 매여 있지 않는 우주적인 하나님이시기 때문이다(9:2, 7 참조).

아사랴는 통치 후반기에 질병으로 인해 아들 요담을 왕위에 즉위케 하여 12년 간 공동 통치자로 다스렸다. 요담은 그의 통치 기간 중에 많은 건축 사업을 하였다. 그 중에서 예루살렘에 성전 문을 세우고(왕하 15:35) '오벨성'을 증축한 일(대하 27:3)이 특기할 만하다. 요담 말년에는 이스라엘 왕 베가와 다메섹 왕 르신이 예루살렘을 포위하고 유다가 반앗수르 연합 세력에 가담하도록 압력을 가해 왔다(왕하 15:37). 그러나 요담은 독자 노선을 고수하기로 결심하고 이 같은 제안을 단호히 거부하였다. 이로 인해 다메섹-이스라엘 연합군과 유다 사이에 긴장이 고조되어 갔다. 이러한 위기의 때에 요담이 죽고 그 아들 아하스가 왕위를 계승했다.

---

101) M. Burrow, "Jerusalem", 850.
102) Ringgren, *Israelite Religion*, 265.

② 앗수르의 팽창기

아하스가 즉위하자 곧 다메섹-이스라엘 연합군이 유다를 침공하여 예루살렘을 포위했다(왕하 16:5). 국가적 위난에 봉착한 아하스는 앗수르 왕 디글랏빌레셀에게 도움을 요청함으로 연합군의 위협을 간신히 막아낼 수 있었다.

이사야 7:1-8:18은 그 당시 예루살렘이 얼마나 공포에 사로잡혀 있었는지를 생생하게 묘사한다. 이사야는 아하스 왕의 친앗수르 정책이 가져올 비참한 결과에 대해 경고하고 다윗에게 준 야훼의 약속을 의뢰하도록 강력히 촉구했다. 이사야는 다윗 왕조와 예루살렘의 선택이 신적 도움을 보장하는 것임을 설파했다. 그는 이 같은 신념에 기초하여 원수들이 시온을 공격하지만 그때마다 참패당할 것임을 거듭 역설한다(8:9-10; 10:27-34; 14:24-32; 17:12-14; 29:1-8; 30:27-33). 야훼께서 친히 선택하신 거룩한 시온 산은 모든 원수들의 공격을 막고 야훼의 보호를 받는다는 것이다. 따라서 이사야에게 있어서 시온은 야훼를 전적으로 의뢰하는 민족의 안전과 존립을 나타내는 상징이었다. 야훼에 대한 이 같은 의뢰를 떠난 민족은 어떤 안전도 기대할 수 없다는 것이 이사야의 시종일관한 메시지였다.[103]

그러나 아하스는 이사야의 경고를 무시하고 친앗수르 정책을 고수함으로써 유다는 결국 앗수르의 사실상의 봉신국이 되었고, 종교적으로도 앗수르의 영향을 크게 받은 것으로 보인다.[104]

이는 아하스가 다메섹을 방문하고 돌아온 후 거기에 세워진 제단과 동일한 것을 만들어 예루살렘 성전에 설치한 다음 제사를 드린 사실에서 강하게 암시되고 있다(왕하 16:10-13).[105]

---

[103] B. S. Childs, *Isaiah and the Assyrian Crisis*, SBT, Second Series 3 (Naperville: Alec R. Allenson, 1967), 59-61을 참조하라.

[104] 봉신국의 왕이 정치적 필요에 따라 종주국의 신을 승인하고 복종하는 것은 고대의 관례였다. G. von Rad, *Old Testament Theology*, vol. 1, trans. D. M. Stalker (New York: Harper & Row, 1962), 43. 또한 손석태, 『이스라엘의 선민사상』, 198을 참조하라.

[105] 브라이트는 아하스가 다메섹을 방문하여 디글랏빌레셀에게 충성 서약을 한 다음

다메섹-이스라엘 전쟁이 있은 지 약 20년 후에는 이집트의 후원을 받는 아스돗이 반앗수르 진영에 동참할 것을 유다에게 권유한다. 이때도 이사야는 이 같은 외세 의존적인 동맹정책에 단호히 반대한다(사 14:28-30; 18장). 이것 역시 이사야 특유의 시온 불가침성에 대한 신념에서 비롯된 것으로 볼 수 있다. 야훼께서 시온을 세우셨으므로 그분 자신이 시온을 보호하시고(14:32), 또 때가 되면 앗수르 사람들을 전멸하실 것이었다(18:3-6). 그러므로 유다에게 필요한 것은 이방 나라와의 동맹이나 정략적인 술수가 아니라 야훼에 대한 전적인 믿음과 신뢰뿐이었다.[106]

히스기야는 이교 관습에 깊이 오염된 이스라엘의 제의를 바로잡기 위해 철저하고도 전면적인 개혁을 단행하였다(왕하 18:3-6; 참조. 대하 29-31장). 그는 산당을 철폐하고 예루살렘 성전을 중심으로 한 종교 정책을 시행하였다(왕하 18:22). 이와 같이 히스기야는 제의의 중앙화를 통해 예루살렘의 지위를 한껏 격상시켰으며 이를 통해 모든 국력을 예루살렘에 집중시키고자 했다.[107] 이때 예루살렘은 정복국 앗수르의 강압 통치를 피해 이주해 온 북이스라엘의 난민들로 인해 인구가 증가하고 도시도 확대되었다.[108]

한편 정치적인 면에서 히스기야는 산헤립이 앗수르의 왕으로 즉위하자

거기에 세워진 청동 제단에서 앗수르 신들에게도 경배했을 것으로 본다. Bright, *A History of Israel*, 277. 그리고 아하스는 이미 이교의 관습에 깊이 물들어 자기 아들을 불 가운데 지나가게 했다는 비난을 받고 있다(왕하 16:3). 한편, 아하스가 만든 새 제단은 야훼 제사장으로부터 아무런 비난을 받지 않은 점으로 미루어 볼 때 이교 제단이 아니라 단순히 새로운 양식을 도입하여 단장된 야훼 제단이라는 견해도 있다. 정중호, 『이스라엘역사』, 196을 보라. 그러나 아하스 통치 시대에 만연했던 온갖 이방의 유행과 종교와 미신 등, 당시의 배교적인 풍조에 미루어 볼 때 야훼 제단이 순수하게 보존되었다고 믿기는 어렵다.

106) Ringgren, *Israelite Religion*, 273.
107) 정중호, 『이스라엘 역사』, 211; 히스기야의 개혁은 일차적으로 민족 신앙을 강화하고, 나아가 이방의 통치, 특히 앗수르의 예속에서 벗어나 정치적인 독립을 쟁취하기 위한 것이었다. Fohrer, 『이스라엘 역사』, 212.
108) 정중호, 『이스라엘 역사』, 210. 이때 예루살렘은 서쪽으로 확장되었던 것으로 보이며, 폭발적인 인구증가를 수용하기 위해 3층 또는 4층의 건물들을 지어야 했다. Fohrer, 『이스라엘 역사』, 211-12.

앗수르에 대한 조공을 거부하고 독립 국가로서의 면모를 되찾으려 했다(왕하 18:7). 그러나 이 같은 조치는 앗수르를 크게 자극하여 대대적인 공세를 초래하였다. 히스기야 재위 14년에 산헤립이 침공하여 유다의 모든 견고한 성읍들을 점령했다(왕하 18:13). 산헤립의 비문에 따르면, 그는 요새화된 유다 성읍 46개를 점령하였고, 이때 히스기야의 군대는 "새장 안의 새처럼" 예루살렘 안에 갇혀 있었다고 한다.[109]

히스기야는 이 난국에서 벗어나기 위해 성전과 왕궁을 모조리 털어 엄청난 조공을 앗수르에게 바쳤다(18:14-16). 그럼에도 예루살렘은 끊임없이 위협을 당하였으므로 자구책을 강구하지 않으면 안되었다. 열왕기하 20:20에 따르면, 그는 "못과 수도를 만들어 물을 성중으로 인도하여 들였다"고 한다. 역대하 32:3에는 산헤립이 공격할 경우를 대비하여 "성 밖의 모든 물 근원을 막기 위한" 공사를 했다고 기술한다. 이어서 히스기야는 "기혼의 윗 샘물을 막아 그 아래로 좇아 다윗성 서편으로 곧게 인도하였다"(대하 32:30). 열왕기하 20:20의 '수도'는 이것을 가리키는 것으로 보이며, 히스기야의 수로는 지금도 남아 있다. 히스기야는 그 밖에도 퇴락한 성벽을 중수하고 망대를 세우며 다윗 성의 밀로를 강화시켰다(대하 32:5). 그러나 히스기야가 취한 온갖 예방 조치도 앗수르 군대의 공격에는 별 소용이 없었다. 다행히 앗수르의 돌발적인 내부 사정으로 인해[110] 산헤립이 본국으로 긴급히 철수함에 따라 예루살렘은 파멸을 면할 수 있었지만, 그렇다고 히스기야 통치하의 유다가 앗수르의 영향권에서 완전히 벗어난 것은 아니었

---

109) Bright, *A History of Israel*, 286; Wood, *A Survey of Israel's History*, 361. 그러나 헤이즈는 이와는 다르게 "새장 안의 새처럼 갇혔다"는 표현이 실제 상황을 가리키거나 히스기야가 포로된 상태를 지시하는 것이 아니라 단순히 은유적인 표현에 지나지 않는다고 본다. John H. Hayes and Stuart A. Irvine, *Isaiah, the Eighth Century Prophet: His Times and His Preaching* (Nashville: Abingdon Press, 1987), 374.

110) 여기에는 두 가지 이유가 있었던 것으로 보인다. 첫째는 산헤립 군대에 갑작스런 괴질이 돌았고(왕하 19:35), 둘째는 본국의 내정에 모종의 심각한 문제가 돌발한 때문이었다(7절). Bright, *A History of Israel*, 288. 또한 김의원, 『구약역사』, 457, 주 26을 참조하라.

다.111)

한편 이사야는 히스기야가 앗스르의 공격에서도 굳게 버텨 내도록 격려를 아끼지 않았다. 이사야는 야훼께서 예루살렘을 도우시리라는 것을 다시 한 번 확신하고는(14:24-25) 야훼를 모독한 앗수르가 결코 예루살렘을 점령할 수 없을 것임을 예언하였다(사 37:33-35).

에일러에 따르면 이사야의 시온 해석은 두 가지 점에서 특징적이다.112) 첫째는 시온이 인간적인 모든 안전을 포기하고 야훼만 전적으로 의뢰할 때 얻어지는 안전을 상징한다는 것이다. 이 주제는 아하스 재위시 다메섹-이스라엘 동맹군이 침공했을 때와 히스기야 재위시 앗수르 군이 공격해 왔을 때 이사야가 제공한 조언의 기초이다. 국가와 시온의 존립이 위태로운 위기에 처했을 때에도 이사야는 왕에게 두려워 말고 굳게 서 있으라는 격려를 아끼지 않았다.

이사야의 시온 해석에 있어서 두번째 특징은 하나님의 심판과 구원 사이의 날카로운 긴장이다. 이사야는 아하스에게 예루살렘의 구원에 대한 약속을 주었다. 그러나 아하스가 믿음으로 응답하지 못했을 때 그 약속은 오히려 재앙에 대한 위협으로 바뀐다. 그러나 이러한 유연성에도 불구하고 시온이 본질적으로 야훼의 가변성과 민감성을 나타내는 표징은 아니다. 오히려 그것은 불변하는 신뢰와 신실성의 상징이다. 시온은 구원과 구출을 통해 이스라엘과 세상에 대한 자신의 우주적인 통치권을 드러내고자 하시는 야훼의 원대한 목적을 나타낸다. 따라서 시온은 인간적인 어떤 세력도 전복하거나 파괴할 수 없는 야훼의 백성을 위한 확고부동한 신적 상징이다. 그럼에도

---

111) 그럼에도 앗수르의 퇴각과 예루살렘의 구출은 큰 의미가 있었다. 즉 히스기야는 여전히 왕권을 장악할 수 있었고, 백성들은 앗수르의 후퇴가 예루살렘 성전의 위력에 의한 것이라는 신념을 갖게 된 것이었다. Fohrer, 『이스라엘역사』, 217. 이 사건은 그러므로 성도 예루살렘의 불가침성에 대한 전통적인 신념을 보다 확고히 하고 예루살렘 성전의 권위를 한층 격상시키는 데 기여하였을 것이다.

112) David L. Eiler, *The Origin and History of Zion as a Theological Symbol in Ancient Israel* (Ph.D. dissertation, Princeton Theological Seminary, 1968), 271.

시온이 불가침성에 대한 신적 보증을 절대적으로 담보하고 있는 것은 아니다. 오히려 그것은 오직 야훼를 신뢰할 때만 안전을 보장받을 수 있는 도피처일 따름이다. 이사야는 바로 이 지점에서 시온 불가침성에 대한 맹목적인 신념에 제동을 가한다 할 수 있다.

헤이즈에 따르면, 이사야는 백성들을 격려하고 야훼의 메시지를 선포하기 위해 시온 불가침성의 전승을 사용하기는 했지만, 그의 해석에는 두 가지 점에서 급격한 변화를 발견할 수 있다. 첫째는 야훼에 대한 신앙을 구원과 보호의 조건으로 제시했다는 점이다. 이사야 7:9의 아하스를 향한 야훼의 말씀에는 이 같은 요구가 특징적으로 나타난다. "만일 너희가 믿지 아니하면 정녕히 굳게 서지 못하리라."

둘째는 적들의 살육과 공격이 하나님의 활동 영역 안에서 일어날 수 있다는 사실을 보임으로써 옛 시온 전승을 급전시켰다는 점이다. 이것은 예컨대 앗수르의 예루살렘 침공과 살육을 묘사한 이사야 10:5-6에 뚜렷이 반영되어 있다.

> 화 있을진저 앗수르 사람이여,
> 그는 나의 진노의 막대기요
> 그 손의 몽둥이는 나의 분한이라,
> 내가 그를 보내어 한 나라를 치게 하며
> 내가 그에게 명하여
> 나의 노한 백성을 쳐서 탈취하며 노략하게 하며
> 또 그들을 가로상의 진흙같이 짓밟게 하려 하거늘.

여기에서 앗수르는 불신하고 범죄한 유다와 예루살렘을 징벌할 막대기로 말해진다. 그렇다고 앗수르가 백성들에 대한 파괴를 주도한다는 의미는 아니다. 그 파괴는 어디까지나 신적 심판의 증거로서 하나님의 활동 영역 안에서 일어날 것이다.113)

요컨대 에일러와 헤이즈는 이사야의 시온 신학 해석에 일정한 한계를 그

---

113) Hayes, "The Tradition of Zion's Inviolability", 425-26.

어야 함을 강조한다. 이사야가 자신의 선포에서 시온 불가침의 신념을 천명하였을 때, 그것은 맹목적이고 무조건적인 것이 아니었다는 점에서 이들의 제안은 타당성을 지닌다. 시온 불가침의 신념은 어디까지나 야훼에 대한 전적인 신뢰와 복종이 전제될 때만이 유효한 것이었다. 이러한 사실에 미루어 볼 때 이사야는 시온 불가침성에 대한 인본주의적인 해석을 경계하였을 뿐 아니라, 통속적이고 자기 위안적인 시온 신학에 제동을 건 것으로 이해할 수 있다.

이사야와 동시대에 활동한 미가는 시온 신학의 해석에 있어서 보다 급진적인 성향을 보인다. 그는 히스기야 당시 유다 내부의 죄악에 초점을 두고 주로 심판의 예언을 선포했다. 시온을 피로, 예루살렘을 죄악으로 건축한 자들이 저지르는 부패와 압제를 규탄하고, 시온과 성전의 돌이킬 수 없는 마지막 파멸을 선포했다(미 3:9-12). 그로 말미암아 시온은 '밭갈이 감'을 당하고, 예루살렘은 폐허더미가 되며, '성전의 산'은 '수풀의 높은 곳'과 같게 될 것이었다(미 3:10, 12). 이처럼 미가는 야훼가 시온을 자신의 거소로 영원히 정하였다는 기존의 신학에 대한 맹목적인 신뢰에 강력한 반기를 든 것이다. 미가에게 있어서 시온은 더 이상 심판과 재앙에서 면제된 불멸성과 안전의 상징이 아니었다. 그는 한 걸음 더 나아가 다윗 왕조와 결부된 야훼의 약속들을 예루살렘이나 성전과 동일시하는 것마저 거부하였다.[114]

③ 유다 왕국의 쇠퇴기

어린 나이로 왕위에 오른 히스기야의 아들 므낫세는 앗수르에 대한 저항을 포기하고 앗수르의 봉신이 되기를 자청하였다. 그리하여 그의 통치 기간

---

114) Bright, *A History of Israel*, 294. 링그렌은 미가가 분명히 다윗 계약 전통을 고수하였지만 시온이 선택받은 것은 신뢰하지 않았다고 지적한다. Ringgren, *Israelite Religion*, 276. 따라서 미 4장에 나타난 시온에 관한 약속의 신탁을 미가의 것으로 돌리기 어렵다고 보는 학자들이 있다. 예컨대, Otto Eissfeldt, *The Old Testament: An Introduction*, trans. P. R. Ackroyd (New York: Harper & Row, 1965), 410-11; A. Weiser, *The Old Testament: Its Formation and Development*, trans. D. M. Barton (New York: Association Press, 1961), 254-55.

내내 앗수르의 충성스런 봉신으로 지냈다. 이것은 므낫세의 정책이 히스기야의 정책 노선에서 완전히 벗어나 아하스의 정책으로 선회한 것을 의미했다.115) 앗수르에 대한 정치적인 예속은 특히 종교적인 면에서 심각한 문제를 초래하였다. 앗수르의 제의가 공식적으로 예루살렘에 도입되었다.116) 므낫세는 온갖 이방 제의와 관습들이 예루살렘에서 공공연히 성행되는 것을 방치하였으며, 그 결과 성전 안에서조차 우상숭배와 제의적인 매음의식이 자행되고 있었다(왕하 21:7; 참조. 23:4-7).

므낫세가 세운 건축물 중에는 특히 이교적인 예배 장소들이 많았다(왕하 21:3-5, 7). 그는 우상숭배와 관련하여 강권적으로 자신의 정책을 관철하였다. 그리하여 "무죄한 자의 피를 심히 많이 흘려 예루살렘 이 가에서 저 가까지 가득하게 했다"(왕하 21:16). 마침내 므낫세는 하나님으로부터 "그릇을 씻어 엎음같이 예루살렘을 씻어 버릴지라"는 치명적인 경고를 받아야 했다(왕하 21:13). 열왕기 기자는 므낫세를 유다 왕 가운데 가장 악한 왕으로 규정한다(왕하 21:9-15; 24:3 이하).117) 므낫세는 사후 "궁궐 동산 곧 웃사의 동산"에 매장되었다(왕하 21:18).118)

한편 역대기는 므낫세가 나중에 회개하고, 이교의 모든 제단과 우상을 제거한 다음 "여호와의 단을 중수했다"고 기술한다(대하 33:15-16). 그러나 열왕기는 므낫세의 회개와 그 이후의 행적에 대해 침묵한다. 딜라드에 따르면, 이와 같은 생략은 죄와 징벌의 문제에 대한 열왕기와 역대기 두 역사가

---

115) Fohrer, 『이스라엘 역사』, 220.
116) Ibid., 221.
117) von Rad, *Old Testament Theology*, vol. 2, 263을 참조하라. 여기에서 폰 라드는 므낫세 당시의 암울했던 상황과 관련하여, "실로 야훼의 역사 지배에 대한 본질적인 측면이 의문시되고 그의 권능까지 문제시되던 시기에 야훼가 여전히 만사를 주관하고 계시다는 사실을 전적으로 확신할 수 있었겠는가?"라고 반문한다.
118) 역대기는 "웃사의 동산"이라는 어구를 생략하고 단순히 "그 궁에 장사되었다"라고만 기록한다. 딜라드는 이러한 생략이 역대기 기자 당시에 예루살렘의 지형이 바뀌어 "웃사의 동산"이 위치한 정확한 지점을 확인할 수 없었기 때문으로 풀이한다. Raymond B. Dillard, *2 Chronicles*, WBC (Waco: Word Books, Publisher, 1987), 269.

의 인식의 차이에서 비롯된 것이다. 즉 열왕기 기자는 죄과가 시간이 흐름에 따라 누적되어 간다고 이해하였고(왕하 21:15 참조), 역대기 기자는 각 세대는 당대에 그들의 행위에 따라 형통이나 재앙을 대가로 받는다고 이해한 것이다. 때문에 열왕기에는 므낫세의 생존시에 선고된 징벌(왕하 21:13-15)이 실제로 집행된 것은 그의 사후 수십년 뒤로 나타나고, 역대기에서는 그의 악행에 대한 심판이 즉각 집행된 것으로 나타난다는 것이 딜라드의 해석이다.119)

한편 역대기에 따르면, 므낫세는 "다윗 성 밖 기혼 서편 골짜기 안에 외성을 쌓되 생선문 어귀까지 이르러 오벨을 둘러 심히 높이 쌓았다"(대하 33:14). "어문"은 여기에서 처음 언급되는 것인데, 느헤미야 3:3에 미루어 볼 때 이것은 북쪽 성벽이 중앙 골짜기를 횡단하는 지점에 있는 성문이었음이 분명하다.120)

므낫세의 뒤를 이어 왕위를 계승한 아몬은 부왕의 정책을 그대로 답습하였다(왕하 21:19-26). 그는 재위 기간 동안 특기할 만한 업적을 남기지 못한 채 신하들의 모반에 의해 궁중에서 암살 당함으로 '웃시야의 동산 자기 묘실'에 장사되었다(왕하 21:23, 26).121)

그러나 아몬의 아들 요시야는 선왕이 세운 이교의 신당과 우상들을 파괴했다(대하 34:2). 그는 성전을 수축하는 과정에서 율법 책을 발견하고는 예루살렘 성전을 중심으로 단호한 개혁을 단행하였다(왕하 22:3-20; 23:1-25). 요시야는 성전과 예루살렘 성읍에서 철거한 수많은 우상숭배의 대상들을 '기드론 시내', 즉 성전과 왕궁에 가깝고 편리한 기드론 골짜기에서 불태우고 철저히 파괴하였다. 또한 우상들을 섬긴 제사장들도 축출하였다.

그의 개혁은 지방에까지 확산되어 벧엘을 위시하여 각 지방의 성소들을 철폐하고, 심지어 지방 성소의 제사장들마저 처형하였다(왕하 23:19-20).

---

119) Ibid., 268.
120) M. Burrow, "Jerusalem", 850.
121) 므낫세의 통치 기간에는 어떤 문서 예언자도 활동하지 않은 것이 특징적이다. 예언자들이 모두 추방당하였거나 또는 다른 어떤 사유에서인지 그 이유가 분명하지 않다. Ringgren, *Israelite Religion*, 276.

요시야의 이 같은 개혁은 백성들의 마음속에 예루살렘이야말로 유일한 합법적 성소라는 인식을 확고하게 심어 주었다.122) 동시에 야훼만이 유다 백성을 다스리신다는 국민적 신앙고백을 도출해 냈다. 이런 면에서 요시야의 개혁은 앗수르의 통치와 앗수르의 종교로부터의 결별을 의미하는 것이었다.

요시야 통치 초기에 예언 활동을 한 것으로 보이는124) 스바냐는 므낫세와 아몬 등 선왕들의 재위 때부터 성행해 온 우상숭배와 불의와 타락한 관습들을 날카롭게 비판하며, 야훼의 날에 예루살렘에 임할 징계와 무서운 심판에 관해 예언한다(3:1-7). 그의 예루살렘 고발은 이방 나라들에 대한 고발들에 비해 훨씬 구체적이다. 그 까닭은 이 도성이 누리고 있는 큰 특권은 그에 걸맞는 책임을 수반한다고 믿기 때문이다.125)

야훼의 명령을 거역하고 그의 교훈을 거부하면 예루살렘이라도 패역하고 역겨운 곳으로 지탄받을 수밖에 없었다. 더욱이 스바냐는 하나님을 등불을 들고 예루살렘을 돌아다니며 "무릇 찌끼같이 가라앉아" 있는 사람들을 찾고 있는 것으로 묘사함으로써 시온-예루살렘의 불가침성이라는 전통 신학에 근거한 자기 위안의 허구에 대해 일대 경종을 울린다(1:12). 그러나 스바냐 1:2-2:3과 3:1-7에 나타난 위협이 근본적으로 예루살렘에 초점을 맞추고 있음에도 불구하고 스바냐서에 시온이라는 단어가 전혀 사용되지 않고 있다는 것이 특징적이다.126)

---

122) Bright, *A History of Israel*, 323.

123) Fohrer, 『이스라엘 역사』, 230.

124) 스바냐의 예언 활동 시기를 요시야 왕 재위 초기, 즉 요시야의 개혁 직전으로 추정할 수 있는 근거에 대해서는 Willem A. VanGemeren, 『예언서 연구』, 김의원·이명철 역 (서울:엠마오, 1993), 298-99를 보라. 또 Otto Eissfeldt, *The Old Testament: An Introduction*, 124; A. Weiser, *The Old Testament: Its Formation and Development*, 265; W. Harrelson, *Interpreting the Old Testament* (New York: Holt, Rinehart and Winston, 1964), 379 등도 스바냐의 활동 시기에 관해 동일한 견해를 표명한다.

125) William Sanford LaSor, David A. Hubbard, & Frederick W. Bush, *Old Testament Survey* (Grand Rapids: Wm. B. Eerdmans, 1992), 436.

126) Eiler, *The Origin and History of Zion*, 281.

느고 2세가 이끄는 이집트 군의 북진을 저지하다가 전사한 요시야의 뒤를 이어 그의 아들 여호아하스가 왕위를 계승하였다. 여호아하스는 불과 3개월 동안 유다 왕으로 재임하다가 이집트 왕 느고의 압력에 의해 왕위를 박탈당하고 이집트로 유배되어 갔다(왕하 23:31-35; 참조. 렘 22:1-12). 이 일을 계기로 얼마 동안 유다는 이집트의 봉신국이 되어 힘겨운 조공을 부담하여야 했다.

이런 국가적 혼란기에 여호아하스의 형제인 여호야김이 왕위에 올랐으나, 그는 사치스런 새 왕궁을 건설하는 데 국고를 낭비하였고, 이 공사를 위해 백성들에게 강제 노역을 부담시켰다(렘 22:13-19). 그러나 유다는 BC 598년 12월에 바벨론의 침공을 받았고, 얼마 후 여호야김은 암살 당했다. 곧 이어 여호야긴이 왕위를 물려받았으나 불과 3개월 만에 예루살렘은 바벨론에 항복했다. 그리고 597년에 여호야긴은 다른 왕족 및 지도층 인사들과 함께 바벨론으로 포로 되어 갔다(왕하 24:10-17). 이어서 여호야긴의 삼촌 시드기야가 왕위에 올랐으나 그는 유다의 마지막 왕으로서 왕국의 종말을 온 몸으로 겪는 비운의 주인공이 되어야 했다.

유다가 종말을 향해 달려가는 이 비극적인 시기에 예언한 대표적인 인물이 예레미야다. 예레미야서에는 시온 주제가 전혀 나타나지 않는다고 지적하는 학자들도 있다.[127] 그러나 예레미야의 선포에는 예루살렘에 관한 언급과 함께 드물기는 하지만 시온에 관한 언급도 나온다.[128] 미가가 그랬던 것처럼 예레미야에게 있어서도 시온 주제는 사뭇 비관적이다. 그는 예루살렘에 대한 호칭에서부터 "하나님의 성"(시 46:4)이라 부르는 대신 다분히 경멸적인 어투로 "이 성"으로만 부른다(렘 19:11-15; 21:4-10).[129] 예레미야

---

[127] 폰 라드는 예레미야가 이사야와는 달리 시온 주제에 관해서는 전혀 언급하지 않는다고 한다. 그 이유는 예레미야가 북부 베냐민 지파에 뿌리를 둔 제사장 가문 출신이기 때문으로 본다. von Rad, *OT Theology*, vol. 2, 192. 링그렌도 폰 라드의 견해를 지지한다. Ringgren, *Israelite Religion*, 280.

[128] 예레미야서에는 '예루살렘'이 102회 사용되며, 비록 빈도가 떨어지기는 하나 '시온'도 17회 사용되고 있다는 사실에 주목할 필요가 있다. Eiler, *The Origin and History of Zion*, 98-99를 참조하라.

[129] Werner H. Schmidt, *The Faith of the Old Testament*, trans. John

에게서 시온을 위한 구원의 희망은 거의 강조되지 않고 있다. 그는 하나님의 심판의 대상이 되어야 했던 실로의 운명에 관한 주제를 거꾸로 시온에게 적용시킴으로써 시온의 처참한 파멸을 선포한다.130) 예레미야에게 시온에 관한 희망적인 표현이 있다면 순례자들이 옛 북왕국에서 시온으로 나아가는 것이 전반적인 새 질서의 구축을 시사하는 징조가 되리라는 약속 정도가 유일하다고 할 수 있다(31:2-6).

한편 예레미야서에 나오는 지형학적 자료는 대부분 성전과 관련되어 있다. 예레미야가 두루마리를 읽고 불태우는 극적인 장면은 왕의 "겨울 궁전"에서 일어난 일이다(렘 36:22). 그는 두 차례나 "유다 왕의 궁전에 있는 시위대 뜰"에 갇혔다(32:2; 33:1; 37:21). 그는 심지어 이 뜰에 있는 구덩이에 잠시 갇혀 있기도 했다(38:6-13). "구덩이"에서 풀려난 다음, 그는 예루살렘이 함락될 때까지 시위대 뜰에 머물렀다(38:13, 28). 예레미야 39장에 나오는 예루살렘 함락 기사에 따르면 바벨론의 방백들이 "중문에 와서 앉았다"(3절). 이곳은 어문으로 불리운 북쪽의 성문으로 추정된다.131) 시드기야가 바벨론 군의 체포를 피하려고 도망친 "왕의 동산 길"(4절; 왕하 25:4)은 다윗 성의 남쪽 끝 부근에 위치했던 것으로 보인다.132)

(3) 요약

이스라엘의 왕정 시기는 시온 신학이 싹을 틔우고 자라서 꽃을 피운 시대이다. 다윗계 왕들에 대한 선택 주제와 함께 시온 선택의 주제가 구체적인 모습을 드러내고 완숙해 간 것이 바로 이 시기이기 때문이다. 그 이전까지만 해도 이스라엘인들에게 그리 중요시되지 않았던 여부스 족속의 도성 예루살렘은 이스라엘의 왕정 수립과 함께 중요한 의미를 갖게 된다. 즉 다

Sturdy (Philadelphia: Westminster Press, 1983), 218. 그러나 고원은 예레미야가 이 말을 긍정적인 의미로 사용한 것으로 이해한다. Donald E. Gowan, *Eschatology in the Old Testament* (Philadelphia: Fortress Press, 1986), 9.

130) Eiler, *The Origin and History of Zion*, 283.
131) Ibid.
132) Ibid.

윗이 이곳을 수도로 정하고 법궤를 이전하여 이곳에 안치함으로써 정치적인 수도이자 국가적인 제의의 중심지로 만들었다. 이와 같은 예루살렘의 제의적인 중요성은 솔로몬의 성전 건축에 의해 한층 증대되었다. 시온은 야훼가 자신의 처소로 선택하신 거룩한 곳이요, 따라서 야훼의 안전과 보호가 보장된 곳으로 인식되기 시작한 것이다. 바로 이러한 사고를 바탕으로 시온의 불가침성에 대한 교리가 생겨난 것으로 이해된다.

왕국이 분열된 이후에도 예루살렘은 계속 유다의 수도이자 제의 중심지로서의 지위를 유지하고 유다의 거룩한 성읍으로 남았다. 그러나 이러한 한계를 넘어 북왕국 이스라엘 사람들에게도 예루살렘은 내심 동경의 대상으로 또는 경쟁의 대상으로 관심을 끌었던 것으로 보인다(왕상 12:27 이하; 렘 41:5). [133]

BC 701년에 예루살렘을 포위하고 있던 앗수르 왕 산헤립의 갑작스런 퇴각으로 마지막 순간에 예루살렘이 구원받은 사건은 이 성읍의 불가침성에 대한 신념을 강화시키는 획기적인 계기가 되었을 것이다. 이어서 BC 621년의 요시야 왕의 종교 개혁은 유다와 이스라엘의 모든 산당과 성소들을 배척함으로써 예루살렘을 야훼께서 "그의 이름을 두시려고" 택하신 유일한 제의의 중심지로 만들었다.

이 시기의 예언자들은 시온-예루살렘 전승이 가지고 있는 보호와 약속을 인정하면서도 이것에 대한 무조건적인 맹신에는 반대하였다. 그들은 죄의 선언과 심판의 선고로부터 시온이나 예루살렘이 제외되어 있다고는 결코 말하지 않았다. 이렇게 함으로써 예언자들은 유다가 자기 위안의 미몽에서 돌이키기를 촉구하고, 예루살렘이 야훼께서 원하시는 원래의 순수한 모습으로 복원되기를 바랐던 것이다. 그러나 예언자들의 이러한 열망과는 달리 예루살렘은 결국 바벨론에 의해 파괴되고 말았다. 다음에 살펴볼 포로 사건은 시온 주제의 해석에 또 하나의 전기가 된다.

---

133) Schmidt, *The Faith of the Old Testament*, 208.

3. 포로기 및 귀환 시대의 시온-예루살렘

(1) 포로기

포로기 동안 예루살렘은 거의 폐허가 되다시피 했다. 바벨론은 유다를 자신들의 일개 속주로 편입시키고 유다 귀족 출신의 그다랴를 총독으로 임명하였다(렘 40:5-6).[134] 그다랴는 전쟁의 참화로 행정 수도의 기능을 더 이상 감당할 수 없게 된 예루살렘을 버리고 미스바를 수도로 정했다. 예루살렘은 상류층 인사들이 포로로 잡혀가고 주로 가난한 하층민들이 남아 농사를 지어 하루하루를 힘겹게 연명해 나가는 곳으로 변모하였다(왕하 25:12; 참조. 렘 39:10).[135]

이렇게 해서 예루살렘은 지금까지 지녀 온 일국의 수도로서의 위용을 상실한 채 변방의 한 적막한 도시로 전락하고 말았다. 성벽들은 계속 허물어져 갔고, 독립 국가 유다의 성스러운 상징이었던 성전마저 파괴되었다.[136]

예루살렘의 쇠퇴와 성전의 파괴는 다윗 계약의 존속과 예루살렘의 불멸성을 확신하고 있던 유다 사람들에게 엄청난 충격을 안겨 주었다. 그러나 이 사건은 이스라엘의 종교와 신앙에 새로운 반성과 성찰을 가져다 준 전기가 된다. 대다수 유다 사람들은 그들 국가의 파멸이 곧 그들의 하나님의 몰

---

134) 맛소라 역본(MT)과 칠십인역(LXX)에는 '총독'이라는 단어가 없다. 때문에 그다랴를 사실상 유다의 마지막 왕으로 보는 것이 합당하다는 주장도 있다. 이렇게 보는 몇 가지 근거에 관하여는 정중호, 『이스라엘 역사』, 257-58을 보라.
135) 바벨론의 침공과 국가의 멸망이 상류층에게는 비극이었지만 유대 농민들이 그 사건을 비극으로 생각했다고 믿기 어렵다는 견해가 있다. 오히려 그들은 예루살렘과 성전 파괴를 지배층의 낭비와 착취에 대한 형벌로서 당연시했으리라는 것이다. 황성규, 『예수 운동과 갈릴리』(서울: 한국신학연구소, 1995), 75. 픽슬리는 바벨론에 포로로 붙들려 가지 않고 유다에 잔류한 하층민들의 생활은 그때까지 왕실에 바치던 공물을 바벨론 통치자들에게 바치게 된 것 외에는 별로 달라진 것이 없었고, 마을 단위의 붕괴도 그리 크지 않았을 것으로 본다. G. V. Pixley, 『하느님 나라』, 정호진 역 (서울: 한국신학연구소, 1986), 80.
136) 이것은 거룩한 도시 예루살렘은 결코 정복되지 않을 것이라는 유다인들의 전통적인 신념을 송두리채 흔들어 버린 대격변의 사건이었다.

락이라고까지 생각하였다.[137] 그러나 예언자들의 신학적인 반성은 이와 달랐다. 즉 이 같은 국가적 민족적 파국은 야훼의 무능에 기인한 것이 아니라 이스라엘의 불순종과 거역에 대한 징벌로 주어졌다는 것이었다(애가 1:18). 결국 파멸의 책임은 이스라엘 자신에게 있다는 것이 포로기 예언자들의 일관된 주장이었다. 한편 성전의 파괴는 국가적인 공식 제의가 더 이상 드려질 수 없게 된 것을 뜻하며, 적어도 겉으로 보기에 예루살렘이 예배의 중심지로서의 지위를 상실했음을 뜻했다. 그럼에도 포로기 동안 예루살렘에서 예배 의식이 완전히 중단된 것은 아니었다. 예레미야 41:4-5에 따르면, 세겜, 실로, 사마리아 등지에서 그다랴의 죽음을 조문하려는 사람들이 제물을 가지고 폐허가 된 예루살렘으로 올라온 것을 보여준다. 이때 드려진 제의는 추방을 면한 하위직 제사장들이 관장하는 동물 희생 제사였다.[138] 이는 동시에 당시 예루살렘에 제물을 봉헌할 제단이 여전히 존속했음을 시사한다. 또한 예레미야애가는 예루살렘에 예배를 위한 집회가 있었음을 보여준다.[139]

(2) 귀환 시대

바벨론을 정복한 페르시아의 고레스는 유대인 포로들에게 예루살렘으로 돌아가 성전을 다시 세우라는 포고문을 공표하였다. 고레스는 일단의 포로들을 예루살렘으로 인솔하고 아울러 느부갓네살이 약탈해 온 성전의 기물들을 반환할 책임자로 세스바살을 임명하였다(스 1:8). 얼마 뒤에는 포로들 중 다른 무리들이 스룹바벨의 인솔하에 예루살렘으로 돌아왔다. 그러나 스

---

137) Ringgren, *Israelite Religion*, 297.
138) 최창모,『이스라엘사』(서울: 대한교과서주식회사, 1994), 81.
139) Fohrer,『이스라엘 역사』, 251-52. 포러는 포로기에도 비록 그 규모는 보잘 것 없었다 해도 순수한 야훼 신앙이 면면히 이어지고 있었으며, 따라서 국가적인 파국이 야훼 신앙까지 멸절시킬 수는 없었음을 지적한다. Ibid., 254. 정중호는 포로기 동안에도 예루살렘에 종교 활동이 지속되었다고 볼 수 있는 근거 세 가지를 제시한다. ① 성전이 파괴된 것을 탄식하는 예레미야 애가의 탄식. ② 페르시아가 성전 기물을 반환한 사실. ③ 예루살렘 주민들이 갑자기 종교생활을 중단할 이유가 없다는 것. 정중호,『이스라엘 역사』, 259.

룹바벨과 대제사장 예수아가 주도한 성전재건 공사는 사마리아인들이 주동한 주변 적대세력들의 방해로 BC 520년(다리오 2년)까지 중단되었다(4:1-5, 24). 그러다가 학개와 스가랴의 독려에 힘입어 공사가 재개되어 마침내 완공을 보았다(5-6장; 학 1-2장; 슥 1-8장).140)

성전재건이 완료됨으로써 유대인 귀환 공동체의 신앙적인 구심점을 확보할 수 있었다.141) 이렇게 되기까지에는 야훼께서 시온과 다윗 왕조를 선택하였다는 국가의 공식 신학에 근거한 희망들이 성취될 것임을 유대인들을 향해 끈질기게 설파했던 학개와 스가랴 두 지도자의 노력에 힘입은바 컸다.142) 특히 스가랴는 하나님의 도성 시온에 대한 야훼의 임재를 강조하였고(2:10, 11), 하나님께서 임재하여 자기 백성을 축복하고 보호하며 지키실 것임을 확언하였다(8:12-14; 9:8).

그러나 학개와 스가랴는 성전 재건에 주력했을 뿐 예루살렘 성벽 재건에는 관여하지 않았다. 이 일은 느헤미야와 에스라에 의해 주도되었다. 아닥사스다 1세는 예루살렘에 돌아가 성벽을 재건할 수 있도록 해 달라는 느헤미야의 요청을 수락하고 그를 총독으로 임명하였다(느 2:1-8; 5:14).

느헤미야는 예루살렘 성벽 재건이야말로 유대인 공동체의 현실적인 안전을 보장하는 길이라 여겼다. 느헤미야는 야간에 성벽을 답사하는 등 만반의 준비를 마친 후(느 2:12-15) 즉각 성벽의 재건에 착수하였다. 공사는 신속하게 진척되어 52일 만에 작업을 완료할 수 있었다(느 6:15).143)

---

140) 이 성전 건축을 위해 포로에서 귀환한 유대인들은 물론이고 바벨론에 남아 있던 사람들까지 헌금하였다. 이는 제2성전이 정부의 지원 없이 백성들의 자발적인 헌금에 의해 건립되었음을 뜻한다. 따라서 포로기 이전의 성전이 왕실 성전이었다면, 제2성전은 순수한 의미에서 국민 성전으로 그 면모를 일신하게 된 것이다. 참조. Fohrer, 『이스라엘 역사』, 267.

141) 최창모는 재건된 예루살렘 성전이 팔레스타인 내의 유대인과 디아스포라의 유대인을 하나로 결속시키는 데는 미진했다고 본다. 사마리아인들은 그리심 산에 독자적인 성전을 만들어 예배를 드렸고 이집트의 엘레판틴 유대인 공동체 역시 자신들의 성전과 제의 형식을 지니고 있었다는 사실은 유대교의 종교적인 삶이 예루살렘에 집중되어 통합되지 않았음을 입증한다는 것이다. 최창모, 『이스라엘사』, 93-94.

142) Bright, *A History of Israel*, 371.

143) 요세푸스는 느헤미야가 성벽의 축조 작업을 끝내는 데 2년 4개월이 걸린 것으로

이로써 예루살렘은 다시 견고하고 적을 방어할 수 있는 도시로서의 원래 모습을 되찾은 것이었다.

느헤미야는 유다 지역에 있는 각 마을과 고을에서 주민의 10분의 1을 예루살렘에 이주시켜 이곳에 정착해 살아가도록 조치하였다(느 11:1). 이는 그들의 안전을 도모하는 동시에 도시의 방어도 강화하기 위한 배려에서였다. 에스라는 느헤미야가 구축한 정치적 안정의 기반 위에서 율법을 중심으로 유대인 공동체를 재조직하고 공동체의 내적인 삶을 쇄신시키는 데 공헌하였다.[144]

(3) 종말론적 예루살렘에 대한 기대

지금까지의 논의를 기초로 포로기 이후 이스라엘의 예루살렘 이해에 대한 변천 과정을 살펴 볼 때, 가장 두드러지고 특기할 만한 현상은 파괴된 예루살렘에 대한 현실적 좌절과 실망을 극복하고 종말론적 새예루살렘에 대한 기대가 움트기 시작한 점이다. 챈스에 따르면 이러한 종말론적인 기대는 네 가지 동기로 구성된다.[145] ① 예루살렘과 성전이 영광스럽게 회복되리라는 것, ② 이 예루살렘과 성전이 회복된 이스라엘 백성의 중심 기지로 봉사

기록한다. Flavius Josephus, *Antiquities of the Jews*, XI, 5, 8. 브라이트는 비슷련 노무자들에 의해 흉벽, 성문, 옹벽 등 필요한 모든 작업이 52일이라는 단기간에 완성되기 어렵다는 이유를 들어 요세푸스의 연대 산정을 신빙성 있는 것으로 받아들인다. Bright, *A History of Israel*, 381. 그러나 느헤미야의 치밀한 준비와 탁월한 추진력, 그리고 공사에 투입된 노무자들의 비상한 각오 등이 일반적인 예상을 뛰어 넘는 단기간으로 공정을 단축시켰을 것으로 생각할 수 있다. 그들은 촌음을 아껴 작업에 임했다(느 4:21-23). 우드는 공사 기간이 단축된 이유로 ① 당시의 상황이 긴박했던 점, ② 다수의 노무자들이 공사에 투입된 점, ③ 성벽의 일부만 재건한 점 등을 든다. Wood, *A Survey of Israel's History*, 403, n. 80.

144) 에스라는 예루살렘에 도착한 후 국민 대회를 개최하여 집결한 모든 유대인들에게 율법을 낭독하고 해석해 주었다. 이 행사는 7일 간 지속되었고 장막절도 함께 지켰다(느 7장). 에스라의 율법에 대한 강조는 바벨론 포로귀환 이후에 발전한 율법중심의 유대주의의 초석이 되며, 이 때문에 에스라는 유대주의의 아버지로 불리우게 된다.

145) J. Bradley Chance, *Jerusalem, the Temple, and the New Age in Luke-Acts* (Macon: Mercer University Press, 1988), 5-6.

하리라는 것, ③ 야훼께서 이방 나라들을 다스리시는 중요한 장소가 되리라는 것, ④ 메시야가 성전 및 도성과 관련하여 중심적인 역할을 하리라는 것이다. 포로기 이후 예언자들의 예루살렘에 대한 종말론적 기대 속에서 이러한 동기들이 어떻게 진술되고 있는지를 간략히 검토해 보기로 한다.146)

① 예루살렘 및 성전의 회복과 영광

포로기의 대표적 예언자인 에스겔은 예루살렘의 파괴를 말하면서도, 다른 한편으로 고국에로의 귀환을 예고함으로써 포로된 백성들을 위로한다 (20:42; 34:13; 36:34-35; 37:12, 14, 21). 동시에 에스겔 40-48장의 종말론적 프로그램은 새로운 성전을 중심으로 한 회복된 공동체를 묘사한다.147) 야훼의 영광이 새로운 성전에 다시 임하고(43:4; 참조. 44:4), 이로써 예루살렘은 야훼의 도성으로서의 지위를 되찾을 것이다(48:35). 에스겔은 예루살렘이 "야훼가 거기 거하신다"는 뜻의 "야훼 샴마"로 불리어질 것임을 선언함으로써 회복된 시온 공동체에 대한 묘사를 끝맺는다.

포로 후기의 예언자들인 학개와 스가랴 역시 예루살렘과 성전의 장엄한 회복을 바라본다. "나의 성읍들이 넘치도록 다시 풍부할 것이라, 여호와가 다시 시온을 안위하며 다시 예루살렘을 택하리라"(슥 1:17). 그 도성은 하나님의 거처가 될 것이며, 성읍 전체가 야훼의 산이 될 것이다(슥 8:3). 야훼께서 이 성읍의 보호자가 되실 것이므로 방호벽이 더 이상 필요없을 것임을 말하는 진술 속에서 회복된 도성의 특징을 발견할 수 있다(슥 2:5; 참조. 38:11). 이들은 또한 종말론적 축복이 임할 때 새롭게 세워질 성전이 최고의 지위를 차지할 것임을 말한다.148) 나아가 이들 예언자에게 있어서

---

146) 이하의 논의는 챈스의 패러다임에 따른 것이다. 참조. ibid., 5-16.

147) 이에 관한 자세한 연구는 Douglas Levenson, *Theology of the Program of the Restoration of Ezekiel 40-48*, HSMS 10 (Cambridge: Scholars Press for Harvard Semitic Museum, 1976)을 참조하라.

148) 이에 관한 자세한 연구는 다음 문헌들을 참조하라. W. J. Dumbrell, "Kingship and Temple in the Post Exilic Period", *RTR* 37 (1978): 33-42; Paul D. Hanson, *The Dawn of Apocalyptic*, rev. ed. (Philadelphia: Fortress Press, 1979), 240-62; D. L. Petersen, "Zerubbabel and Jerusalem Temple

성전의 재건은 야훼의 오심을 위한 선결 요건으로 이해되었다(학 1:8).

② 회복된 예루살렘과 이방 나라들

회복된 예루살렘은 하나님의 백성뿐 아니라 이방 나라들에게까지 총체적으로 영향을 미칠 것이다. 여기에는 우주적이고 세계적인 중심지로서의 새 예루살렘의 종말론적 특징이 뚜렷이 드러난다. 많은 구절들이 예루살렘을 이방 나라들이 복종하는 장소로 묘사하고 있다.149) 동시에 종말론적 예루살렘이 이방 나라들의 구원과 밀접히 관련되어 있음을 묘사하는 구절들도 많다.150) 즉 포로 후기의 본문들 중 많은 구절들이 야훼께 경배드리기 위한 우주적인 순례에 관해 언급한다. 학개 2:7은 야훼의 우주적인 권능에 압도당한 이방 나라들이 각종 헌물을 지참하고 그의 전으로 나아올 것임을 말한다.

③ 회복된 예루살렘과 새 성전과 메시야

예루살렘과 성전에 관한 기대 가운데는 메시야적 묘사가 중요한 위치를 차지한다. 학개와 스가랴는 특히 메시야와 도성과 제의 간에 긴밀한 관계가 있음을 간파하였다. 대다수 주석가들은 이 두 예언자가 그들과 동시대에 활동한 스룹바벨을 메시야로 간주하였다는 데 의견을 같이한다.151) 학개는 야훼께서 스룹바벨을 통해 우주적인 대격변을 일으키시고 이방 나라들을 전복하시는 것으로 묘사한다(학 2:20-21). 그는 스룹바벨을 하나님의 대리자로 생각하고 있는 것이다. 스가랴 역시 스룹바벨이 야훼의 영을 통해 땅을 격

Reconstruction", *CBQ* 36 (1974): 366-72.

149) 예컨대, 겔 38-39장; 슥 14장 등.

150) 폰 라드에 따르면 이 같은 전승의 가장 초기 표현은 사 2:2-4에서 발견된다. von Rad, *Old Testament Theology*, vol. 2, 294.

151) 예컨대, Joseph Klausner, *The Messianic Idea in Israel: From its Beginnng to the Completion of the Mishnah*, trans. W. F. Stinespring (New York: The Macmillan Company, 1955), 185-205; Sigmund Mowinckel, *He that Cometh*, trans. G. W. Anderson (New York/Nashville: Abingdon Press, 1954), 119-22.

동시킬 수 있는 능력을 소유한 것으로 설명한다(슥 4:6-7). 스가랴는 또한 스룹바벨이 제2성전의 기초를 놓고 완공시까지 감독했음을 말한다(슥 4:9; 참조. 6:11-14). 여기에 스룹바벨에 대한 두 예언자의 관점이 특징적으로 나타난다. 즉 학개가 성전과 관련한 문맥에서 스룹바벨의 메시야적 면모를 주로 강조하는데 비해(학 1:14-15; 2:2- 9), 스가랴는 스룹바벨을 성전의 제의적인 측면과 밀접히 관련시키고 있는 것이다.

에스겔 40-48장에서 에스겔은 미래의 다윗계 통치자, 곧 메시야와 회복된 제의 사이의 밀접한 관계를 예견한다. 여기에서 이 메시야의 중요한 임무는 이스라엘을 속죄하기 위한 제사, 그리고 절기와 월삭과 안식일을 위한 제사를 드리는 일로 묘사된다(45:17; 참조. 46:6-15). 메시야는 자기 자신뿐 아니라 백성들을 위해 유월절 절기 동안 특별한 제사를 드린다(45:21-25). 이런 식으로 에스겔은 메시야가 공동체의 제의적 삶을 이끌어 가는 주역으로서 특별한 위치를 차지하게 될 것임을 강조한다(44:3; 46:2).

(4) 요약

지금까지 살펴본 것처럼 포로기의 이스라엘 예언자들은 이스라엘 국가의 몰락 및 예루살렘의 멸망과 함께 포로라는 국가적 민족적 대격변을 겪으면서 그들의 메시지에 불가피하게 변화를 가져오게 된다. 즉 시온 주제가 다시 희망과 구원의 약속이라는 원래의 자리를 되찾게 될 것이다. 하나님께서 새로이 시온으로 되돌아오실 것을 바라는 희망이 모든 예언자들의 메시지에서 발견된다(슥 1:17; 2:1 이하; 욜 2:32; 3:16 이하). 하나님께서 그의 성소 안에 "거하신다"는 전통적인 선포의 내용은 이제 "시온의 딸아 노래하고 기뻐하라. 이는 내가 임하여 네 가운데 거할 것임이니라"는 희망으로 바뀌고 있다(슥 2:10; 겔 43:7; 학 1:8; 2:9).

그럼에도 포로 귀환 후 재건된 예루살렘의 상황은 예언자들이 선포한 희망에 결코 상응하지 못하는 것이었다. 그리하여 새로운 예루살렘에 대한 희망은 점차 위에 있는 하늘의 예루살렘을 대망하는 종말론적 묵시사상으로 변모한다. 그리고 이 대망의 중심에는 메시야가 도래하여 예루살렘과 성전을 활동의 중심으로 활동하리라는 신념이 자리잡게 된다.

4. 종합 및 평가

원래 가나안 원주민 여부스 족의 거주지였던 예루살렘은 다윗에 의해 점령되기까지 이스라엘의 정치 종교와 무관한 곳이었다. 그럼에도 이곳은 이미 매우 고대로부터 아브라함과의 관련을 통해서 이스라엘의 전통 속에 신성한 장소로 부상할 채비를 갖추고 있었다. 그 후 예루살렘은 다윗에 의해 도읍지로 선택되면서 한편으로는 다윗 왕조의 정치적 수도로 다른 한편으로는 야훼의 법궤를 모신 종교적 중심지로 변모하였다. 이렇게 해서 시온-예루살렘은 다윗의 도성인 동시에 야훼의 도성으로서 이중적인 기능을 지니게 된 것이다.

시온-예루살렘의 이 같은 이중적인 특성은 다윗의 선택과 시온의 선택이라는 이스라엘의 중요한 신학적 주제가 생겨난 토양이 되었다. 이스라엘 역사 속에서 이 두 개의 신학적 주제는 긴밀한 관계를 맺으며 발전해 갔다. 처음에는 시온의 선택 주제가 다윗의 선택 주제에 예속되었지만, 얼마 가지 않아 예루살렘의 종교적인 중요성이 그것의 정치적인 측면을 압도하면서 시온 선택의 주제가 지배적 위치에 올랐다. 이런 면에서 이스라엘의 왕정 시기는 시온 신학이 싹을 내고 자라서 활짝 꽃을 피운 시대로 평가된다.

그러나 통일 왕정 시대가 짧게 막을 내리고 분열 왕정 시대가 도래함에 따라 예루살렘 역시 통일 왕국의 수도로서의 위용을 점차 상실해 간다. 이어서 유다 왕국이 쇠퇴하고 몰락하면서 예루살렘은 앗수르와 바벨론의 봉신 도시로, 그리고 페르시아의 지배하에서는 변방의 일개 속주로서 운명적인 변신을 거듭해야 했다.

그러나 이러한 국가적 정치적 격랑에도 불구하고 예루살렘의 종교적인 중요성은 축소되지 않았다. 예컨대, 분열 왕국 시대에 북이스라엘의 여로보암이 벧엘에 그들 자신의 대응 성소를 설립했음에도 야훼 예배의 중심지로서 예루살렘의 위상은 조금도 위축되거나 동요하지 않았다. 이는 예루살렘이 여전히 유다의 수도이자 제의의 중심지로 건재하였음을 뜻한다. 한편 이 시기에 일반 대중들 사이에 유포되던 통속적이고 맹목적인 시온-예루살렘 사상은 예언자들에 의해 통렬한 비판을 받고 교정된다. 그 이유는 유다와 예루살렘의 백성들이 죄에서 돌이켜 회개하고 야훼와의 신앙적인 관계를 회복할 때만이 시온이 야훼께서 선택하시고 안전이 보장된 거룩한 처소로서의 원래적인 의미가 살아날 수 있었기 때문이다.

 예루살렘과 성전이 파괴되고 이스라엘 백성들이 바벨론의 포로로 잡혀간 사건을 계기로 시온 신학의 방향 역시 일대 전기를 맞으면서 희망과 구원의 약속이라는 틀을 되찾게 된다. 이로써 예언자들의 메시지는 한결같이 시온-예루살렘의 영광된 옛 모습을 새롭게 강조하고 약속하였다. 바벨론의 포로들 또한 예루살렘의 영광을 그리며 눈물을 흘렸고(시 137편), 이들이 고국에 귀환하였을 때 가장 먼저 한 일은 예루살렘의 영광의 상징인 성전을 재건하는 것이었다. 이와 같이 유다 왕국이 멸망한 이후에도 이스라엘인들에게 있어서 시온-예루살렘은 과거를 뒤돌아 볼 때는 추억 속의 영광된 성소로, 앞을 향해 미래를 내다 볼 때는 종말론적 영적 희망의 성소로 불변의 의미를 지니고 있었다.

IV

이사야의 시온 주제 해석과 적용

　앞장에서 이스라엘 역사를 통해 나타난 시온-예루살렘의 정치적 위상과 종교적 신학적 의미를 살펴보았다. 이러한 논의를 통해 시온-예루살렘의 중요성은 시간이 흐름에 따라 정치적인 측면에서 종교적인 측면으로 기울어져 감을 확인할 수 있었다. 바꾸어 말해 시온-예루살렘은 이스라엘인들에게 있어서 정치적인 수도로서의 이미지보다는 종교적인 성도로서의 이미지가 더 강하게 부각되어 간 것이다. 이와 함께 BC 701년에 발생한 앗수르 왕 산헤립의 퇴각 사건은 시온-예루살렘 이해에 새로운 전기를 마련하였다. 즉 이 사건을 계기로 시온-예루살렘의 불가침성에 대한 신념이 이스라엘들 사이에 보다 확고하게 자리를 굳힌 것이다.

　그러나 이러한 대중적인 신념이 정상 수위를 넘어 무조건적인 맹신으로 치달을 때 예언자들은 여기에 제동을 걸고 나섰다. 그중에 대표적인 예언자가 이사야이다. 물론 이사야 자신도 시온-예루살렘의 불가침성의 전통으로부터 비켜나 있었던 것은 아니다. 하지만 이사야에게 있어서 그것은 어디까지나 야훼에 대한 전적인 신뢰와 복종이 전제되는 경우에만 유효한 것이었다. 때문에 이사야는 야훼에 대한 신뢰와 복종이 결여된 백성들의 맹목적이고 통속적인 시온-예루살렘의 불가침성에 대한 신념의 허구성을 통렬히 비판하고 이를 교정하고자 노력하였다. 이것이 시온-예루살렘 주제의 발전에 있어서 이사야가 크게 공헌한 점이라 할 수 있다.

그러나 시온-예루살렘 주제와 관련한 이사야의 공헌을 이것에만 한정짓는 것은 적절하지 않다. 이미 이 책의 서론에서 언급한 것처럼 이사야서는 첫장부터 마지막 장까지 시온-예루살렘에 관한 구절들로 가득 차 있다.[1] 이는 이사야의 예언이 시온 주제로 시작해서 시온 주제로 끝난다고 말해도 지나치지 않음을 뜻한다. 이것은 또 이사야의 전체 메시지가 어떤 형태로든지 시온 주제와 밀접한 관련을 맺고 있음을 말해준다. 따라서 이사야의 예언은 시온 주제의 어느 한 측면만 말하고 있지 않다. 이사야는 그의 예언의 넓이와 깊이만큼이나 다양하고 폭 넓게 시온을 해석하고 자신의 메시지에 적절히 적용시키고 있다. 그는 다른 어떤 어떤 예언자보다 시온 주제의 의미를 확장하고 그 중요성을 강조하였다. 이사야가 시온 신학의 발전에 기여한 공로는 바로 이러한 면에서 평가되어야 할 것이다.

그러므로 이 장에서는 이사야가 시온 주제를 자신의 예언에서 어떻게 해석하고 적용하는지를 검토해 보려고 한다. 다만 여기에서 이사야서에 나타나는 모든 시온 구절들을 낱낱이 검출하여 분석한다는 것은 방법론적으로 무리일 뿐 아니라 불합리하므로 일정한 한계를 둘 필요가 있다고 본다. 따라서 이 장에서 다룰 시온 본문의 선택은 "시온" 어휘를 한두 차례 언급하는 데 불과한 단순 본문이거나 시온 개념과 사상을 체계화하기에 적절치 못한 본문들은 제외하고, 이사야의 독특한 시온관을 충실히 반영하는 대표적인 본문들로 국한한다.

서술 방법은 본문의 의도를 분명하고도 직접적으로 해명하는 데 가장 유용하고 적절한 수단이라 할 수 있는 주석적인 방법을 사용하고, 이를 통해 밝혀진 본문의 의미를 바탕으로 신학적인 해석을 시도하려고 한다.

I. 세계의 중심인 우주적 산: 이사야 2:2-4

2말일에

---

[1] 이 책 제1부 1장을 보라.

여호와의 전의 산이 모든 산꼭대기에 굳게 설 것이요,
모든 작은 산 위에 뛰어나리니
만방이 그리로 모여들 것이라.
3많은 백성이 가며 이르기를,
오라 우리가 여호와의 산에 오르며
야곱의 하나님의 전에 이르자.
그가 그 도로 우리에게 가르치실 것이라.
우리가 그 길로 행하리라 하리니
이는 율법이 시온에서부터 나올 것이요,
여호와의 말씀이 예루살렘에서부터 나올 것임이니라.
4그가 열방 사이에 판단하시며
많은 백성을 판결하시리니,
우리가 그 칼을 쳐서 보습을 만들고
그 창을 쳐서 낫을 만들 것이며,
이 나라와 저 나라가 다시는 칼을 들고 서로 치지 아니하며
다시는 전쟁을 연습지 아니하리라.

(1) 본문의 구조와 문학적 성격

이 본문이[2] 진술하는 내용은 마지막 때에 야훼의 전의 산, 곧 시온이 세

---

2) 주석가들에 따라 본문의 단락 구분에 있어서 약간의 차이를 보인다. 오스왈트는 2:1-5을, 그레이는 2:2-4을, 영과 와츠와 볼프는 2:1-4을, 카이저와 클레멘츠는 2:2-5을 하나의 단락으로 구분한다. John Oswalt, *The Book of Isaiah, Chapter 1-39*, NICO (Grand Rapids: Wm. B. Eerdmans, 1986), 112; G. B. Gray, *A Critical and Exegetical Commentary on the Book of Isaiah, Vol. 1: Introduction, and Commentary on I-XXVII*, ICC (Edinburgh: T. & T. Clark, 1912), 40; Edward J. Young, *The Book of Isaiah*, vol. 1 (Grand Rapids: Wm. B. Eerdmans, 1965), 95; John D. W. Watts, *Isaiah 1-33*, WBC (Waco: Word Books, Publisher, 1985), 26; Herbert M. Wolf, *Interpreting Isaiah* (Grand Rapids: Zondervan Publishing House, 1985), 76; Otto Kaiser, 『이사야』 (1), 번역실 역, 국제성서주석 (천안: 한국신학연구소, 1993), 56; R. E. Clements, *Isaiah 1-39*, NCBC (Grand Rapids: Wm. B. Eerdmans, 1982), 39. 우리말 개역성경은 2:2-4을 하나의 단락으로 구분하고, 공동번역과 표준새번역은 2:1-5을 한 문단으로 놓는다. 이

계의 중심이 되고, 모든 사람들이 하나님의 말씀과 가르침을 받고 그 뜻대로 행하기 위해 시온 산으로 운집하게 되리라는 것이다. 아울러 이때에 하나님이 세계를 다스리심으로 온 땅에 전쟁이 그치고 평화가 도래하리라는 것이다.3) 이 본문은 예루살렘과 이스라엘에 대한 예언자들의 전형적인 희망을 담고 있으며, 나아가 이것이 예언자적 종말론의 본질적인 요소임을 보여준다.4) 종말론적 구원에 관한 신탁을 담고 있는 이 예언은 미가 4:1-4의 본문과 매우 유사하다. 따라서 이 두 본문의 관련에 관하여 주석가들 사이에 논란이 야기되어 왔다.5)

책에서는 2:2-4을 하나의 단락으로 구분한다. 그 이유는 2:1이 뒤에 이어지는 본문들의 표제이고, 5절은 새로운 단락을 시작하는 도입구이기 때문이다. 그러나 보다 중요한 것은 2-4절이 시온을 중심 소재로 다루고 있다는 점이다.

3) 그레이는 이 본문의 요점을 다섯 항목으로 정리한다. ① 시온의 높임, ② 민족들이 올라옴, ③ 그 목적은 야훼의 도를 통해 교훈을 받기 위한 것임, ④ 야훼가 민족들의 심판자가 되심, ⑤ 야훼의 통치 아래 우주적인 평화가 도래하고 땅의 결실들을 방해받지 않고 즐기게 됨, Gray, *Isaiah I-XXVII*, 42. 한편 카이저는 다음과 같이 요약한다. ① 2a: 시온 산이 장차 기적적으로 높아질 것이다, ② 2b-3a: 이 사건이 이방인의 세계에 큰 영향을 미칠 것이다, ③ 3b: 이러한 사건이 발생하게 되는 객관적인 이유를 언급함, ④ 4: 하나님의 통치가 모든 불화를 종식시킬 것이다. Kaiser, 『이사야』(1), 58.

4) 클레멘츠는 이 본문의 연대를 포로후기인 5세기 초로 잡는다. 그렇게 보는 이유는 본문이 에스라-느헤미야 영도하에 예루살렘의 정치 사회적 재건을 촉진시킨 예언자적 종말론의 환상을 표현한다고 보기 때문이다. 클레멘츠는 또 이 본문이 여기에 위치하게 된 것은 예루살렘에 관한 희망을 주제로 하는 메시지를 제시하기 위해서라고 한다. Clements, *Isaiah 1-39*, 40. 그러나 이같은 클레멘트의 주장은 포로 이전 예언자들은 주로 심판의 신탁에 치중한 반면, 미래 희망에 관한 종말론적 신탁은 포로후기 예언자들의 산물로 돌리는 비평학자들의 상투적인 전제에서 비롯된다. 비평학자들의 이러한 경향에 대해서는 "한 예언자가 한편으로 격렬한 심판을 예언하고,…그의 사역의 어떤 다른 시기에 회복의 약속을 하는 것이 있을 수 없다고 단정하는 것은 비현실적이다"라고 한 앤더슨의 지적을 상기할 필요가 있다. G. W. Anderson, *A Critical Introduction to the Old Testament* (London: G. Duckworth, 1959), 156. 왈톤은 보다 직설적으로, "희망의 신탁을 반드시 포로기 이전의 예언에서만 찾아야 할 이유는 없다"고 지적한다. Andrew E. Hill & John H. Walton, *A Survey of the Old Testament* (Grand Rapids: Zondervan Pub. House, 1991), 390.

5) 두 예언서에 같은 본문이 나타나고 있는 문제에 대한 설명은 네 가지로 압축된다. ① 이사야가 원저작사이고 미가가 이를 인용, ② 미가가 원저작자이고 이사야가 이를 인

이사야와 미가의 본문은 그 유사성에도 불구하고 문학적인 차이가 발견된다. 양자의 주된 차이는 몇 개의 낱말이 순서가 뒤바뀐 것과 미가의 본문이 한 절 더 길다는 점이다. 즉 미가서 4:4은 이사야서에 나타나지 않는다. 어순이 바뀐 예를 보면 2절의 נכון(서다)가 미가 4:1에는 다음 행의 서두에 위치한다. 2절의 הגוים(만방)과 3절의 עמים(많은 백성)이 미가 4장 1-2절에는 어순이 바뀌어 나타나고 עמים 앞의 כל(많은)도 생략된다. 4절의 הגוים과 עמים의 어순은 미가 4:3에서도 바뀌고 있다. 미가 4:3은 이사야 2:4에는 없는 עד רחוק(먼 곳)이란 말을 첨가한다. 전치사의 표현이 다른 경우도 있다. 즉 2절의 אליו(그리로)가 미가 4:1에는 עליו로6) 표현된다.

이사야와 미가의 본문을 비교해 보면 미가의 본문이 운율상으로 보다 균형이 잡히고 내용상으로 더 세련된 듯한 인상을 준다. 이 때문에 미가 본문이 보다 본래적이고 이를 동시대 예언자인 이사야가 빌려왔을 가능성이 큰 것으로 보는 이도 있다.7) 이에 대해 카이저는 내용상의 차이가 본문 전승과정에서 발생하였다고 증명할 만한 근거가 없을 때는 어느 한편이 더 본래적이라고 섣불리 결론 내리지 말 것을 권고한다.8) 그러면서도 그는 이 본문에 사용된 언어와 내용으로 미루어 미가를 저자로 보기는 어렵다고 한다. 오히려 본문의 사상과 개념은 미가보다 이사야에 보다 밀착되어 있다고 본다.

아울러 미가서에 동일한 신탁이 나타날 뿐 아니라 시온에 관한 다른 약속들도 종종 등장한다는 사실로 미루어 이 책이 이사야에 영향을 받은 것이

용, ③ 두 예언자들이 이전에 존재한 공통 자료에서 인용, ④ 후대 편집자가 같은 본문을 두 예언서에 삽입. 이에 관한 자세한 논의는 Young, *The Book of Isaiah*, vol. 1, 110-13; Leslie C. Allen, *The Books of Joel, Obadiah, Jonah and Micah*, NICOT (Grand Rapids: Wm. B. Eerdmans, 1983), 243-44; C. Hassell Bullock, *An Introduction to the Old Testament Prophetic Books* (Chicago: Moody Press, 1986), 111-14를 보라.

6) 우리말 개역은 이사야의 본문과 동일하게 "그리로"로 번역하나, 직역하면 "그 위로"(upon it)가 된다.

7) Wolf, *Interpreting Isaiah*, 77.

8) Kaiser, 『이사야』(1), 57.

분명하다고 주장한다.9)

다른 한편으로 에드워드 영은 이러한 견해와는 다르게 두 예언자가 공통적으로 8세기에 유포되고 있던 미래의 구원에 관한 영광스런 약속들을 담은 초기의 예언에서 빌려온 것으로 본다.10) 프리맨 역시 영과 같은 입장에서 장차 다가올 우주적인 평화와 회복의 시대에 대한 이 개념이 미가를 위시한 8세기 예언자들의 공통 주제였다는 사실에 주목한다. 나아가 미가 4장 1-3절과 이사야 2장 2-4절이 정확히 일치하지 않고 약간의 차이를 보인다는 점을 들어 두 예언자가 독자적으로 동시대의 공통 주제를 사용한 것으로 결론짓는다.11)

동일한 본문이 이사야와 미가에 동시에 나타나고 있는 문제에 대해 이처럼 학자들의 입장이 엇갈리고 있으므로 이 중에서 어느 것이 타당한지를 결

---

9) Ibid., 58. 빌드버거는 이 본문의 어휘와 내용이 이사야 및 시온 시편들과 긴밀히 관련되어 있다는 증거들을 제시한다. Hans Wildberger, "Die Völk-erwallfahrt zum Zion: Jes. II 1-5", *VT* 7 (1957): 62-72; idem, *Isaiah 1-12, A Commentary*, Continental Commentaries, trans. Thomas H. Trapp (Minneapolis: Fortress Press, 1991), 83-84를 보라. 한편 차일즈는 미가의 전승이 이사야의 편집에 관련된 전승자들로부터 전달받은 것으로 본다. Brevard S. Childs, *Introduction to the Old Testament as Scripture* (Philadelphia: Fortress Press, 1982), 436. 또한 비슷한 입장에 관하여는 구덕관, 『구약개론』 하 (서울: 대한기독교출판사, 1986), 139를 참조하라.

10) Edward J. Young, 『구약총론』, 홍반식, 오병세 역 (서울: 개혁주의신행협회, 1991), 290.

11) Hobart E. Freeman, *An Introduction to the Old Testament Prophets* (Chicago: Moody Press, 1968), 223. 라이트는 이 공통의 본문이 예루살렘 성전에서 드렸던 예배 의식과 관련 있는 것으로 추정한다. G. E. Wright, 『이사야』, 김정준 역 (서울: 대한기독교서회, 1968), 37. 라솔도 비슷하게 이 자료가 성전 예배에서 빌려 온 것으로 본다. William Sanford LaSor, David A. Hubbard, & Frederick W. Bush. *Old Testament Survey* (Grand Rapids: Wm. B. Eerdmans, 1992), 362. 오스왈트는 미가의 본문을 연구해 보면 이 구절이 이사야보다 미가에 더 자연스럽게 어울린다고 지적한다. 그럼에도 그는 이스라엘 안의 일부 제사장과 예언자 공동체들이 공동으로 보유하던 유산을 이사야와 미가 중 한사람 또는 양자 모두가 빌려 왔을 가능성이 보다 큰 것으로 생각한다. Oswalt, *The Book of Isaiah, Chapters 1-39*, 115.

정짓기란 쉽지 않다.12) 그러므로 카이저가 잘 지적한 것처럼 주어진 본문의 의미는 저자가 누군가에 따라 결정되는 것이 아니라 그 진술 내용에 따라 결정된다는 사실을 상기할 때에, 본문의 자체의 의미에 주목하고 그 뜻을 밝히는 일이 보다 중요하다고 할 것이다.13)

이사야 2:2-4은 분위기와 문체 및 이 본문에 표명된 희망에 있어서 이사야 9:1-6 및 11:1-9의 메시야 신탁과 유사하다. 그러나 다윗계 왕보다는 시온이 신적 권위와 우주적 평화를 전파하는 매개로 강조되고 있다. 제왕 시편에서 발견되는 다윗계 왕에 관한 예언들이 반종말론(半終末論)적 예언 신탁을 보여주듯, 시온 시편에서 발견되는 시온 예언들도 반종말론적 신탁의 형식을 지닌다.14)

이 세 개의 본문들은 다같이 역사적인 하나님의 구원 행동을 묘사한다. 이사야 2:2-4에 묘사된 사건의 종말론적 성격은 도입 공식구인 "말일에" (באחרית הימים, 2절)라는 어구에 의해 보다 명백히 드러난다. 마찬가지로 그 전망과 목표도 명백히 우주적인 성격을 띤다.15)

---

12) 포러는 이사야와 미가에 채용된 동일한 신탁의 원래 출처를 밝히기는 힘들다고 본다. 다만 미가의 본문의 경우는 포로 이후의 익명의 종말론적 예언자들의 개별적인 예언이 결합되어 첨가된 것으로 주장한다. E. Sellin and G. Fohrer, 『구약성서개론』, 김이곤, 문희석, 민영진 공역 (서울: 대한기독교출판사, 1978), 440, 493. 소친 역시 어떤 추론도 결정적인 증거를 제시하기 어렵다는 데 동의한다. 그러나 이 본문의 종말론적인 성격에 비추어 포로 이후의 산물일 가능성을 조심스럽게 제안한다. J. Alberto Soggin, *Introduction to the Old Testament*, trans. John Bowden, 3rd ed. (Louisville: Westerminster/John Knox Press, 1989), 305. 이러한 견해에 대해 해리슨은 미가서의 본문이 포로 이후의 종말론적 성격을 갖고 있는지 여부를 설명하기 어렵고, 또 동일한 본문이 이사야에도 나타나기 때문에 8세기의 것으로 간주하는 데 무리가 없다고 판단한다. Roland K. Harrison, *Introduction to the Old Testament* (Grand Rapids: Wm. B. Eerdmans, 1969), 924.

13) Kaiser, 『이사야』 (1), 58.

14) Wildberger, "Die Völkerwallfahrt zum Zion: Jes. II 1-5", 68.

15) David L. Eiler, *The Origin and History of Zion as a Theological Symbol in Ancient Israel* (Th.D. dissertation, Princeton Theological Seminary, 1968), 297.

(2) 본문의 주석적, 신학적 해석

이 본문의 앞부분(1:28-31)에 묘사된 것처럼 극렬한 정화 과정을 거친 시온은 마침내 야훼의 처소로서의 명성을 얻는다. 2절 서두에 나타나는 "말일에"(באחרית הימים)라는 표현은 이사야의 다른 곳에는 나타나지 않는 어구로서, 앞에서 언급한 대로 이것은 일반적으로 종말론적 의미로 사용되며,16) 따라서 고대 이스라엘 인들의 종말에 대한 인식을 반영한다.17) 이 어구가 처음 나타나는 곳은 야곱이 자신의 열두 아들들에게 축복하는 대목이다.18) 이 야곱의 축복에서 이스라엘의 미래는 하나님이 주신 약속에 따라 과거에 이미 확정되었다. 때문에 미래란 어떤 면에서 과거에 설정된 전망들의 성취라고 할 수 있다.19) "말일에"라는 어구는 가깝든 멀든 불확실한 미래를 가리키며, 그 의미는 이 어구가 사용된 개별 문맥에 따라 결정된다. 이사야 2:2의 경우는 예루살렘의 먼, 또는 궁극적인 미래를 가리킨다.20) 델리치의 정의에 따르면, 이 어구는 현재의 삶의 지평에서 가장 멀리 떨어진 미래의 마지막 때를 가리킨다.21)

---

16) F. Delitzsch, *Biblical Commentary on the Book of Isaiah*, vol. 1, trans. James Martin (Grand Rapids: Wm. B. Eerdmans, 1877), 113. 빌드버거에 따르면 이 어구는 여기에서 종말론적 예언을 도입하기 위해 사용되고 있다. Wildberger, *Isaiah 1-12*, 88. 또 이것은 그 역사가 오래된 일종의 공식구로서, 이미 야곱의 축복을 도입하는 창 49:1과 발람의 마지막 신탁을 도입하는 민 24:14 등에도 나타난다. 그레이는 이 어구가 메시야 시대를 가리키는 것으로 이해한다. Gray, *Isaiah I-XXVII*, 44.

17) 오스왈트는 현대인들의 관점과는 달리 미래를 뒤편에 등지고 과거를 전면에 놓고 바라보는 히브리인들의 특유한 역사관에 비추어 볼 때, 이 어구가 여기에서 천년 시대나 그 이후 시대를 지칭하는 기술적인 용어로 사용된 것이 아니라고 지적한다. 오히려 여기서는 성육신한 그리스도를 통해 하나님의 도를 배우기 위해 나라들이 시온으로 몰려오는 교회 시대를 지칭한다고 본다. Oswalt, *The Book of Isaiah, Chapters 1-39*, 116.

18) 창 49:1.

19) William J. Dumbrell, *The Search for Order: Biblical Eschatology in Focus* (Grands Rapids: Baker Books, 1994), 83.

20) Ibid.

21) Delitzsch, *The Book of Isaiah*, vol. 1, 113. 영은 이 어구가 "시대의 끝 부분", 곧 이 예언의 사건들이 성취되는 시점을 이루는 "날들의 마지막 부분"을 뜻하는 것으로 생각한다. Young, *The Book of Isaiah*, vol. 1, 97-98.

이 본문에서 시온 산은 "하나님의 전의 산"(הר בית־יהוה)[22)]으로 지칭된다. 즉 시온은 야훼의 전으로서 이곳에 하나님이 현존하고 활동하시기 때문에 중요하다.[23)] 이 산은 모든 산들의 우두머리로 우뚝 설 것이고[24)] 하늘과 땅이 만나는 접촉점인[25)] 우주적인 산으로 높임을 받을 것이다. 영의 주석에 따르면, 마지막 때에 야훼의 집이 자리잡은 산이 모든 산들의 지도자가 되어 선두에 설 것이다.[26)] 이는 마치 신명기 20:9에서 군대의 대장들이 백성들을 이끌기 위해 그들의 선두에 서는 것처럼, 시온 산이 다른 모든 산들의 선두에 서게 될 것임을 뜻한다.[27)] 바로 여기에서 지형적인 실제가 성경의 종말론에 예속 당한다. 왜냐하면 일개 야산에 불과한 시온 산 언덕이 신학적인 개념 속에서 세계의 산들 중 최고의 산으로, 나아가 천국과 스올이 만나는 곳, 즉 세계의 중심점으로 높여지기 때문이다.[28)]

야훼가 선택한 이 시온 산은 이제 하나님의 지배와 통치권이 우주적으로 인정받고 수립되는 세계 질서의 중심지가 된다.[29)] 그리하여 시온은 온 민족들의 집결지가 되고 여기에서 민족들의 통일이 이루어진다. 따라서 민족들

---

22) 칠십인역은 "전"(בית)이란 말을 생략하고 "하나님의 산"으로 번역한다.
23) Watts, *Isaiah 1-33*, 28.
24) 그레이에 따르면, "모든 산꼭대기에"(בראש ההרים)라는 어구는 두 가지의 번역이 가능하다: ① "산들의 우두머리로", 또는 "최상의 우두머리 산으로", ② "산들의 우두머리에." 그러나 그레이는 후자의 경우 산이 산 위에 겹쳐 쌓아진다는 말이 되므로 자연스럽지 못하고, 또한 시온 산이 모든 산들의 꼭대기에 세워진다는 것도 어색하다는 점에서 적절한 번역으로 볼 수 없다고 지적한다. Gray, *Isaiah I-XXVII*, 45.
25) 산의 표상은 성경 저자들이 하늘과 땅 양쪽 모두에 거하시는 하나님의 파라독스를 표현하기 위해 즐겨 사용하는 것이다. 높은 산의 꼭대기가 구름에 닿을 때 하늘과 땅의 간격을 이어주는 형국이듯 하나님의 처소도 그러하다는 것이다. 느 9:13은 "(야훼께서) 시내 산에 강림하시고 하늘에서부터 저희와 말씀하신다"고 기록한다. 이와 같이 시온 산에서도 하늘과 땅의 경계가 소멸된다. Robert L. Cohn, "The Mountains and Mount Zion", *Judaism* 26 (1977): 113을 참조하라.
26) Young, *The Book of Isaiah*, vol. 1, 100.
27) Ibid., 100-101.
28) Dumbrell, *The Search for Order*, 83.
29) Wright, 『이사야』, 37.

은 모두 "그리로 모여들 것이다". 동사 "모여들다"(נהרו)는 명사 "강"(נהר)에서 유래하는데, 민족들이 마치 강물처럼 시온을 향해 흘러들 것임을 뜻한다.30) 이로써 그 옛날 시날 평지에서 사람들이 서로 분리되고 흩어져 나라들을 이룬 것처럼, 이제 장래에는 그 나라들이 야훼의 전의 산에 함께 모여 한 가족의 구성원으로서 다시 친선을 도모하며 함께 어울려 살게 될 것이다. '혼란'을 뜻하는 바벨이 온 나라들을 시냇물처럼 세상에 흘려 보낸 장소였듯이, '평화의 도시'를 뜻하는 예루살렘은 공허한 시내와 같은 세상으로 보내어져 흩어진 민족들이 다시 한 번 새롭게 결합하는 장소가 되는 것이다.31)

3절에는 시온을 향한 많은 민족들의 순례가 시작된다. 이는 이사야 45:14-23; 60:1-18; 61:5-7에 나타난 예루살렘을 향한 민족들의 순례의 광경을 예견하게 해준다.32) 출애굽 당시 이스라엘이 시내 광야에서 하나님의 산으로 가 거기서 율법을 받은 것처럼, 이제 민족들이 야곱의 하나님의 집으로 순례한다. 이는 야훼의 율법과 말씀이 바로 이곳에서 나올 것이기 때문이다. 빌드버거가 잘 지적한 대로 여기에서 "율법"(תורה)이란 신명기 17:1에서 볼 수 있는 것처럼 반드시 신앙적인 지침만을 의미하지 않고, 무엇이 법적으로 옳고 그른 것인가를 판별하고 가르쳐 주는 "교훈"을 뜻한다.33) 따라서 사람들은 여기에서 그들이 세상에서 살아가는 방법과 하나님 앞에서 행할 적절한 태도를 배울 수 있다.34) 성경에서 율법을 시행하기 위한 전제조건은 계약이다. 따라서 "율법이 나온다"는 말은 아브라함의 계약과 관련하여 그것이 인간 세계에서 보편적으로 시행될 것임을 뜻한다. 이 같은 보편성은 결국 이스라엘이 이방인들의 빛이 되어야 할 사명과 관계되며,35) 나아가 이는 하나님의 구속의 섭리가 특정 민족에 한정되는 것이 아니라 세계

---

30) Oswalt, *The Book of Isaiah, Chapters 1-39*, 112.
31) Delitzsch, *The Book of Isaiah*, vol. 1, 114.
32) Clements, *Isaiah 1-39*, 40.
33) Wildberger, *Isaiah 1-12*, 91.
34) Kaiser, 『이사야』 (1), 60.
35) 사 42:6; 49:6.

적인 범위로 확장됨을 의미한다.36)

3절의 "율법이 시온에서 나올 것이요 여호와의 말씀이 예루살렘에서 나올 것임이니라"는 구절은 누가복음 24:47에서 "죄 사함을 얻게 하는 회개가 예루살렘으로부터 시작하여…"로, 그리고 요한복음 4:22에서 "구원이 유대인에게서 남이니라"는 형태로 인용되고 있다. 여기에서 이사야의 율법/야훼의 말씀은 신약 복음서의 죄 사함을 얻게 하는 회개/구원과 평행을 이룬다. 따라서 복음서 기자들은 율법과 야훼의 말씀이 궁극적으로 회개와 구원을 가져올 근원이 되며, 그것은 시온-예루살렘 또는 유대에서 비롯되는 것임을 천명함으로써 이사야의 시온 사상을 확장하고 있음을 본다.

4절에는 야훼의 통치권이 시온에서부터 온 세계에 미치고, 그 결과 평화의 기운이 시온을 중심으로 하여 열방에 확산되는 모습이 묘사된다. 그때 이방 나라들의 통치자들이 시온으로 와서 야훼의 주권을 인정하고 야훼의 판결을 받을 것이다. 이어서 범세계적인 평화가 실현되고 예루살렘은 세계 통치의 중심이 될 것이다.37) 이를 라이트의 말을 빌려 표현한다면,

> 전쟁과 공포가 없는 세계, 그것은 바로 모든 인류가 하나님의 통치권을 인정하고 그의 의사가 예루살렘에 전달된 것을 알게 되는 세계이며, 그 세계에서는 권력을 위하여 투쟁하는 모든 인간의 노력은 자취를 감추고 모든 사람과 모든 민족을 다스리시는 하나님의 우주적인 통치권만을 인정하게 될 것이다.38)

여기에 야훼가 국가들의 분쟁을 조정하고 판결하시는 장면은 시편 122:5과 이사야 9:7 및 11:4-5에 묘사된 것처럼, 시온에서 법적 판결을 내리는 다윗계 왕의 전통적인 직능을 떠올리게 한다. 그러나 이사야 2:2-4에는 하나님의 훈계와 판단을 전해주는 인간 중재자가 개입되고 있지 않으므로, 여기에 묘사된 광경은 야훼께서 친히 시온에 현신하여 우주적인 왕으로 즉위하시며, 어떤 중재자도 개입시키지 않고 친히 훈계와 법적 판결을 내리실

---

36) Dumbrell, *The Search for Order*, 84.
37) Wolf, *Interpreting Isaiah*, 77.
38) Wright, 『이사야』, 38.

것임을 보여준다.

(3) 우주적인 산 주제

이 예언에 나타난 "하나님의 산"은 이사야에게 있어서 중요한 신학적 주제이다. 이사야는 마지막 때에 유대인들과 이방인들이 예루살렘으로 몰려오는 장면을 서술하는 구절들에서 종종 "거룩한 산", 또는 "성산"을 언급한다.39) 이러한 구절들 중 대다수는 장차 올 평화와 번영의 시대를 묘사하는 종말론적 문맥에 나타난다.40) 특히 야훼의 산이 우주적인 산으로 높임을 받는 것은 시편 48:2; 78:69, 에스겔 40:2에 나타난 것처럼 낙원이 하나님의 산 위에 있다는 표상과 세계의 중심에 대한 표상을 연상시키고,41) 나아가 가나안의 우주적인 산 주제를 반영한다고 할 수 있다. 에일러는 여기에 묘사된 광경이 고대의 신화적 주제가 크게 수정된 형태로 기술된 것으로 본다. 이는 야훼가 여기서 하위 신들을 통해 나라들을 통치하는 만신전의 최고 신 엘리욘의 역할을 대신하고 있다는 점에서 그렇다.42)

우주적인 산 주제는 시온 주제를 이해함에 있어서 핵심되는 요소이다.43) 전통적으로 산악 민족인 이스라엘은 원래 여부스인들의 영토였던 그들의 수도를 거룩한 산으로 변모시켰다. 즉 다윗이 군사 정치적인 목적에 따라 탈

---

39) 사 11:9; 27:13; 56:7; 57:13; 65:11, 25; 66:20.
40) Wright, 『이사야』, 38.
41) Kaiser, 『이사야』 (1), 59.
42) 시 82편; 신 32:8-9. Eiler, *The Origin and History of Zion*, 698, n. 3. 참조.
43) 클리포드에 따르면, "우주적 산"(cosmic mountain/Weltberg)은 원래 고대근동의 종교 연구에 사용된 비교 종교학적인 용어이다. 가나안과 히브리 성경에서 몇몇 산들은 종교적 숭배의 대상이었다. 이 산들은 신들의 회의장, 샘과 비옥함의 원천, 자연 세력들의 각축장, 하늘과 땅이 만나는 곳, 그리고 법령이 공표되는 곳 등으로 인식되었다. 이처럼 산들은 우주의 통치와 안정을 담보한다는 의미에서 우주적이었다. 클리포드는 이 "우주적 산" 개념이 히브리 성경에서는 시온 산에 대한 신념에서 가장 극적으로 나타난다고 지적한다. Richard J. Clifford, *The Cosmic Mountain in Canaan and the Old Testament*, HMS 4 (Cambridge: Harvard University, 1972), 2-3.

취한(삼하 5:6-10) 그 도시가 야훼께서 자기 처소로 선택하신 산이 되었다는 것이다(시 132:13). 이와 같이 야훼가 선택하신 거룩한 처소인 시온 산에 장차 한 성읍이 세워질 것이다.44) 물론 이스라엘은 과거에 다른 거룩한 산들을 알고 있었지만, 그 어떤 산도 이스라엘 역사상 시온의 특수한 지위에 필적할 만한 것은 없었다.45) 시편 기자들이 "터가 높고 아름다워 온 세계가 즐거워함이여"(시 48:2)라고 찬탄할 만큼, 시온은 주변 경관을 제압하고 우뚝 솟은 최고 정상으로 그려지고 있다. 또한 시편에는 이방의 왕들이 시온산의 위용에 압도당해 떨며 도망치는 모습이 생생하게 묘사되고 있다(시 48:5-7). 시편에서 시온 묘사는 실제 지형에 기초하기보다는, 양적인 것보다 질적인 면을 중시하는 상징적인 공간 개념에 기초한다.46) 따라서 시

---

44) 참조. 시 46:4-7; 48:1-3, 8; 76:1-4; 87:1-2.

45) 예컨대 시내 산은 시온 산과 여러 면에서 우주적 산으로서의 특징을 공유한다. 이 점과 관련하여 Clifford, *The Cosmic Mountain in Canaan and the Old Testament*, 107-23에 진술된 시내-호렙 전승에 대한 논의를 참조하라. 과거 이스라엘의 다른 거룩한 산들로는 모리아 산(창 22:1-19)을 비롯해 에발 산과 그리심 산(신 11:26-29; 27:11-14; 수 8:30-35) 등이 있다. 이스라엘 종교에 있어서 거룩한 산들의 위치에 관한 보다 자세한 논의는 Robert L. Cohn, "Mountains in the Biblical Cosmos", in *The Sahpe of Sacred Space: Four Biblical Studies*, AARSR 23 (Chico: Scholars Press, 1981), 25-41; idem, "The Mountains and Mount Zion", 97-115; J. D. Levenson, *Sinai and Zion: An Entry in the Jewish Bible* (Minneapolis: Winston, 1985); S. Talmon, "הר har; גבעה gibh'ah", in *TDOT*, 3:427-47을 보라.

46) Elizabeth A. Gaines, *The Eschatological Jerusalem: The Function of the Image in the Literature of the Biblical Period* (Ph.D. dissertation, Princeton Theological Seminary, 1987), 40. 빌드버거 역시 산의 실제 높이가 이사야에게 중심 역할을 한 것은 아니라고 본다. 이사야는 단지 신학적으로 야훼가 자신을 세계 만민에게 나타내실 장소로서 시온이 지닌 엄청난 중요성을 보여주기 위해 이 개념을 빌려 왔다고 주장한다. Wildberger, *Isaiah 1-12*, 89. 그렇다고 해서 이러한 상징화의 이면에 지형적인 요소가 전적으로 배제된 것으로 볼 수만은 없다. 그 이유는 성전이 자리잡은 지대가 비록 높은 산이라고 말하기는 어려워도 삼면에 계곡이 있는 구릉지였기 때문이다. 그래서 일부 주석가들은 이사야가 여기에서 물리적인 면과 영적인 면을 동시에 고려한 것으로 풀이한다.

온은 그것의 물리적인 높이 때문이 아니라 그것이 지닌 지고한 거룩성 때문에 다른 모든 산들의 꼭대기라고 말할 수 있었다.[47] 그것은 야훼의 신성한 처소이며, 따라서 그것은 신의 거룩한 성격을 공유했다. 시온은 지상에 굳게 자리잡고 있음에도 불구하고 그것은 신의 영역에 속해 있었다. 시온은 하늘과 땅과 지하 세계가 모두 만나 우주의 주축(axis mundi), 또는 땅의 배꼽(navel of the earth)을 이루는 지점이었다.[48] 이처럼 야훼는 하늘 보좌에 자리잡고 계시면서 동시에 시온에 있는 그의 성소에서 통치하신다고 말할 수 있었다.[49]

클리포드는 우주적 산에 대한 이스라엘의 이 같은 관념이 고대 세계에 널리 자리잡고 있던 공통된 사고의 한 측면임을 강조한다.[50] 그에 따르면,

---

47) 거룩한 산의 성격에 관하여는 F. R. McCurley, *Ancient Myths and Biblical Faith* (Philadelphia: Fortress Press, 1983), 125-82를 참조하라.

48) '땅의 배꼽' 또는 '옴팔로스'(omphalos)란 희랍 문학에서 나온 말로, 이에 대한 초기 연구는 희랍 신화를 바탕으로 그 개념을 규명한 헬라 종교 학자들에 의해 시행되었다. 이에 관해서는 S. Terrin, "The Omphalos Myth and Hebrew Religion", *VT* 20 (1970): 315-38을 보라. 최근의 우가릿 문헌 연구는 성스러운 중심의 주제가 우주적 산에 관한 가나안적 개념을 토대로 해서 구약성경에 침투했음을 강조한다. 우주적 산에 관한 클리포드의 연구는 이 같은 관점에서 이루어졌다. 그러나 탈몬과 콘은 옴팔로스 개념이 구약의 어디에도 나타나지 않는다고 반박한다. 이들은 구약성경에서 유일하게 삿 9:37과 겔 38:12에만 나타나는 "땅 가운데"나 "세상 중앙"(טַבּוּר הָאָרֶץ)이란 어구가 '땅의 배꼽'이라는 신화적 개념을 반영한다는 식의 해석을 거부한다. 그 이유는 이 어구가 칠십인역에서 '옴팔로스'로 번역되기 전까지는 신화적 개념과 무관했다고 보기 때문이다. Talmon, "הר har; גִּבְעָה gibh 'ah", 437-38; Cohn, "The Senses of a Center", in *The Shape of Sacred Space: Four Biblical Studies*, 63-79.

49) 시 20:2은 야훼가 시온의 성소에서 도와주시기를 간구한다. 한편, 불과 몇 절 뒤인 6절에서 시편 기자는 야훼께서 당신의 거룩한 하늘에서 대답하실 것이라고 천명한다. 성전 산과 하늘의 이 같은 동일시는 에스겔 1장에도 나타난다. 1절에서 예언자는 하늘이 열리는 것을 보며, 4절에서는 야훼가 북방으로부터(מִן־הַצָּפוֹן) 현현하시는 광경을 묘사한다. 고대 근동의 문헌에서 신의 지상 처소와 하늘을 동일시하는 경향에 관한 논의는 T. Mettinger, "YHWH SABAOTH-The Heavenly King on the Cherubim Throne", in *Studies in the Period of David and Solomon and Other Essays*, ed. Tommo Ishida (Winona Lake: Eisenbrauns, 1982), 119-23을 보라.

50) Clifford, *The Cosmic Mountain*, 4.

우주적 산에 대한 고대의 개념에는 다음과 같은 몇 가지 일관된 특징들이 발견된다. ① 우주적 산은 모든 생명체를 만들어낸 창조의 근원지이다. ② 그 산은 비옥함의 중심, 곧 땅에 생명을 부여하는 강과 지하수의 원천이다. ③ 그 산이 우주의 중심에 확고부동하게 자리잡음으로써 창조의 전체 질서를 지탱한다. ④ 그 산의 뿌리에 지하 세계가 있고, 그 산의 꼭대기에는 하늘과 땅이 만난다. ⑤ 그곳에 만신전의 회의를 주재하는 최고 신이 거주한다. ⑥ 그 산은 신과 인간이 만나는 현신의 장소이다.51)

게인즈는 특히 가나안 신화에 묘사된 바알의 산의 여러 속성들이 이스라엘에 의해 야훼의 처소인 시온에 적용된 것으로 본다.52) 예컨대, 시편 48편 1-8절은 시온을 "북방"(צפון)에 위치한 산, 곧 가나안 신화에 나오는 바알의 산과 동일시한다. 따라서 시온은 여기서 바알 산의 명칭만 빌리는 것이 아니라, 그 산이 갖추고 있는 방어와 안전의 측면까지 지닌 것으로 묘사된다.53) 시편 46:5-7도 비슷한 경향을 보여준다. 여기에서는 야훼의 현존하심 자체가 방어의 확실한 보증이다. 그가 소리를 높이실 뿐인데도 땅이 벌써 녹아 내린다. 이스라엘은 시온을 우주적인 산으로 묘사함에 있어서 이처럼 가나안 신화의 주제들을 신학적 목적과 필요에 따라 야훼 종교에 일치되게 변형시킴으로써 자신들의 것으로 적절히 흡수하고 채용했다고 할 수 있다.54)

---

51) Ibid., 5. 레벤슨은 여기에 한 가지 요소를 더 추가한다. 즉 우주적 산에서 초자연적인 기적의 샘이 발원한다는 것이다. Levenson, *Sinai and Zion*, 112. 우주적 산으로서 시온이 지닌 주요 속성들에 대한 레벤슨의 집중적인 분석은 ibid., 111-36을 보라.

52) Gaines, *The Eschatological Jerusalem*, 51.

53) 이것은 특히 2b, 3절에 뚜렷이 나타난다. "큰 왕의 성, 곧 '북방'에 있는 시온 산이 그러하도다. 하나님이 그 여러 궁중에서 자기를 '피난처'로 알리셨도다."

54) 게인즈는 가나안의 신화적 요소들이 시온 주제의 본질적인 요소로 흡수된 다음 시편을 거쳐 종말론적 예루살렘을 대망하는 후기의 예언과 묵시문학으로 넘어간 것으로 생각한다. Gaines, *The Eschatological Jerusalem*, 53. 그러나 이러한 과정에서 신화적인 요소들을 있는 그대로 수용했다고 보기는 어려울 것 같다. 비록 유사한 개념과 아이디어를 사용하고 있다 할지라도 어디까지나 야훼 종교의 사상에 적합하게 변형시켜 사용한 것으로 이해하는 것이 옳기 때문이다.

2. 이상적인 평화가 실현되는 낙원: 이사야 11:6-9

6그 때에 이리가 어린 양과 함께 거하며
 표범이 어린 염소와 함께 누우며,
 송아지와 어린 사자와 살찐 짐승이
 함께 있어
 어린아이에게 끌리며,
7암소와 곰이 함께 먹으며
 그것들의 새끼가 함께 엎드리며
 사자가 소처럼 풀을 먹을 것이며,
8젖먹는 아이가
 독사의 구멍에서 장난하며
 젖뗀 어린아이가 독사의 굴에 손을 넣을 것이라.
9나의 거룩한 산 모든 곳에서
 해됨도 없고 상함도 없을 것이니
 이는 물이 바다를 덮음같이
 여호와를 아는 지식이 세상에 충만할 것임이니라.

(1) 본문의 구조와 문학적 성격

이 본문은 인간과 동물 사이에 종말론적 평화의 회복을 노래한다. 이 본문이 속한 이사야 11장은 다윗계의 이상적인 미래의 통치자 아래에서 펼쳐질 목가적인 상황을 묘사한다. 또한 여기에는 메시야적 희망이 완전히 만개하고 있다. 이 희망은 이미 7:11에서 시작하여 9:1-6에서 그 절정에 이른다. 여기서 메시야는 단순히 약속되거나 선포되는 것이 아니라 이미 통치를 시작하고 있는 것으로 그려진다.55) 비굴하고 초라한 다윗의 집 대신, 또는 오만하고 억압적인 앗수르 제국 대신 여기에는 가장 연약한 자들을 안전하

---

55) Oswalt, *Isaiah, Chapters 1-39*, 277.

게 돌보아 줄 왕이 있다. 그는 안전하고 확고한 보좌에서 지치고 피곤한 포로들이 무사히 귀환할 수 있도록 인도할 것이다.56)

나아가 이것은 포로 귀환이라는 역사적 사건을 뛰어넘어 메시야의 위대한 구속적 행위를 보여준다. 영이 적절히 이해한 것처럼 이것은 궁극적으로 그리스도의 통치가 가져올 죄의 속박으로부터의 해방을 묘사한다고 할 수 있다.57)

이사야 11장의 통일성과 관련하여, 일부 학자들은 1-5절만이 이사야의 독특한 사상을 반영하는 이사야의 작품이고 6-9절은 1-5절과 무관한 후대의 작품으로 보려고 한다.58) 그러나 카이저는 여기에 동의하지 않는다. 그는 10:33-11:9이 다윗 왕조가 역사의 전면에 아직도 건재하고 있는 상황을 전제하는 현실적인 예언으로 보고, 이것이 이사야의 저작임을 의심하지 않는다.59) 특히 9절의 전반부는 이사야 6:25에서, 후반부는 하박국 2:14에서도 발견된다. 이 때문에 이 구절의 진정성이 문제되기도 하지만, 이사야의 저작성을 의심할 이유는 없다.60) 빌드버거 역시 11장 1-5절에 사용된 어휘를 분석한 결과 그것이 이사야의 것임을 밝힌다. 그리고 6-9절 또한 다른 저자의 것으로 돌려야 할 이유를 찾기 어렵다고 지적하고, 이 두 단락은 새로운 시대를 묘사하는 하나의 장면으로 통합된다고 주장한다.61) 그레이는 이사야 11:9이 1-8절과 운률상의 차이를 보인다는 점을 들어, 9-16절로 구분되는 새로운 단락에 포함시킨다.62)

---

56) Ibid.
57) Young, *The Book of Isaiah*, vol. 1, 391.
58) 예컨대, Otto Eissfeldt, *The Old Testament: An Introduction*, trans. P. R. Ackroyd (New York: Harper & Row, 1965), 319.
59) Kaiser, 『이사야』(1), 205-6. 이 부분이 이사야의 저작이고, 그가 다윗 왕조와 관련하여 고취시킨 순수한 희망의 표현이라는 데는 다수의 비평적 주석가들도 동의한다. Clements, *Isaiah 1-39*, 121.
60) R. B. Y. Scott, "The Book of Isaiah, Chapters 1-39: Introduction and Exegesis", in *IB*, ed. G. A. Buttrick (Nashville: Abingdon Press, 1978), 5:250.
61) Wildberger, *Isaiah 1-12*, 467-68.
62) Gray, *Isaiah I-XXVII*, 224.

카이저는 이 단락이 예루살렘의 성전 예배, 좀더 구체적으로는 가을 대축제 때에 다윗 왕조의 선택을 회상하면서 낭독되었을 것으로 추론한다.[63] 그는 또 이사야가 이 구원의 신탁을 통해 "하나님의 약속들을 안정된 삶의 무조건적인 담보물로 여긴" 당시 사람들의 통속적인 기대와 신념을[64] 깨뜨렸을 것으로 본다.[65] 한편 스코트는 이 신탁이 열왕기하 11:12-19에 묘사된 왕의 즉위식 중 하나와 관련된 것으로 본다. 그는 보다 구체적으로 이사야가 이 본문을 히스기야의 도유식을 위해 구성했을 것으로 추론한다.[66]

구조적으로 이 문단은 10:5에서부터 시작하는 단락과 밀접한 관계에 있다. 특히 이 예언의 주제는 10:33-34에 기술된 앗수르의 파괴의 위협에 뒤이어 새로운 다윗계 왕의 도래로 집중되는 메시야적 희망에 관한 것이다. 때문에 전체 단락은 이스라엘과 유다가 야훼를 신뢰하지 않을 때 앗수르에 의해 거의 완전히 파멸될 것이지만, 그럼에도 그 파괴가 하나님의 마지막 말씀은 아니라는 논지를 보여준다.

앗수르 역시 심판을 받을 것이며, 야곱의 후손 중 남은 자들은 그 심판에서 벗어나 하나님의 땅으로 돌아올 것이다. 그러나 9:1-6에 제시된 것처럼 11:1-9은 그 귀환이 다윗의 기름부음 받은 후손의 보호 아래 이루어질 것임을 확증한다. 사실상 이새의 뿌리가 안전한 귀환을 알려주는 깃발 그 자체가 될 것이다. 이 귀환에서 두드러진 것은 하나님의 주권적인 행동이다. 따라서 여기에는 공의롭고 신실한 하나님의 주권적 은혜에 대한 표현으로 가득 차 있다.[67]

와츠는 이사야 11장을 창화(choral speech)로 명명하고, 이것이 10:34에서 시작되어 11장을 거쳐 12장까지 이어진다고 본다. 그에 따르면 이사야 11장의 구조는 다음과 같이 구분된다. 1-2절: 합창; 3-4절: 연주 사회자

---

63) 그러나 카이저는 이 단락이 이사야의 제자들 가운데서 낭독되었을 가능성도 조심스럽게 제안한다. Kaiser, 『이사야』 (1), 206.
64) 참조. 삼하 7:12 이하; 애가 4:20.
65) Kaiser, 『이사야』 (1), 206.
66) Scott, "Isaiah 1-39", 247.
67) Oswalt, *Isaiah, Chapter 1-39*, 277.

의 말; 5-8절; 합창; 9a절: 야훼의 말씀; 9b절: 대변자의 말; 10절: 군왕의 말.68) 한편 빌드버거(439)는 1-5절을 "신탁"으로 보고, 반면에 시편 72편은 현 왕조의 노래로 본다.69)

이 단락의 문학적 장르는 그 구성에 있어 차이점도 있지만, 대체로 시편과 일부 예언서의 왕정 사상을 표현하는 시들의 그것과 유사하다. 평행구들을 미가 5:2-5a과 시편 72:2, 4, 13에서 발견할 수 있다.

전체적으로 이 본문에는 다윗적 주제들과 야훼의 직접적인 은총 및 행위에 대한 강력한 칭송이 교차하고 있다. 다윗의 행동이 1절과 10절에서 나타나기는 하지만, 강조점은 야훼의 영(2절), 야훼에 대한 경외(3절), 그리고 야훼에 대한 지식(6-9절)에 있다. 4절과 5절은 직접적인 것은 아니지만, 야훼나 왕을 가리키는 것으로 이해할 수 있다. 와츠는 이러한 모호성을 저자의 의도적인 기법으로 본다.70) 와츠에 따르면, 이 본문은 또한 제왕 시편들을 교묘하게 변형시키고 있다. 왕의 위치가 현저히 축소되고 있는 것이 그 예다.71) 이 본문은 이사야 10:24-34 및 11:11-16의 광범위한 문맥에 나타나듯이 그 기조가 야훼의 사역에 집중되고 있다. 이 본문의 핵심부인 11:3b-4은 야훼의 공의로운 심판을 묘사하는 10:33-34로부터 야훼의 사역을 포착해 낸다. 이 본문에 나타난 동사들의 주어는 왕이 아니고 야훼이다. 아울러 앞뒤 단락들도 왕에 대한 관심으로부터 평화와 번영과 성공을 위해 필수적인 야훼께서 부여한 재능들로 강조점을 옮겨간다. 즉 그의 영(2절), 그에 대한 경외(3절), 그의 의로움과 공의(5절), 그리고 그에 대한 지식(9절) 등이 그것이다. 왕도 일정한 역할을 하지만, 9:6에서처럼 본문의 구성은 왕의 역할을 보다 넓은 하나님의 사역에 예속시키고, 자기 백성과 세상을 위한 하나님의 목적 성취에 핵심 요소들인 야훼의 영과 경외와 의로움과 지식에 부수적인 요소로 취급한다.72) 와츠는 "평화로운 왕국"을 묘사하는

---

68) Watts, *Isaiah 1-33*, 167-69.
69) Ibid., 169.
70) Ibid., 170.
71) 이것은 사 11:1과 10절에서만 직접적으로 언급된다.
72) Watts, *Isaiah 1-33*, 170.

문학 양식은 사실상 이사야의 독특한 기법이라고 본다.73)

(2) 본문의 주석적, 신학적 해석

앞에서 언급한대로 이사야 11:1-9은 특히 메시야적 약속과 관련되어 있다. 여기에는 세 가지 특징이 묘사된다. ① 통치를 위한 그의 신적 자질(2, 3a절), ② 그의 통치의 철저한 공정성(3b-5절), ③ 그의 통치를 특징짓는 안전성(6-9절).

여기에 묘사된 장면은 단순히 어떤 인간 왕에게 적용시키기는 어렵다. 그것은 인간으로서 도달할 수 없는 이상이거나 초인간적인 어떤 면모를 보여주기 때문이다. 후자는 메시야의 통치와 관련된 귀환의 환상에 의해 뒷받침된다(10-16절).74) 따라서 11:6-9은 다윗계 왕의 정의로운 통치 아래에서 펼쳐질 평화를 묘사한다. 이 평화는 동물의 세계로까지 확대되는데, 이는 하나님에 대한 지식을 가짐으로 그 뜻대로 행하는 사람들의 영적인 변화가 수반하는 결과이다.75)

먼저 6-8절의 전원적인 평화에 관한 묘사는 시골의 목장에서 일하는 목동들의 모습을 연상시킨다. 목동들은 아침 일찍 양과 염소와 송아지 같은 가축들을 모아 목장으로 몰고 나가 낮 동안 풀을 뜯어 먹게 한 다음 저녁에 다시 그 가축들을 이끌고 돌아오곤 하였다. 짐승들이 풀을 뜯어먹으며 노니는 동안 목동들은 동쪽에서 불어오는 뜨거운 바람을 막아 주고 강렬한 태양으로부터 보호해 줄 나무 그늘 밑의 초장에 누워 휴식을 취하기도 했다. 이 본문은 어린 목동, 젖을 빠는 모습, 아장아장 걷는 아이의 순진성과 같은 표상들을 사용하여 위험이나 해가 없는 평화로운 세상을 묘사한다.76) 동시에 이 평화는 사나운 맹수들의 대표라 할 수 있는 이리, 표범, 사자, 곰이 온순한 가축류인 어린 양, 염소, 송아지, 암소, 수소 등과 아무런 적대감

---

73) 참조. 사 35장; 65:17-25. Ibid.
74) Ibid., 278.
75) Delitzsch, *The Book of Isaiah*, vol. 1, 287.
76) Ibid., 173.

없이 조화롭게 공존하는 모습을 통해 한층 강조된다. 특히 8절에서 젖먹이 아이가 독사로부터 아무런 상해도 당하지 않고 함께 어울려 평화롭게 장난하는 장면은 창세기 3:15에서 뱀이 인간의 원수로 선포되는 것과는 정반대의 상황을 연출한다. 이것은 회복된 낙원에서 실현될 이상적이고 완전한 평화를 보여주는 매우 극적인 묘사라 할 수 있다.

9절은 앞에서 묘사된 종말론적 평화가 야훼를 아는 지식에서 비롯된 것임을 말한다.[77] 그러나 이 지식은 단순히 지적으로 야훼를 아는 차원을 넘어 하나님의 원칙과 말씀을 기초하여 살아가는 것을 뜻한다.[78] 또는 라이트가 적절히 표명한 것처럼, 하나님의 주권을 인정하고 하나님의 요구에 기꺼이 복종하는 태도를 가리킨다.[79] 이 구절에 나오는 "나의 거룩한 산"(קדשׁי הר)은 시온 주제와 관련된 관용 어구로서, 시온을 지칭하는 말이다. 그레이에 따르면, "거룩한 산"은 산지로 이루어진 성지 전체를 가리키는 말이기는 하나, 기본적으로는 시온산을 가리킨다.[80] 물론 주석가들에 따라서는 여기에서 이 말이 단순히 시온만을 지칭하지 않고, 이스라엘 전체, 또는 전세계를 지시하는 말로 이해될 수 있음을 밝힌다.[81]

---

77) 바르트(H. Barth), 둠(Duhm), 마르티(Marti), 그레이(Gray) 등은 9절을 6-8절의 내용을 요약하는 첨가구로 본다. 그러나 클레멘츠는 이 구절과 유사한 형태가 구약의 다른 곳에 나타난다는 점(9a절=사 66:25b; 9b절=합 2:14)을 들어 이차적 첨가로 보는 견해에 동의하지 않는다. Clements, *Isaiah 1-39*, 124.

78) John A. Martin, 『이사야』, 김동건역, BKC 강해주석 13 (서울: 두란노, 1994), 74.

79) Wright, 『이사야』, 72.

80) Gray, *Isaiah I-XXVII*, 224.

81) 와츠는 이 말이 여기에서 "세상"(הארץ)과 평행을 이룬다고 보아, 하나님이 구속하시고 재창조하신 세상 전체를 암시하는 것으로 본다. Watts, *Isaiah 1-33*, 173. 비슷하게 카이저도 "거룩한 산"이 문자적으로는 산악지대를 뜻하고 하나님의 도성을 가리키지만, 넓은 의미로는 세상 전체를 가리키는 말로 받아들인다. Kaiser, 『이사야』(1), 212. 델리치는 이스라엘 역사상 시온 산에 야생 동물들이 집을 만든 적이 없기 때문에, "거룩한 산"이 시온산을 가리키기보다는 이스라엘의 성스러운 전체 산악지대를 지시하는 말로 본다. 그리고 "세상"(הארץ)이란 이스라엘의 땅이 전 세계의 중심부가 될 것임을 뜻하는 말로 생각한다. Delitzsch, *The Book of Isaiah*, vol. 1, 287. 클레멘츠 역시 "나의 거룩한 산"이 단순히 시온 산을 가리키는 말이 아니라 이스라엘 전체를 가리키는

이러한 주석가들의 주장을 전적으로 부정할 수는 없다 해도 이 말의 일차적인 의미는 "야훼의 거룩한 산"으로 알려진 시온을 기초로 하고 있다는 사실을 지나쳐서는 안된다. 그 이유는 예언자가 이스라엘 전체 또는 전 세계를 말하면서 시온을 기본 개념으로 사용하는 의도에 주목할 필요가 있기 때문이다.

예언자에게 시온은 야훼의 현존의 상징이다. 장차 시온은 하나님의 백성이 거할 처소가 되며, 하나님이 그들 가운데 임하실 것이다.[82] 야훼의 임재는 온전한 평화를 수반한다. 따라서 이 본문은 앞에서 언급한 대로 종말의 때에 회복될 새로운 낙원에서 완전한 평화가 실현되고 그것이 또한 전 세계로 퍼져 나갈 것임을 말한다. 그리고 이러한 범세계적인 완전한 평화의 진원지는 어디까지나 야훼의 "거룩한 산" 시온이라는 사실을 본문은 분명히 말하고 있다. 이 본문은 바로 이런 의미에서 시온에 대한 이사야의 이해에 중요한 빛을 던져 준다고 할 수 있다. 그것은 이사야가 자신의 예언에 있어서 이스라엘을 대상으로 하건, 또는 온 세계를 대상으로 하건, 그의 세계관의 중심에는 언제나 시온이 자리잡고 있다는 것이다. 달리 말하면 이사야의 예언은 시온을 축으로 하고 종국에는 시온을 향해 수렴된다는 사실이 본문에서 분명히 드러나고 있다는 것이다.

3. 하나님의 특별한 보호의 대상: 이사야 4:2-6; 31:4-9

(1) 이사야 4:2-6

²그날에
여호와의 싹이

말로 본다. Clements, *Isaiah 1-39*, 124.
82) Young, *The Book of Isaiah*, vol. 1, 392.

아름답고 영화로울 것이요,
그 땅의 소산은
이스라엘의 피난한 자를 위하여
영화롭고 아름다울 것이며,
³시온에 남아 있는 자,
예루살렘에 머물러 있는 자
곧 예루살렘에 있어 생존한 자 중
녹명된 모든 사람은
거룩하다 칭함을 얻으리니,
⁴이는 주께서
그 심판하는 영과 소멸하는 영으로
시온의 딸들의 더러움을 씻으시며,
예루살렘의 피를 그중에서 청결케 하실 때가 됨이라.
⁵여호와께서
그 거하시는 온 시온 산과
모든 집회 위에
낮이면 구름과 연기,
밤이면 화염의 빛을 만드시고
그 모든 영광 위에
천막을 덮으실 것이며,
⁶또 천막이 있어서
낮에는 더위를 피하는 그늘을 지으며,
또 풍우를 피하여
숨는 곳이 되리라.

① 본문의 구조와 문학적 성격

이사야 2:2-4의 평행 단락인 이 본문은 시온 산을 위한 하나님의 목적을 보여주는 동시에, "그 날에" 있을 시온과 이스라엘의 지위와 역할을 묘사한다. 이 본문의 내용은 다음과 같이 요약된다.

㉮ 그날에 야훼의 싹이 이스라엘에서 번성하고 영화롭게 될 것이다.
㉯ 예루살렘의 남은 자들이 정화 과정을 거친 다음 거룩하게 될 것이다.

㈐ 야훼께서 시온에 피난처를 만들고 자신의 임재를 보여주실 것이다.
　요컨대, 가혹한 정화의 과정을 통과한 예루살렘의 남은 자들이 하나님의 특별한 보호를 받는다는 것이 이 본문의 중심 내용이다.
　에드워드 영은 이 본문을 2:1-4:6에 기술된 예언의 결론부로 보고, 이 본문이 포함된 전체 단락의 구조를 다음과 같이 분석한다.

2:1　　　　표제
2:2-4　　　장차 있을 시온의 높임
2:5-22　　 전반적이고 우주적인 심판의 도래와 주의 날
3:1-4:1　　유다를 향한 특별한 심판의 적용
4:2-6　　　결론: '주님의 가지'에 의해 초래될 새로운 시대의 영광[83]

　2:1 이하의 단락은 하나님의 백성으로서 이스라엘의 운명을 선포하는 내용으로 구성된다. 이스라엘은 본질상 유다와 예루살렘으로 축소되고, 지금까지 하나님의 율법을 세상에 알리는 통로였던 유다는 이제 사정이 바뀌어 오히려 이방 나라들의 가르침을 받는 입장으로 전락한다. 이사야 3:16-4:1에서 예루살렘은 거만한 유대 부녀자들에 비유되며, 이들이 끝내 비참한 포로 신세가 되고 말 것임을 보여준다. 그러나 이 파국의 예고가 하나님이 이스라엘을 포기하실 것임을 뜻하지는 않는다. 우리의 본문 이사야 4:2-6이 이것을 분명히 말해 준다. 하나님은 결코 자기 백성을 포기하지 않으시리라는 것이다. 조만간 닥쳐올 포로의 고통은 단지 그 백성을 하나님이 원하시는 방향으로 만들어가는 시련의 과정에 지나지 않는다(4절). 이 본문은 구속받은 이스라엘의 본질적인 통합을 과거 출애굽 당시의 모습에 견주어 강조한다(5-6절). 그들은 다가오는 심판 때문에 왕 같은 제사장직을 상실하지는 않을 것이다.[84] 오히려 그들은 그 직분을 되찾게 될 것이다.[85]

---

83) Ibid., 173. 한편 그레이는 이 본문을 2-4장에 위로의 결론을 내리기 위해 3:16-4:1에 첨가된 부분으로 본다. Gray, *Isaiah* XXVII, 77.
84) 출 19:6.
85) 말 3:3, 4. Oswalt, *Isaiah*, Chapters 1-39, 144-45. 참조.

이 본문은 종말론적인 분위기를 짙게 풍기며, 앞의 2:6-4:1에 나타난 내용과 뚜렷한 대조를 보인다. 이 때문에 다수의 비판적인 주석가들은 이 본문을 이사야의 저작이 아니라고 보고,[86] 본문의 전체 또는 일부의 연대를 포로기 이후로 추정해 왔다.[87] 둠(Duhm)은 BC 2세기까지 늦추어 잡기도 한다.

클레멘츠는 이사야서의 현재 형태가 3세기말에 이루어졌을 가능성이 크다는 점을 들어 둠의 견해를 어느 정도 받아들인다.[88] 카이저와 빌드버거는 약간 다르게 제2성전 시대로 잡는다. 카이저는 이 구원 신탁의 역사적 자리가 "제2성전 공동체에서 예배시에 이사야서를 낭독한 것"으로 본다.[89] 이러한 후기 연대의 추정 근거는 종말론적이고 묵시적인 사상이 포로 후기의 실패한 희망의 결과라는 전제에 따른 것이다.[90]

클레멘츠에 따르면, "이와 같이 가까운 장래에 시작될 이스라엘의 영원한 구원을 묘사하는 확고하고 철저한 종말론적 희망의 표현은 예언문학에서 묵시문학으로 넘어가는 과도기에 나타나는 중요한 요소이다."[91] 그러나 이러한 전제는 종교 발전에 대한 진화론적 관점에 기초한 것으로 수용하기 힘든 견해라 할 수 있다.

---

86) 일부 학자들은 2-3절은 이사야의 것으로, 나머지 구절들은 후대 첨가로 본다. 스코트에 따르면, 후기의 예언 문학은 대부분 파생물이며, 따라서 이 본문 역시 이사야에게서 발견되는 사상과 용어들을 새롭게 강조하고 발전시킨 것으로 생각한다. Scott, "Isaiah 1-39", 194.
87) 예컨대, 그레이는 이 단락에 나타나는 개념과 사고들이 후기 연대의 충분한 근거가 될 수 있다고 본다. 가령 이사야서에 나타나는 제의와 윤리의 연합은 에스겔이나 후대 기자들에게 더 잘 어울린다는 것이다. 또한 ברא 같은 용어도 후기 문서들에 지배적으로 나타나는 것임을 지적한다. Gray, *Isaiah I-XXVII*, 77.
88) Clements, *Isaiah 1-39*, 53.
89) Kaiser, 『이사야』(상), 89. 카이저는, 그러나 "이 말씀이 형성된 시기를 BC 3세기나 BC 2세기 초엽으로 보는 견해도 배제되지 않는다"고 말한다.
90) 이러한 주장은 P. Hanson, *The Dawn of Apocalyptic* (Philadelphia: Fortress Press, 1975)에 잘 피력되어 있다. 종말론적 미래 희망이 포로 후기의 산물이라는 주장의 평가에 관해서는 이 책 112쪽, 주 4를 보라.
91) Clements, *Isaiah 1-39*, 53.

오스왈트는 이와 같은 후기 연대의 추정은 그 근거가 매우 빈약함을 지적한다. 가령 "생명의 책"(3절)이란 어구가 후기 예언서들에(단 12:1; 말 3:16; 계 3:5) 자주 언급되는 것이 사실이지만,92) 그것은 또 출애굽기 32:32 같은 곳에도 나타난다. 더욱이 출애굽 용어의 사용은 후기 연대와 배치되는 요소이다. 초기 연대를 지지하는 또 다른 근거는 4:2-6과 그 앞 자료 사이의 용어 및 주제의 통일성에서 찾아볼 수 있다. 예컨대, 시온의 딸들(사 3:16; 4:4), 남은 자 사상(사 3:6, 7; 3:25-4:1; 4:3-4), 부정과 피흘림(사 12:15; 3:24; 4:4) 등에 관한 언급이 그것이다.

오스왈트는 또한 본문의 구성을 후기로 볼 만한 결정적인 증거가 없다는 것도 초기 연대를 주장하는 전통적인 견해를 포기할 이유가 못된다고 강조한다.

② 본문의 주석적, 신학적 해석

2절은 "그 날에"라는 말로 시작하는데, 이는 이 단락과 앞 단락이 직접적으로 연결되는 것을 가리킨다.95) 그러나 그 관련은 매우 대조적인 것으로 나타난다. 앞의 단락은 다가오는 날이 보응과 심판의 날을 언급하는데, 그 때에 유다인들의 거짓 희망과 자기 만족이 사라질 것임을 묘사한다. 그러나 하나님의 최종 목적은 파멸이 아니다.96) 설령 도래하는 하나님의 날이 백성들을 옹호하는 날이 아닌 것이 사실이라 해도, 그렇다고 그날이 그들을 수치스럽게 만드는 날도 아니다. 오히려 도래할 하나님의 날은 정화와 회복을 완성하는 날이 될 것이다.97) 그러므로 이 단락은 오스왈트가 적절히 지적하

---

92) 스코트는 "생명의 책"이 후기의 종말론적 문서들에 애용되는 개념임을 지적한다. Scott, "*Isaiah 1-39*", 194.
93) Oswalt, *Isaiah, Chapters 1-39*, 145.
94) Ibid.
95) 사 2:12, 17; 3:7, 18; 4:1.
96) Kaiser, 『이사야』(1), 88을 참조하라. "그의 백성에 대한 하나님의 마지막 말씀은 심판이 아니라 구원 의지이다. 하나님은 심판을 통해서 인간을 건져내는 구원 행위를 펼쳐나간다."
97) Oswalt, *Isaiah, Chapters 1-39*, 145.

듯이 앞의 예언과 형평을 이루고 결론을 내리는 역할을 한다.98)

"그날에"(ביום ההוא)라는 표현은 일반적으로 미래를 가리키는 말이지만, 반드시 그런 것은 아니다. 이사야는 야훼의 날을 묘사할 때 "그날에"라는 어구를 과거와 관련시킨다. 때문에 헤이즈-어빈은 이 말을 다분히 현재적으로 해석하여, 이사야가 4:2-3에서 이미 자리잡은 삶의 어떤 측면을 묘사하고 있는 것으로 이해하려고 한다. 즉 이스라엘의 피난민들이 이미 남쪽 유다로 옮겨왔고, 일부가 예루살렘에 거주하게 된 상태를 그린 것으로 이해할 수 있다는 것이다.99) 그레이는 이 말이 심판 후에 임할 어떤 결정적인 시점을 가리킨다고 본다.100) 마틴은 이 말이 때로는 예루살렘에 대한 바벨론의 공격을 지시하지만, 여기서는 그리스도의 천년 왕국을 가리키는 것으로 본다.101)

"야훼의 싹"(צמח יהוה)에 대한 전통적인 해석은 탈굼 이래 메시야를 가리키는 것으로 이해되어 왔다.102) 오늘날 다수의 주석가들도 이 어구의 메시야적인 해석을 지지한다.103) 와츠에 따르면, 구약에서 "싹"(צמח)이란 미래의 왕을 가리키는 말로 사용된다.104) 예레미야에는 "의로운 가지"(צדיק צמח, 23:5; צמח צדקה, 33:15)로, 스가랴에는 "내 종 순"(עבדי צמח, 3:8), "순이라 이름하는 사람"(איש צמח שמו, 6:12) 등으로 나타난다. 여기에서 특징적인 것은 예레미야의 경우 매번 "다윗에게"(לדוד)란 어구를

---

98) Ibid., 146.
99) John H. Hayes & Stuart A. Irvine, *Isaiah, the Eighth Century Prophet: His Times and His Preaching* (Nashville: Abingdon Press, 1987), 96. 그는 다른 한편으로 "그날에"가 미래를 가리킨다면, 이사야는 여기서 일부 이스라엘인들이 유다의 수도에 정착할 수 있도록 도와 줄 어떤 상황의 도래를 변호하고 있는 것이라고 설명한다.
100) Gray, *Isaiah I-XXVII*, 78.
101) Martin, 『이사야』, 38.
102) Clements, *Isaiah 1-39*, 54.
103) Delitzsch, *The Book of Isaiah*, vol. 1, 152; Young, *The Book of Isaiah*, vol. 1, 173.
104) Watts, *Isaiah 1-39*, 49.

덧붙이고, 스가랴는 스룹바벨이 다윗의 후예라는 점을 제시하려는 데 관심이 집중되고 있다는 점이다.105) 빌드버거는 이 어구들 중 어떤 것도 고정된 메시야 칭호가 아니라고 지적한다. 사실상 이사야의 본문에서도 צמח는 יהוה의 것이지 다윗의 것이 아니다. 평행구는 "그 땅의 소산"(פרי הארץ)이다.106) 문맥상 이 어구들은 야훼의 계획과 목적을 가리킨다.107)

덤브렐은 "야훼의 싹"이 메시야를 가리키는 기술적인 용어이기는 하지만,108) 여기에서는 다른 의미로 쓰이고 있다고 한다. 그 이유는 2b절에서 이 말의 평행어는 다윗계 왕이 아니라, "그 땅의 소산"이기 때문이다. 나아가서 2절 후반부의 "이스라엘의 피난한 자들을 위하여 영화롭고 아름다울 것이라"는 말에 비춰볼 때 이사야가 이 말을 어떤 의도로 사용하는지가 분명히 드러난다는 것이다. 즉 여기에서 "싹"이란 이스라엘의 남은 자를 비유적으로 가리킨다는 것이 덤브렐의 결론이다.110)

"야훼의 싹"(צמח יהוה)이 메시야를 가리킨다는 점을 전적으로 배제할 수는 없다 해도, 적어도 이사야의 본문에 관한 한 와츠와 덤브렐의 해석에 주목할 필요가 있다. 그 까닭은 덤브렐이 적절히 지적했듯이 이사야가 이스라엘, 시온, 그리고 예루살렘이라는 명칭들을 사용할 때 그것은 이스라엘의 남은 자를 가리킬 뿐 아니라, 궁극적으로는 하나님의 새로운 백성들을 지시

---

105) Ibid.
106) 델리치와 영은 "야훼의 순"이 메시야의 신적 성품을 지시하는 것이라면, "땅의 소산"은 인간적 성품을 지시한다고 본다. Delitzsch, *The Book of Isaiah*, vol. 1, 152; Young, *The Book of Isaiah*, vol. 1, 177.
107) Young, *The Book of Isaiah*, vol. 1, 177.
108) 렘 23:5; 33:15; 슥 3:8; 6:12.
109) 델리치는 "그 땅의 소산"이라는 평행구로 묘사된 것 역시 메시야를 지칭한다고 본다. Delitzsch, *The Book of Isaiah*, vol. 1, 152
110) Dumbrell, *The Search for Order*, 86. 한편, 헤이즈-어빈은 "야훼의 싹"과 "그 땅의 소산"이 다윗계 왕과 예루살렘을 가리키는 표현일 수 있다고 본다. 즉 이사야는 여기에서 예루살렘과 그곳을 통치하는 다윗 계열의 왕이 아름답고 영화롭게 보일 것과, 이스라엘의 혹독한 상황을 벗어나 그곳으로 피신할 자들이 가질 긍지와 영광을 묘사한다고 풀이한다. Hayes & Irvine, *Isaiah*, 96.

하기 때문이다.111)

"아름답고 영화롭다"(לגאון ולתפארת)란 어구는, 와츠의 주석에 따르면, 성지를 묘사하는 특징적인 표현으로, 여기에서는 "그 땅에 사는 이스라엘을 위한 하나님의 미래의 목적 성취"를 묘사한다.112)

2절의 "이스라엘의 피난한 자"(פליטת ישראל)라는 표현은 3절의 "시온에 남아 있는 자"(הנשאר בציון)와 "예루살렘에 머물러 있는 자"(בירושלם הנותר)라는 표현들에 의해 보다 확장된다. 여기에서 "피난 자", "남은 자", "생존자"는 평행 어구들로, 하나님의 도성, 곧 시온에 거할 백성들을 지시한다.113) 이 남은 자들은 또한 "예루살렘에 살아 있다고 등재된 모든 사람들"(בירושלם כל־הכתוב לחיים, 사역)로 표현된다. 이들에게는 "거룩하다"(קדוש)는 수식어가 붙여진다. 그러므로 이것은 하나님의 도성에서 살아가도록 선택된 사람들에 대한 하나님의 보호와 축복을 가리키는 말로 이해할 수 있다.114)

예루살렘의 남은 자들을 거룩하다고 지칭하는 근거가 4절에 제시된다. 즉 이들은 "심판하는 영과 소멸하는 영"으로 정화될 것이기 때문이다. 이사야에게는 BC 701년의 전쟁이 하나님의 심판이자 정화 과정으로 인식될 수 있었을 것이다. 그러나 본문은 하나님께서 종말론적인 정화 작업을 완수하실 때 시온이 거룩하다 칭함을 얻게 되고, 나아가 이스라엘은 마침내 "거룩한 백성"(קדוש גוי)으로 새롭게 태어날 것임을 말한다. 이 표현은 이스라엘의 선택과 관련된 영광된 이름으로,115) 야훼와 맺은 옛 계약116)을 떠올리게

---

111) Ibid.
112) Watts, *Isaiah 1-39*, 50.
113) 헤이즈-어빈은 이들이 북이스라엘에서 예루살렘으로 넘어와 거주권을 획득하고 시민으로 등록한 자들을 가리킨다고 본다. Hayes & Irvine, *Isaiah*, 96. 그러나 클레멘츠는 이들이 페르시아 시대에 예루살렘에서 활발한 신앙 생활을 재건한 유대인 공동체의 핵심 거류자들이라고 한다. Clements, *Isaiah 1-39*, 54.
114) Watts, *Isaiah 1-39*, 50.
115) Wildberger, *Isaiah 1-12*, 168.
116) 출 19:6.

한다.117) "거룩"은 이스라엘이 시온에 현존한 하나님과 교제하기 위해 필요한 자격 요건이다. 특히 여기에 언급된 "거룩하다 칭함을 얻을 시온에 남은 자들"은 신약에서 '성도'라 불리어지는 그리스도인에 상응하는 어구라 할 수 있다(행 9:13, 32, 41; 26:10). 이 경우 '시온'과 '교회'는 평행 개념으로 이해하여도 좋을 것이다. 또 이 구절에서 "시온의 딸들"(בנות־ציון)이란 단지 예루살렘의 여인들만 가리키는 것이 아니라, 이 성읍 전체를 지칭하는 말로 보아야 한다.118)

5, 6절에서 이사야는 시온에서 구현될 야훼의 보호를 강조하기 위해 "구름과 화염"이라는 출애굽 표상을 사용한다.119) 여기에서 구름과 불은 "천막"(חפה/סכה)으로 표현된다. 구름과 불의 천막은 하나님의 원수들을 두렵게 만듦으로써 남은 자들에게 위안의 근거가 된다. 4절에서 "소멸하는

---

117) 그러나 여기에서 이사야는 시내 산 계약 체결 때 사용된 호칭인 '야훼'(יהוה)를 사용하지 않고 단순히 '주'(אדוני)라는 호칭을 사용한다. '주'는 이사야가 즐겨 사용하는 호칭이다. Young, *The Book of Isaiah*, vol. 1, 182.

118) Scott, "Isaiah 1-39", 195. 터너는 딸로 표상화된 시온이 이사야를 비롯하여 8세기 예언자들의 본문에서 흔히 심판과 관련하여 나타나고 있음을 지적한다. Mary Donovan Turner, *Daughter Zion: Lament and Restoration* (Ph.D. dissertation, Emory University, 1992), 70.

119) 사 4:2-6의 단락에는 "구름과 화염" 외에도 출애굽 표상들이 자주 등장한다. 예컨대 "거룩한 백성", "하나님의 영", "연기", "풍우" 등이 그것이다. 이러한 표상들은 시온에 대한 하나님의 항구적인 보호를 상징하기 위해 사용된다. 다만 "풍우"는 출애굽 당시 야훼의 현현 사건과 관련되는데 비해(시 29편 참조), 여기에서는 예외적으로 시온에 엄습할 위험 요소 중 하나로 언급된다. Christopher R. Seitz, *Isaiah 1-39*. Interpretation, a Bible Commentary for Teaching and Preaching (Louisville: John Knox Press, 1993). 42. 또한 Joseph Jensen, *Isaiah 1-39*. Old Testament Message, vol. 8 (Wilmington: Michael Glazier, 1984), 71을 보라. 여기에서 흥미있는 점은 야훼의 현현을 묘사할 때 사용되는 술어인 "연기"(ענן)의 등장이다. 이 말은 구름 및 불기둥과 관련해서는 사용되지 않는다. 이 단어를 매개로 시내 산과 시온을 연결시켜 본다면, "그날에" 시온은 "율법이 나올"(사 2:3) 새로운 시내 산이 된다고 할 수 있을 것이다. Linzy H. "Bill" Hill, *Reading Isaiah as a Theological Unity Based on an Exegetical Investigation of the Exodus Motif* (Ph.D. dissertation, Southwestern Baptist Theological Seminary, 1993), 63.

영"으로 그들을 연단한 불이 이제는 그들의 보호와 희망이 된다. 예언자는 여기에서 그 천막이 결혼 예식장의 차일처럼 시온을 보호하고 치장할 것임을 선포한다.[120] 이처럼 야훼께서 출애굽 때 구름기둥과 불기둥으로 광야의 이스라엘을 보호하고 인도하셨듯이, "그날에" 거룩하게 재창조된 시온의 신실한 백성들은 야훼의 절대적인 보호를 받게 될 것이다.[121]

그리하여 시온은 그곳에 거하는 자들을 온갖 불운과 원수의 공격으로부터 안전하게 보호하는 피난처가 될 것이다.

(2) 이사야 31:4-9

⁴여호와께서 이같이 내게 이르시되,
 큰 사자나 젊은 사자가 그 식물을 움키고 으르렁거릴 때에
 그것을 치려고 여러 목자가 불려 왔다 할지라도,
 그것이 그들의 소리로 인하여 놀라지 아니할 것이요,
 그들의 떠듦을 인하여 굴복지 아니할 것이라.
 이와 같이 나 만군의 여호와가 강림하여
 시온 산과 그 영 위에서 싸울 것이며,
⁵새가 날개 치며 그 새끼를 보호함 같이
 나 만군의 여호와가 예루살렘을 보호할 것이라.
 그것을 호위하며 건지며 넘어와서
 구원하리라 하셨나니.
⁶이스라엘 자손들아,
 너희는 심히 거역하던 자에게로 돌아오라.

---

120) J. Skinner, *Isaiah 1-39*, Cambridge Bible for Schools and Colleges (Cambridge: The University Press, 1900), 30-31.
121) 구약성경에서 "구름과 불"의 표상은 다양한 기능을 가진다. 때로 그것은 광야에서 자기 백성을 위한 하나님의 인도하심을 뜻하고(출 13:20-22; 40:34 이하; 민 10:11; 14:14; 신 1:33), 때로는 이스라엘을 적들로부터 막아 주시는 하나님의 보호를 뜻한다 (출 14:19 이하; 민 14:14).

⁷너희가 자기 손으로 만들어 범죄한 은우상, 금우상을
 그 날에는 각 사람이 던져 버릴 것이며,
⁸앗수르는 칼에 엎드러질 것이나
 사람의 칼로 말미암음이 아닐 것이며,
 그는 칼 앞에서 도망할 것이요
 그 장정들은 복역하는 자가 될 것이라.
⁹그의 반석은 두려움을 인하여 물러가겠고
 그의 방백들은 기호를 인하여 놀라리라.
 이는 여호와의 말씀이라, 여호와의 불은 시온에 있고
 여호와의 풀무는 예루살렘에 있느니라.

① 본문의 구조와 문학적 성격

이것은 시온에 대한 야훼의 특별한 보호를 묘사하는 또 다른 본문으로122) 이사야의 말년에 앗수르 왕 산헤립이 제2차 원정을 왔을 때 그의 군대가 당한 재난과 관련하여 예언된 내용으로 추정된다.123)

이 본문이 속한 이사야 31장은 앞의 30장의 구조와 내용을 보다 짧은 형태로 반복한다. 이 31장은 크게 두 단락으로 구분할 수 있는데, 첫째 단락인 1-3절은 애굽을 의존하는 것이 얼마나 어리석은 일인지를 폭로하는 것으로 시작한다. 애굽은 도움을 줄 수 없을 뿐더러, 그 나라에 도움을 요청하러 가는 일 자체가 곧 하나님을 거역하는 것이 된다. 나아가 애굽을 선택하는 것은 사실상 거짓을 선택하기 위해 진실을 거부하는 것이나 다름없는 행위라고 말한다.

둘째 단락이 우리의 본문인 4-9절이다. 이 단락은 하나님이 예루살렘을 위해 싸우시고 앗수르를 파멸시키실 것임을 강조한다. 여기에서 예언자는

---

122) 카이저와 허버트는 각각 이 단락에 "시온의 구원" 및 "시온의 방어자"라는 소제목을 붙인다. O. Kaiser, 『이사야』 (2), 학술부 역 (서울: 한국신학연구소, 1993), 418; A. S. Herbert, *The Book of the Prophet Isaiah, Chapters 1-39* (Cambridge: Cambridge University Press, 1973), 180.

123) Wright, 『이사야』, 104.

소극적으로는 거짓 희망을 추방하고, 적극적으로는 하나님의 은총을 묘사한다.124)

델리치의 구분에 따르면, 이 단락은 다섯 개의 비탄 선포 중에서 애굽에 대한 비탄을 말하는 네 번째 선포에 포함된다.125) 그러나 앞에서 언급한 것처럼 본문에서 예언자는 거짓 희망에 대한 경고와 비탄의 선포에서부터 참된 희망에 대한 선포로 선회하는 것을 알 수 있다.

이 단락은 진정성과 통일성, 그리고 본문의 출처에 대해서 많은 논란을 야기시켜 왔다. 본문은 사상적으로 뚜렷한 통일성을 보이지만,126) 문학적인 면에서는 논란의 여지가 있다. 무엇 보다 문학 형식에 있어서 6, 7절은 산문인데 비해 나머지 부분은 운문으로 되어 있다. 때문에 오스왈트는 4-5절과 8-9절은 원래 별개의 자료였는데, 이 둘을 연결시키기 위해 산문 부분이 중간에 삽입된 것으로 이해한다.127)

스콧은 본문의 내용과 표현에 있어서 제기되는 몇 가지 문제점을 지적한다.128) ① 4절에서 야훼가 예루살렘에 맞서 싸우는데 반해,129) 5절에서는 이 도성을 보호해 주시는 것으로 묘사한 점, ② 야훼를 달리는 사자와 날개 치는 새들(복수형)로 모호하게 비유한 점, ③ 6절에서 갑자기 회개를 촉구함으로서 문맥의 흐름을 끊는 점 등이 그것이다.

---

124) Oswalt, *Isaiah 1-39*, 570.
125) Delitzsch, *The Book of Isaiah*, vol. 2, 43. 델리치는 이사야 28-33장을 비탄의 책으로 명명하고, 전체의 내용을 5개의 비탄 선포로 구분한다. 그 이유는 각 선포의 서두가 "화 있을진저"(הוֹי)라는 표현으로 시작되기 때문이다. ① 제1비탄(28장), ② 제2비탄(29장), ③ 제3비탄(30장) ④ 제4비탄(31-32장) ⑤ 제5비탄(33장).
126) Ibid.
127) Ibid. 카이저를 위시한 다수의 비평적 학자들은 산문 부분인 6, 7절과 8b, 9a절을 확대구로 본다. Kaiser, 『이사야』 (2), 419. 클레멘츠는 6, 7절이 포로기 이후에 확장된 것이라고 주장한다. Clements, *Isaiah 1-39*, 256; 젠센은 7절을 사 2:20이나 30:22에서 빌려 온 후대 삽입구로 본다. Jensen, *Isaiah 1-39*, 246.
128) Scott, "Isaiah 1-39", 340.
129) 스코트는 4b절의 "위에서 싸울 것이며"(לִצְבֹּא עַל)를 "맞서 싸우다"(to fight aganst)로 옮긴다. Ibid.

② 분문의 주석적, 신학적 해석

4절의 "시온과 그 영 위에서 싸우다"(לִצְבֹּא עַל־הַר־צִיּוֹן וְעַל־גִּבְעָתָהּ)를 스코트의 주장처럼 "…에 맞서 싸우다"라고 번역할 경우,130) 본문의 비유는 위협의 성격을 지니게 된다. 그러나 "…에서 싸우다"로 번역할 경우에는 구원에 관한 신탁이 된다. 본문의 의도가 자신의 전리품을 강탈하려는 목자들의 침공에 맞서 그 전리품을 보호하고 지키려는 사자의 모습을 묘사하는 것이라면,131) 이것은 구원 신탁으로 이해하는 것이 옳다. 이러한 이해는 야훼가 하늘에서 시온 산으로 싸우러 내려오시는 것으로 비유하는 본문의 묘사와도 일치한다.132) 시온은 야훼가 선택하셨으므로 야훼의 것이며, 야훼는 결단코 자기의 소유를 앗수르와 같은133) 이방 나라에 빼앗기지 않고 보호하실 것이다.134)

4절이 예루살렘을 보호하는 야훼의 능력을 묘사하기 위해 자신의 전리품을 지키는 사자에 비유한 것처럼, 5절은 둥지 위를 날아다니며 새끼를 보호하는 어미 새에 비유하고 있다. 사자가 야훼의 부성적인 면을 강조한다면 새는 모성애적인 면을 강조한다.135) 그러나 여러 번 날개 치는 새의 표상과 보호하시는 야훼에 대한 표상이 걸맞지 않다는 점을 들어 본문에 어떤 문제가 있는 것으로 보거나, 아니면 해석을 달리 하려는 견해도 있다. 예컨대,

---

130) Ibid. 한글개역성경 역시 난외주에 "영을 칠 것이며"로도 번역할 수 있음을 밝힌다.

131) Young, *The Book of Isaiah*, vol. 2, 377-78.

132) Kaiser, 『이사야』 (2), 420.

133) 본문에서 탈취자로 묘사된 목자들은 예루살렘을 위협하던 앗수르를 지시하는 것이 분명하다. 그리고 성경에서 "목자들"(רֹעִים)은 흔히 한 나라의 통치자들을 가리킨다 (예컨대 렘 3:15). Wolf, *Interpreting Isaiah*, 158. 그러나 클레멘츠는 "여러 목자"가 앗수르를 가리키는 것이 아니라고 본다. 그 이유는 비록 야훼가 "사자"이기는 하지만, 3절에서처럼 야훼가 인간 대리자, 곧 앗수르를 통해 활동하시리라는 기대가 예언자의 상상에 자리잡고 있기 때문이다. Clemnts, *Isaiah 1-39*, 257.

134) Kaiser, 『이사야』 (2), 420.

135) Wolf, *Interpreting Isaiah*, 158. 영은 "보호하다"(עָפוֹת)라는 여성형 동사를 사용하고 있는 점에 주목하고, 이것이 새끼 새에 대한 어미 새의 모성애를 지시하는 것으로 본다. Young, *The Book of Isaiah*, vol. 2, 378.

본문의 일부가 생략된 것으로 보거나, 새의 비유를 날아가는 새처럼 이방 민족들이 흩어질 것으로 해석하려는 경우가 그렇다.136) 그럼에도 카이저는 5절을 "새들이 둥지 위에서 여기저기 날아다니면서 새끼를 지키듯이, 야훼도 그렇게 시온을 보호하실 것이다"라고 주석함으로써 본문의 표현에 대해 보다 적극적인 입장을 취한다.137) 카이저는 또한 4, 5절에서 이사야가 잘 사용하지 않는 "야훼"(יהוה) 칭호가 등장하는 것에 주목한다. 즉 본문은 하늘과 땅의 모든 세력을 다스리는 주이심을 나타내는 야훼 칭호를 선택함으로써 하나님이 장차 그의 도성에서 이룩할 구원행위에 대한 확신을 불러일으키고 있다는 것이다.138)

이러한 구원에 대한 확신은 5절의 "예루살렘을…넘어와서 구원하리라"는 어구에서 더욱 강조된다고 할 수 있다. 여기에 사용된 "넘어와서"(פסח)라는 동사는 구약에서 오직 이곳과 출애굽기 12장의 유월절 기사에서만 발견된다.139) 본문은 이 용어를 통해 이스라엘 민족사에 자리잡고 있는 애굽의 의미를 유다 백성에게 다시 한 번 상기시켜 주는 동시에,140) 출애굽 사건을 통해 나타난 하나님의 위대한 구원 사역을 새롭게 회상하게 만든다. 이렇게 해서 본문은 사자가 자기 전리품을 절대로 양보하지 않고 굳게 지키듯, 또 어미새가 외적의 위협으로부터 새끼들을 보호하듯 그렇게 야훼께서 예루살렘-시온을 철저히 보호하고 지키신다는 사실을, 하늘과 땅의 주관자이신 야훼 칭호와 이스라엘인이라면 결코 잊을 수 없는 의미심장한 유월절 용어를 곁들여 사용함으로써 강조하고 있는 것이다.141)

---

136) 참조, Kaiser, 『이사야』 (2), 421.
137) Ibid. 오스왈트도 이 같은 입장에 동의한다. Oswalt, *Isaiah 1-39*, 574.
138) Kaiser, 『이사야』 (2), 421-22.
139) Scott, "Isaiah", 340.
140) Wolf, *Interpreting Isaiah*, 158.
141) 에드워드 영은 이 구절의 기본적인 사상은 보호인 바, 이것이 완료형 정동사로 표현되고 있음을 지적한다. 그리고 그 개념이 두 개의 부정동사 절대형에 의해 강조되며, 이들 각각의 동사는 그 의미를 완성시키고 충족시키기 위해 연계형 접속사(*waw consecutive*)를 가진 완료 동사를 동반한다고 설명한다. 예컨대 절대형 부정사 ("건지다")는 완료 연계형 접속사를 동반하는데, 이는 흔히 미래의 의미로 간주된다.

그럴진대 유다가 어떻게 하나님을 거역하고 애굽으로부터 또는 우상으로부터 도움을 바랄 수 있겠는가? 여기에 6절이 말하고자 하는 의도가 분명히 드러난다. 즉 유다로 하여금 각성하고 회개하여 하나님에 대한 반역을 그치도록 촉구하려는 것이다.142)

7절은 유다인들이 그들의 우상을 포기할 때를 예고한다. 그렇지만 하나님의 심판이 임하기 전에 그들이 주님께 돌아올 것을 촉구한다.

8, 9절은 앗수르의 멸망 모습을 묘사한다. 앗수르를 멸망시킬 칼은 하나님의 천사의 것이다. 이사야 37:36은 천사가 185,000명의 앗수르 병사들을 하루 밤에 쳐죽인 장면을 보도한다. 마병을 거느린 애굽인들이 아니라 하나님이 앗수르를 패망시키실 것이다(참조, 3절). 실제로 612년에 앗수르의 요새가 무너지고, 메대와 바벨론에게 니느웨가 함락 당함으로 앗수르의 콧대 높은 전사들이 수치를 당해야 했다.

9절에 언급된 시온과 예루살렘에 있는 "불"과 "풀무"는 30:33의 "도벳"을 염두에 둔 표현으로 보인다.143) 즉 맞아 죽은 자들이 큰 장작더미 위에서 불태워지는 장면을 연상하면서 하나님의 심판이 임할 때 앗수르의 운명이 이와 같을 것임을 보여주기 위한 것으로 이해할 수 있다.144) 그러므로 앗수르가 유다의 수도를 정복하려고 시도할지라도 그들은 실패하고 하나님의 불 심판을 만나게 될 뿐인 것이다.145)

이상에서 드러난 것처럼 이사야 31:4-9은 시온이 하나님의 절대적인 보호를 받는 특별한 성읍임을 되풀이 강조하고 있다.

Young, *The Book of Isaiah*, vol. 2, 378, n. 7.
  142) 참조, Wolf, *Interpreting Isaiah*, 158.
  143) Ibid., 159.
  144) Kaiser, 『이사야』(2), 422. 스코트는 "불"과 "풀무"가 시온 성소의 거룩성과 소각성을 나타내는 것으로 풀이한다. Scott, "Isaiah 1-39", 341.
  145) 마틴은 약간 다르게 "불"을 심판의 관점이 아니라 구원의 관점에서 이해한다. 그의 해석에 따르면, "불"은 번제의 불을 가리키고, 하나님이 시온을 보호하심으로 제단의 불이 꺼지지 않고 계속해서 타오를 것임을 뜻한다. Martin, 『이사야』, 129.

4. 야훼의 최후 승리와 통치권 행사의 장소: 이사야 24:21-23

²¹그날에 여호와께서
  높은 데서 높은 군대를 벌하시며
  땅에서 땅의 왕들을 벌하시리니,
²²그들이 죄수가 깊은 옥에 모임같이
  모음을 입고 옥에 갇혔다가
  여러 날 후에 형벌을 받을 것이라.
²³그때에 달이 무색하고 해가 부끄러워하리니
  이는 만군의 여호와께서 시온 산과 예루살렘에서
  왕이 되시고,
  그 장로들 앞에서
  영광을 나타내실 것임이니라.

(1) 이사야 24-27장의 문학적 배경

이사야 24-27장은 흔히 "이사야의 묵시록"이라고 지칭되며, 특히 이방 나라들에 대한 신탁의 대단원으로 간주되는 부분이다. 이들 네 장은 야훼께서 시온 산에 자신의 통치를 시작하시기 전에 세상에 임할 마지막 심판을 예견한다. 이 장들에 나타난 중요한 요소들은 분명히 묵시적이다. 요한계시록에 뚜렷이 나타나 있는 것처럼 마지막 날들과 하나님의 능력과 사단의 세력 간의 이원론적 투쟁이 여기에서도 강조되고 있기 때문이다.[146] 또한 24-27장에 반복해서 등장하는[147] "그날에"라는 어구가 이 장들의 종말론적 성격을 말해준다. 내용상으로 예언자 당대의 것으로 여겨지는 명백한 사건은 포함하지 않고 있다. 이사야 25:6-8은 영원한 상태의 축복을 기대한다.[148]

---

146) Wolf, *Interpreting Isaiah*, 137.
147) 사 24:21; 25:9; 26:1; 27:1, 2, 12, 13.
148) 계 7:17; 21:4. 참조.

하나님과 악의 세력 간의 전쟁이 24:1과 27:1에서 언급되며, 뒷구절에서는 리워야단이 사단의 상징으로 나타난다. 묵시문학의 일반적인 양상은 동물들이 상징적으로 사용되고 있다는 것이다.[149]

이사야 24-27장이 이와 같이 묵시문학적인 요소를 많이 지니고 있음에도 불구하고, 이 단락이 묵시적이라기보다는 사실상 종말론적이라는 견해가 우세하다.[150] 이는 관심의 초점이 시간 밖이 아니라 시간 안의 승리에 있기 때문이다. 또한 묵시문학에서 흔히 발견되는 난해하고 수비학적인 표상도 나타나지 않는다. 오스왈트에 따르면, 오히려 예언은 13-23장의 특수한 진술에서부터 지상에서의 하나님의 통치권에 대한 보다 광범위하고 일반화된 진술로 옮겨가고 있다.[151]

이사야 24-27장이 지닌 문제에 관하여는 학자들간에 많은 논의가 있어 왔다. 우선 문학 유형에 관하여 8세기 이사야에 의해 저작된 예언자의 심판 문학, 포로기 이후 묵시문학, 예언자의 종말론 그리고 최근에 대두된 초기의 묵시문학 등에 이르기까지 다양한 의견이 제시되고 있다.[152] 그리고 저작 연대에 관해서도 BC 8세기에서 2세기에 이르기까지 폭 넓은 편차를 보인다. 가령 플뢰거는 이른바 이사야 묵시록이 다니엘서와 유사한 성격을 지닌 것으로 간주하고 이것의 핵심 부분이 BC 200년 이전 후기 프톨레마이어스 시대에 형성된 것으로 결론짓는다.[153] 카이저는 BC 587년 예루살렘에 일어난 파국이 24-27장의 뼈대를 이루고 있으며, 이 단락의 형성 시기는 포로기 이후 늦게나 헬레니즘 초기에 작성되었을 것으로 추정한다.[154]

근자에 와서는 후기 연대에서 보다 초기로 옮겨가는 경향을 보인다. 즉

---

149) 단 7장. 참조.
150) 예컨대, G. W. Anderson, "Isaiah XXIV-XXVII Reconsidered", *VTS* 9 (1963): 123.
151) Oswalt, *Isaiah 1-39*, 440.
152) 여기에 관한 자세한 내용은 W. R. Millar, *Isaiah 24-27 and the Origin of Apocalyptic* (Missoula: Scholars, 1976), 1-22를 보라.
153) O. Plöger, *Theocracy and Eschatology*, trans. S. Rudman (Richmond: John Knox Press, 1968), 77.
154) Kaiser, 『이사야』 (2), 241-42.

포로 후기에서 포로기 초엽, 즉 6-5세기로 보려는 비평적 학자들이 증가하고 있다. 예컨대 앤더슨은 이 단락의 형성 배후에는 485년에 있었던 크세르크세스(Xerxes)의 바벨론 함락을 반영하고 있다고 본다.155) 밀라는 6세기 설을 취하면서 이 단락의 초기 작품은 예루살렘이 멸망한 BC 587년에 근접한다고 주장한다. 그리고 이 단락의 저자는 이스라엘의 재건에 대한 이상을 공유하던 이사야의 제자일 것으로 생각한다.156)

복음주의 학자들은 이사야 24-27장이 8세기 이사야의 저작이라는 확신에 변함이 없다. 8세기설을 주장하는 학자들로는 이튼,157) 카우프만,158) 영159) 이 있고, 최근에는 헤이즈-어빈 등이 이를 지지하고 있다. 헤이즈-어빈은 이 본문이 앗수르의 통치로부터의 해방과 앗수르 요새의 파괴를 기념하는 모종의 축제에 사용하기 위해 이사야가 구성한 것으로 믿는다.160)

이사야 24-27장의 구조에 관해서도 학자들의 견해가 엇갈린다. 이 단락의 통일성을 부인하는 둠은 그 구조를 ① 종말론적 예언 및 묵시록, ② 특정한 도시의 파괴에 관한 노래로 분석한 바 있다.161) 한편 린드블롬은 이사야 24-27장이 적의 도성이 파괴된 것을 축하하기 위해 유대인 공동체가 교창으로 불렀던 "칸타타"의 일종으로 간주하였다.162)

빌드버거는 현재의 본문 배후에 확장된 전 역사 즉 "성장 과정"(Wachstumsprozess)이 있었다고 본다.163) 그는 구성의 제1단계가 24: 1-

---

155) Anderson, "Isaiah XXIV-XXVII Reconsidered", 125.
156) Millar, *Isaiah 24-27 and the Origin of Apocalyptic*, 115.
157) J. H. Eaton, "The Origin of the Book of Isaiah", *VT* 9 (1959): 150-51.
158) Yehzkel Kaufmann, *The Religion of Israel*, trans. Moshe Greenberg (New York: Schocken Books, 1972), 384-85.
159) Young, *The Book of Isaiah*, vol. 2, 243-44.
160) Hayes & Irvine, *Isaiah*, 295.
161) B. Duhm, *Das Buch Jesaja*, HKAT, III, 1, 4th ed. (Güittingen: Vandenhoeck und Ruprecht, 1922), 172.
162) Lindblom, *Die Jesaja-Apokalypse*, *Jes. 24-27*, 69.
163) H. Wildberger, *Jesaja*, BKAT 10/2 (Neukirchen-Vluyn: Neukirchener Verlag, 1978), 896-905.

6, 14-20; 26:7-21이고, 다음 단계로는 세 차례에 걸쳐 7-9, 10-12, 13절이 24:1-6에 첨가되었다고 본다. 그리고 이 "기본층"(Grundschicht)에 종말론적 구절들인 24:21-23; 25:6-8, 9-10a이, 그 후에 도시의 파괴에 대한 노래들(25:1-5; 26:1-6)이 첨가되었다고 본다. 그리고 최종적으로 27장을 구성한 여러 종말론적 단편들(27:1, 2-5, 6-11, 12, 13)이 첨가되었다고 주장한다.164)

존슨은 그러나 빌드버거의 이른바 "성장 과정" 가설에 몇 가지 문제점을 발견한다. 첫째는 단위의 세분, 그 단위들이 첨가된 순서, 그리고 특별한 첨가의 배후에 자리잡은 동기에 관해 학자들의 견해가 일치하지 않는다는 점, 둘째는 빌드버거와 다른 학자들이 주장하듯 이 장들이 거쳐온 일관성 없고 불규칙한 성장 과정이 이토록 잘 짜여진 구조를 산출해냈다고 생각하기란 불가능하다는 점을 든다.165)

이사야 24-27장의 전역사에 관한 학자들의 다양한 견해에도 불구하고, 존슨이 적절히 지적한 것처럼 이 본문의 현재의 정경적인 형태에 관한 한 통일성에 이의를 제기하기란 어렵다 하겠다.166)

(2) 이사야 24:21-23의 구조와 문학적 성격

이사야 24:21-23이 하나의 단락을 이룬다는 점에 대해서는 학자들의 의견이 대체로 일치한다. 이 단락은 야훼께서 시온 산, 곧 예루살렘에서 통치하신다는 언급과 함께 최고조에 이른다. 그리하여 25:1-5에서 새로운 단락이 시작되는 것이다.

이 문단의 기원에 관해서도 학자들의 의견이 다양하게 제기되고 있다. 플뢰거는 이 단락이 후대에 추가된 "독립적인 첨가구"로 규정한다.167) 그러나 전체 이야기의 흐름에서 볼 때, 원수의 세력이 예루살렘을 파괴하고 야

---

164) Ibid., 904.
165) Dan G. Johnson, *From Chaos to Restoration: An Integration Reading of Isaiah 24-27*, JSOTS 61 (Sheffield: JSOT Press, 1988), 15.
166) Ibid.
167) Plöger, *Theocracy and Eschatology*, 59.

훼를 그의 성읍에서 축출함으로써 세상을 혼동 상태로 몰아가지만, 야훼께서 다시 원수의 세력을 쳐부수고 자신이 택한 성읍으로 돌아와 통치하신다는 식의 묘사는 특히 고대 근동의 세계관에 비추어 적절하고 자연스런 연결이라 할 수 있다. 따라서 24:21-23을 앞 단락과 분리하여 독립된 첨가구로 단정하여야 할 근거가 그만큼 좁아진다고 하겠다.168) 빌드버거는 "그날에…하리라"(ויהי ביום ההוא)라는 공식구가 흔히 후대의 자료를 첨부하는 데 사용된 것으로 이해되어 왔다는 점을 들어 후대 삽입으로 간주한다.169) 이 점에 대해 카이저도 같은 입장을 취한다.170)

존슨은 이러한 후대 첨가설에 동의하지 않지만, 이 단락에서 발견되는 두 가지 문제점을 지적한다. 첫째는 24:1-20에서 예외 없이 16회나 등장하는 "땅"(ארץ)이 이 단락에 와서 갑자기 האדמה로 바뀌고 있다는 점, 둘째는 땅에 대한 강조에서 다른 천체에 대한 강조로 급전한다는 점이 그것이다.171) 그러나 존슨에 따르면, 첫째 문제는 저자가 다른 자료에서 빌려온 때문에 발생한 것이고, 두번째 문제는 이른바 "혼돈과의 투쟁"(Chaoskampf)을 묘사하는 신화론적인 형태에 영향을 받은 때문으로 풀이된다.172) 존슨은 따라서 이 단락이 저자가 보다 고대의 자료집에서 빌려와 손질한 다음, 야훼의 승리와 그의 백성의 구원을 선포하는 내용을 소개하는 데 사용한 것으로 결론짓는다.173)

밀라는 이사야 24-27장을 "신적 전사의 노래"(Divine Warrior Hymn)로 명명하고 이 부분을 모두 여섯 개의 단락으로 구분한다. 그리고 그는 가나안 신화에 반복적으로 발견되는 위협, 전쟁, 승리, 축연이라는 네 개의

---

168) 참조, Johnson, *From Chaos to Restoration*, 53.
169) Wildberger, *Jesaja*, 898.
170) 이사야 24-27장을 몇 개의 전승층의 산물로 보는 카이저는 24:21-23과 25:6-8, 그리고 25:9-10a를 보다 진보된 형태의 묵시문학적 사변들을 반영하는 세번째 전승층으로 간주한다. Kaiser, 『이사야』 (2), 248, 266.
171) Johnson, *From Chaos to Restoration*, 53-54.
172) Ibid.
173) Ibid.

우주적 전사 주제를 기본 틀로 삼아 각 단락의 구조를 분석한다.[174] 실제로 여기에는 위대한 우주의 전사인 야훼가 하늘의 신들과 땅의 왕들을 대적하여 전쟁을 수행하는 모습이 묘사되고 있다. 그러나 이른바 '우주적 전사' 주제를 이사야 24-27장의 모든 단락에 예외 없이 적용시키는 것이 과연 가능한지 여부와 가나안 신화의 요소가 히브리 사상과 후기 종말론적 예언에 영향을 미쳤다면 그 증거가 분명한지에 대해서는 앞으로 더 논의되어야 할 과제로 남는다.[175]

이 본문의 또 다른 특징은 어떤 특정한 역사적 배경과의 관련성이 전혀 암시되지 않으며, 또한 이러한 종말론적 사건이 정확히 언제 발생할 것인지를 지시하지 않는다는 점이다. 다만 역사의 한 국면이 종식되고 전혀 새로운 시대가 시작되리라는 것만 나타날 뿐이다.[176]

(3) 본문의 주석적, 신학적 해석

21절의 "그날에"(ביום ההוא)라는 어구는 모든 역사가 한 점으로 수렴될 것이라는 예언자의 신념을 반영한다. 그때 의로운 자들이 상급을 받고 악인들은 징벌을 받을 것이다.[177] "높은 군대"(צבא המרום)라는 표현은 별을 가리키거나 만신전의 신들을 가리킬 때 사용되는 말이다. 일부 학자들은 "군대"가 별이나 천체 숭배와 관련된 표현으로 생각한다.[178] 그런가 하면 이것이 단순히 다른 이교 신들을 가리키는 말로 이해되기도 한다.[179] 이러한 이해를 종합하면, 이 어구는 하늘의 별이든 땅의 왕이든 모든 적대 세력에 대한 하나님의 추상 같은 적의를 표현하기 위해 사용된 것으로 볼 수 있

---

174) Millar, *Isaiah 24-27 and the Origin of Apocalyptic*, 65. 밀라의 분석에 따르면 24:21-23이 속한 24:16b-25:9 단락의 구조는 다음과 같다. 위협 24:16b-18b; 전쟁 24:18c-23; 승리 25:1-4c; 축연 25:6-8.

175) 여기에 대한 평가는 John N. Oswalt, "Recent Studies in the Old Testament Eschatology and Apocalyptic", *JETS* 24 (1981): 297-98을 보라.

176) Clements, *Isaiah 1-39*, 205.

177) Oswalt, *Isaiah 1-39*, 454.

178) 신 4:19; 17:3; 왕하 17:16; 23:11-14; 렘 19:13; 시 33:6; 사 40:26. 참조.

179) 예컨대, Johnson, *From Chaos to Restoration*, 55.

다.180)

또 여기에서 야훼는 "높은 군대"와 "땅의 왕들"에 대한 사법적 권능을 행사하시는 것으로 묘사된다. 이 재판의 이유는 명시적으로 언급되지 않지만 모종의 악행이나 권력 남용 때문에 천적인 존재들과 지상의 왕들이 징벌 받는 것이 분명하다.181)

22절의 "여러 날 후에"(ומרב ימים)는 난해한 어구이다. 칼빈은 이것을 영적으로 해석하여, "그것은 경건한 자들의 믿음을 시험하기 위한 의도가 있다. 왜냐하면 우리는 조급하게 바라며, 하나님이 자신의 약속들을 즉각 이행하시기를 원하기 때문이다"라고 주석한다.182) 존슨은 이 어구가 두 가지 기능을 지닌 것으로 본다. ① 대적들의 세력을 뒤엎는 야훼의 권능에 대한 긴장감을 고조시키기 위한 문학적인 기법, ② 기다림의 기간이 아직 끝나지 않았다는 것을 독자들에게 주지시키기 위한 의도.183) 존슨의 설명에 따르면, 비록 야훼의 승리가 지금 선포되었지만, 구원의 현실은 아직 효력을 나타내지 않고 있다. 때문에 뒷 자료에서 믿음에 대한 강조가 나타난다.184) 이와 같이 저자는 야훼의 승리를 독자들에게 확신시키는 한편, ימים ומרב라는 어구를 사용함으로써 그 승리가 그들이 원하는 만큼 빨리 도래하지 않을 수 있음을 주지시키고 있다.185)

23절은 야훼의 영광이 완전히 드러날 때 세상에 알려진 가장 밝은 천체들, 곧 해와 달도 그 빛이 퇴색함으로 인해 수치를 당할 것임을 노래한다.186) 이때 야훼는 마침내 시온 산을 자신의 대권 행사의 장소로 삼으시고

---

180) Oswalt, *Isaiah 1-39*, 455.

181) Catherine L. Nakamura, *Monarch, Mountain, and Meal: The Eschatological Banquet of Isaiah 24:21-23; 25:6-10a* (Ph.D. dissertation, Princeton Theological Seminary, 1992), 161.

182) John Calvin, *Commentary on the Book of the Prophet Isaiah*, trans. William Pringle (Grand Rapids: Baker Book House, reprint, 1989), 186.

183) Johnson, *From Chaos to Restoration*, 56.

184) 사 25:9; 26:3, 4.

185) Johnson, *From Chaos to Restoration*, 56.

186) 해와 달은 고대 세계에서 중요한 신으로 인식되어 왔다. 그러나 대다수 주석가들

그곳에서 우주적인 통치를 시작하신다. 빛난 광채로 휩싸인 야훼가 장로들 앞에 나타나시는 광경은 출애굽 당시 시내 산에서 계약을 체결할 때 빛으로 둘러싸인 모습으로 이스라엘의 장로들 앞에 스스로를 계시하시던 장면을 떠올리게 한다.187) 즉 본문은 야훼께서 이스라엘 나라의 기초를 놓으실 때와 마찬가지로, 이제 그 나라를 다시 개방하실 마지막 때에 장로들에게 자신의 영광을 드러내실 것임을 말해 준다.188) 또 여기에는 시온이야 말로 계약이 지시한 모든 것이 성취되는 마지막 지점이라는 예언자의 시온관이 뚜렷이 반영되고 있다.189)

이와 같이 이 본문의 요지는 야훼께서 현현하시는 날에 그가 자신을 대적하는 모든 세력을 파멸시키고, 시온 산을 자신의 대권 행사의 중심지로 삼고 왕적 통치를 시작하시리라는 것으로 압축된다.

5. 심판과 구원의 도성: 이사야 29:1-8

¹슬프다, 아리엘이여, 아리엘이여,
 다윗의 진 친 성읍이여,
 연부연 절기가 돌아오려니와,
²내가 필경 너 아리엘을 괴롭게 하리니,
 네가 슬퍼하고 애곡하며
 내게 아리엘과 같이 되리라.
³내가 사면으로 둘러 진을 치며,

은 이 구절을 21절에 나타난 신들의 파멸과 무관한 것으로 이해하고, 다만 이것은 야훼의 "영광"(כבוד)의 광채를 돋보이게 하기 위한 반사경 역할에 지나지 않는다고 주장한다. Delitzsch, *The Book of Isaiah*, vol. 1, 435; Kaiser, 『이사야』(2), 269.
  187) 출 24:9-10. 참조.
  188) Clements, *Isaiah 1-39*, 206.
  189) J. Alec Motyer, *The Prophecy of Isaiah: An Introduction and Commentary* (Downers Grover: Inter-Varsity Press, 1993), 207; Herbert, *Isaiah, Chapters 1-39*, 151.

군대로 너를 에우며
대를 쌓아 너를 치리니,
4네가 낮아져서 땅에서 말하며,
네 말소리가 나직히 티끌에서 날 것이라.
네 목소리가 신접한 자의 목소리 같이 땅에서 나며,
네 말소리가 티끌에서 지껄거리리라.
5그럴지라도 네 대적의 무리는 세미한 티끌 같겠고,
강포한 자의 무리는 불려가는 겨 같으리니,
그 일이 경각간에 갑자기 이룰 것이라.
6만군의 여호와께서
벽력과 지진과 큰 소리와 회리바람과 폭풍과 맹렬한 불꽃으로
그들을 징벌하실 것인즉,
7아리엘을 치는 열방의 무리,
곧 아리엘과 그 보장을 쳐서 곤고케 하는 모든 자는
꿈같이, 밤의 환상같이 되리니,
8주린 자가 꿈에 먹었을지라도
깨면 그 속은 여전히 비고,
목마른 자가 꿈에 마셨을지라도
깨면 곤비하며 그 속에 갈증이 있는 것같이,
시온 산을 치는 열방의 무리가 그와 같으리라.

(1) 본문의 구조와 문학적 성격

시문으로 이루어진 이사야 29:1-8은 각 10행씩 세 연으로 나누는 것이 좋다. 1-3절, 4-6절, 7-8절이 운률은 다르지만 각기 단일한 형태의 작품을 구성하고 있기 때문이다.[190] 이 본문의 문학 양식은 "슬프다"(הוֹי)로 시작하는 1절 서두만 두고 판단한다면 '위협 선언'으로 규정할 수 있다. 그러나 내용에 있어서는 7절에 가서 구원의 묘사로 바뀐다. 이런 이유 때문에 카이저는 이 본문이 총체적으로 이방 민족들로부터 시온의 구원을 노래하는 '구

---

190) Kaiser, 『이사야』 (2), 354.

원 고지'로 규정한다.[191]

본문의 역사적 배경에 관하여는 학자들의 견해가 다양하다. 다수의 학자들은 이 본문에 묘사된 위협을 예루살렘이 경험한 특정 사건과 관련시킨다. 헤이즈-어빈은 BC 726년에 살만에셀이 시리아-팔레스타인으로부터 철수하여 앗수르로 회군한 사건이 본문의 배경이 된다고 생각한다.[192]

다른 한편으로 BC 701년의 예루살렘 포위와 관련시키는 학자들도 많다. 예컨대 라이트,[193] 스코트,[194] 모타이어,[195] 클레멘츠,[196] 스테이시[197] 등이 그렇게 주장한다. 라이트는 1-4절은 BC 705-701년 사이의 사건과 관련되고, 5-8절은 BC 609년경 앗수르 군대가 예루살렘을 포위한 상황을 반영한다고 본다.[198]

클레멘츠도 1-4절을 이사야의 것으로 돌리고, 그 연대는 705-701년 사이, 구체적으로는 앗수르군이 예루살렘을 포위한 시기와 그리 멀지 않은 시점으로 단정한다. 그러나 5-8절에 관해서는 이것이 요시야 통치 기간(BC 640-609년)에 이사야의 예언에 기초하여 편집자에 의해 첨가된 것으로 본다.

클레멘츠에 따르면, 이러한 편집의 목적은 701년에 있은 산헤립의 예루살렘 점령 실패를 예루살렘과 유다와 다윗 왕조를 위한 야훼의 승리로 해석하기 위함이었다. 그리고 후대의 편집적 첨가는 701년에 발생한 사건의 해석에서부터 시온 산의 불가침성에 대한 보다 폭 넓은 주제를 발전시켰다고

---

191) Ibid., 355. 카이저는 이 단락의 표제를 "시온의 곤궁과 구원"으로 명명한다. 스코트도 비슷하게 "아리엘의 고난과 구원"이라는 표제를 붙인다. Scott, "Isaiah 1-39", 322.
192) Hayes-Irvine, Isaiah, 332-33.
193) Wright, 『이사야』, 100.
194) Scott, "Isaiah 1-39", 322.
195) Motyer, The Prophecy of Isaiah, 237.
196) Clements, Isaiah 1-39, 234.
197) David Stacey, Isaiah, Chapters 1-39 (London: Epworth Press, 1993), 176-77.
198) Wright, 『이사야』, 100.

한다.199) 스테이시의 경우는 본문이 산헤립의 포위 직전의 상황을 반영하고, 701년 이전에 말해진 예루살렘의 포위 부분과 훨씬 뒤에 말해진 구원 예언이 한 사람의 편집자에 의해 결합된 것으로 추정한다.200)

그러나 에드워드 영은 이 본문이 느부갓네살의 공격과 같은 예루살렘에 대한 어떤 특정한 공격을 말하는 것이 아니고, 단순히 예루살렘이 적들의 손에 의해 겪게 될 고통을 은유적으로 묘사하는 것뿐이라고 이해한다. 그리고 이것은 29장 후반부에 언급된 고통들이 영적인 성격을 지니고 있다는 사실로 입증된다고 한다.201) 카이저 역시 이 본문이 역사성 없는 구원의 표상을 다루고 있기 때문에 여기에서 어떤 역사적 정황도 찾아낼 수 없다고 보는 점에서 영과 비슷한 입장을 취한다.202)

와츠는 본문이 시온의 제왕축제 표상에서 특징적으로 나타나는 "열방의 무리"(המון כל-הגוים)에 의한 예루살렘 성벽의 포위를 묘사하는 형태를 취함으로써 그 구조가 전체적으로 아치형을 이루는 것으로 본다. 그리고 이것은 "아리엘" 주제(1, 2, 3절), "포위"(2, 7, 8절)와 "열방"(5, 7, 8절) 주제에 의해 뒷받침된다고 한다.203) 와츠에 따르면 이 본문이 보여주는 아치형의 구조는 다음과 같다.204)

---

199) Clements, *Isaiah 1-39*, 235
200) Stacey, *Isaiah, Chapters 1-39*, 177. 이와 함께 스테이시는 포위의 예언은 이사야의 것이나 구원의 예언은 후대 편집자의 것일 가능성을 배제하지 않는다. 즉 701년에 있은 예루살렘의 구출이 야훼께서 자신의 성읍을 항상 방어하시리라는 신념을 고양시켰고, 백 년 뒤의 편집자가 균형된 신탁을 제공하고 이 신념을 강조하기 위해 두번째 예언을 첨가했으리라는 것이다.
201) Young, *The Book of Isaiah*, vol. 2, 310. 영의 이 같은 입장은 이미 알렉산더에 의해 제기된 바 있다. Joseph A. Alexander, *Commentary on the Prophecies of Isaiah*, vol. 1 (Grand Rapids: Wm. B. Eerdmans, reprint, 1953), 461.
202) Kaiser, 『이사야』 (2), 357.
203) Watts, *Isaiah 1-33*, 380.
204) Ibid., 380-81.

A 축제를 열자(1절).
  B 내가 아리엘을 괴롭게 하겠다(2-3절).
    C 네가 낮아질 것이다(4절).
『쐐깃돌』네 대적의 무리가 세미한 티끌 같을 것이다(5절).
    C' 야훼께서 아리엘의 운명을 결정하실 것이다(6절).
  B' 아리엘을 치는 열방의 무리가 꿈같이 될 것이다(7절).
A' 열방의 무리가 그와 같으리라(8절).

열방과 시온의 관계를 묘사하는 일반적인 양식은 열방이 공격해 들어오면 야훼가 시온의 편에 서서 방어해 주신다는 것이다. 그러나 여기에서는 상황이 바뀌고 있다. 즉 야훼께서 그 성읍을 포위 당하게 하시고 자신을 포위된 백성들과 동일시하신다. 와츠는 이것을 고대의 축제 제의에서 왕의 비하에 상응하는 민족투쟁(Völkerkampf) 유형의 문학적 도치 기법으로 설명한다. 이렇게 볼 때 본문은 죽음의 종착점에 이르는 성읍의 제의적 비하를 묘사한다는 것이다.205)

(2) 본문의 주석적, 신학적 해석

1절의 "슬프다 아리엘이여"는 하나님을 의뢰하기보다 제의에 의존하여 구원받고자 하는 예루살렘에 대한 경고의 표현이다.206) "아리엘"은 본문에서 평행구인 "다윗의 진 친 성읍"이란 말로 설명이 되는데, 따라서 이것은 예루살렘을 가리킨다는 것이 분명해진다. "아리엘"(אריאל)의 정확한 의미에 대해서는 기본적으로 세 가지 해석이 있다.207) ① "살렘의 성읍"(예루살렘)을 뜻하는 우루살리마(urusalima)에서 파생된 변형으로서 "엘의 성읍"을 뜻하는 우루엘(uruel)로 이해하는 것이다. 그러나 '우루'(uru-)에서 '아리'(ari-)로의 변형을 언어학적으로 쉽게 설명할 수 없다는 어려움이 있다.

---

205) Ibid., 381.
206) Oswalt, *Isaiah, Chapters 1-39*, 526.
207) Ibid.

② "하나님의 사자"를 뜻한다는 해석이다. 이는 유다를 사자(창 49:9), 사자 보좌(왕상 10:19, 20), 그리고 삼키는 사자(사 31:4; 삼하 23:20; 대상 11:22 참조) 등으로 비유한다는 점에서 지지를 받는다. 그러나 앞 뒤 문맥에서 이 같은 해석을 지지할 만한 근거가 발견되지 않는다는 문제점이 있다. ③ "번제단"으로 해석하는 입장이다.[208] 이것은 근자에 다수 학자들의 지지를 받고 있는 해석이다. 그 근거는 이것이 1절의 "절기"와 일치하고, 나아가 2절 마지막 대목의 의미를 설명해 주기 때문이다.[209] 번제단의 불을 앞에 두고 산다는 것은 시온의 특권인(시 38:3 이하) 동시에 위험이었다(사 33:14). 이는 마치 번제단의 불이 죄인들에게 위험한 대상이면서(사 6:4) 동시에 그들을 구원하는 수단인 것과도 같았다(사 6:6-7). 또한 그것은 야훼의 내적 임재의 외적이며 가시적인 증표였다.[210] 예루살렘은 자신이 하나님의 제단 숯불인 것, 곧 하나님을 기쁘시게 하는 유일한 제사의 중심인 것을 자랑스러워 했다. 그러나 실제로 하나님 자신은 그것을 전혀 기뻐하시지 않았다.[211]

"다윗이 진 친 성읍"이란 예루살렘과 다윗의 밀접한 관계를 강조하는 표현이다. 그러나 이 말은 다윗과의 관련이 예루살렘의 운명을 자동적으로 보증해 주는 것은 아님을 암시한다. 이것은 2절에 뚜렷이 나타나고 있다. 즉 "번제단"에 대한 하나님의 대응은 그것을 적군의 손에 포위당하게 하는 것이었다. 여기에서 예루살렘을 괴롭히는 적이 누구인지 구체적으로 명시되지는 않으나 앗수르를 가리키는 것이 분명하다.[212] "내게 아리엘같이 되리라"는 표현은 이스라엘 국가가 희생 제물이 될 때에 예루살렘은 그것을 태우는

---

208) 겔 43:15. 카이저는 아리엘이 번제단을 뜻한다고 보면서도 실제로 예루살렘이 이 이름으로 지칭되었는지에 대해서는 의문을 표한다. Kaiser, 『이사야』 (2), 358.
209) 그러나 여기에 대해 영은 "아리엘"은 예루살렘을 가리키는 상징적인 이름에 불과하고 그 의미를 정확히 찾아내기란 불가능하다고 주장한다. Young, *The Book of Isaiah*, vol. 1, 305.
210) Motyer, *The Prophecy of Isaiah*, 237.
211) Ibid.
212) Martin, 『이사야』, 121.

번제단이 될 것이라는 뜻이다.213) 또는 마틴의 주석처럼 "예루살렘이 비록 하나님 앞에서 절기를 지키는 곳이지만(사 29:1), 이 성읍은 점령되고 싸움과 피흘림이 이 성읍을 제단 숯불로 바꾸어 놓은 것이다."214)

3절의 "내가…진을 치며…너를 치리니"란 표현은 다윗이 예루살렘을 방어하기 위해 그 성읍 안에 진을 쳤지만 이제 야훼께서는 예루살렘을 대적하기 위해 앗수르의 군대를 사용하여 진을 치실 것을 말한다. 실제로 앗수르의 군대가 예루살렘 성벽을 공격하기 위해 바퀴 달린 거대한 탑을 사용한 장면이 그들이 남긴 부조들에 새겨져 있다. "사면으로 둘러"(כדור)는 칠십인역에는 "다윗 처럼"(ὡς Δαυιδ= כדוד)으로 읽는다. 스코트는 1절에 비추어 칠십인역의 독법이 옳다고 본다.215) 그러나 시리아 역과 불가타 역은 맛소라의 독법을 지지한다. 이는 명백한 오류가 발견되지 않는 한 굳이 맛소라 본문을 수정할 필요가 없음을 말해 준다. 그리고 "에우며"(צרתי)라는 단어는 야생 동물을 사냥하기 위해 포위할 때 사용하는 말로 이해할 수 있다. 와츠는 이와 관련하여 아리엘을 신적 사냥꾼에게 포위 당한 "하나님의 사자"(lion of God)로 해석한다.216)

4절의 "네가 낮아져서…"라는 표현은 폭군의 발에 목이 짓눌린 채 얼굴을 땅에 대고 엎드린 포로의 형상을 묘사한다.217) 카이저는 이 표현을 "땅바닥에 꿇어앉아 승리자들에게 자비를 베풀어 줄 것을 애걸하는 사람에 대한 표상"으로 설명한다.218) 그리고 "땅"(ארץ)과 "티끌"(עפר)은 죽음을 가리키는 것으로 이해된다.219) 따라서 이 두 표상은 하나님이 적군을 소집하여 포위케 함으로써 극심한 곤궁에 빠진 예루살렘이 하나님의 구원을 간청

---

213) Oswalt, *Isaiah, Chapters 1-39*, 527.
214) Martin, 『이사야』, 121.
215) Scott, "Isaiah 1-39", 323; 참조. Wright, 『이사야』, 100.
216) Watts, *Isaiah 1-39*, 382.
217) Oswalt, *Isaiah, Chapters 1-39*, 528.
218) Kaiser, 『이사야』 (2), 359.
219) Oswalt, *Isaiah, Chapters 1-39*, 528; M. Ottoson, "ארץ 'erets", in *TDOT*, 3:399. 카이저는 "영혼으로서 땅으로부터 울리지 않는 목소리로 말하는 죽은 사람에 대한 표상"으로 설명한다. Kaiser, 『이사야』 (2), 359.

하는 비참한 상황을 묘사한다. 이는 다른 한편으로 하나님은 삶과 죽음의 권세를 가지고 계신 분이심을 역설적으로 강조하는 표현이기도 하다. 따라서 이스라엘이 바라보아야 할 대상은 앗수르가 아니라 하나님인 것이다.[220]

5절부터는 주제가 바뀌어 심판에서 구원으로 옮겨간다. 예언자는 청중들로 하여금 하나님이 지금 그들을 구원하실 수 있을 뿐 아니라 그들이 하나님을 신뢰하기를 거부한 대가를 경험한 이후에도 그들을 구원하실 수 있다는 사실을 깨닫기를 바란다.[221] 5절은 규모가 엄청나고 강력한 적들이 실제에 있어서는 미세한 먼지나 바람에 날리는 겨 이상의 존재가 아님을 말한다.

6절에서 하나님은 자기 백성이 자비를 탄원할 때 그들을 찾아오실 것이다. 그러나 그 백성이 악할 경우에는 그의 오심은 징벌이 될 것이며(24:21), 그들이 지금 곤궁한 상태에 있다면 그는 구원자로 오실 것이다.[222] 예루살렘의 포위가 하나님의 주권의 표현이었던 것처럼, 지금 그것은 그의 구원의 표현이다. 여기에 사용된 용어들, 즉 벽력, 지진, 큰 소리, 회리바람, 폭풍, 불꽃 등은 전형적인 신현현 용어로서,[223] 이러한 표상을 통해 하나님께서 권능으로 친히 이 세상에 개입하신다는 신념을 표현하고 있다.[224]

7, 8절은 야훼의 전권적인 개입으로 앗수르를 비롯한 나라들의 위협이 악몽처럼 사라지고 예루살렘이 구원받을 것임을 말한다. 그 구원이 너무나 전격적이고 획기적인 것이었기 때문에 그 동안 이방 나라들에 의해 겪은 고통이 마치 한 순간의 꿈같이 여겨질 정도였다. 이것은 이방 나라들에게도 마찬가지였다. 그들이 예루살렘을 완전히 포획한 것으로 생각하고 즐거워한 일 역시 잠깐 동안의 일장춘몽에 지나지 않았던 것이다. 그래서 예언자는

---

220) Kaiser, 『이사야』 (2), 359.
221) Oswalt, *Isaiah, Chapters 1-39*, 528.
222) Ibid.
223) 출 19:16-19; 왕상 19:11-13; 겔 20:47-48.
224) Oswalt, *Isaiah, Chapters 1-39*, 529. 한편 6절은 위협 신탁의 결론을 나타내는 특징적인 표현으로 이해된다(사 28:13; 30:30 참조). Scott, "Isaiah 1-39", 324.

· 160 · 이사야서의 시온사상

　　마지막으로 "시온 산을 치는 열방의 무리가 그와 같으리라"고 선언한다.
　　이 본문은 이사야 신학의 근본을 다루고 있다.225) 시온은 외적의 공격을 당할지라도 야훼로부터 보호받고 끝내 탈취 당하지 않을 것이다. 이것은 이사야의 시온 신학의 핵심 요소이다. 본문에는 이러한 이사야의 시온 개념이 잘 나타나 있다. 비록 야훼가 택하신 다윗의 성읍 예루살렘이라도 범죄할 때는 심판을 면치 못할 것이지만, 그 심판은 예루살렘의 종말이 아니고 새로운 구원의 시작을 예고한다. 예루살렘의 심판의 수단으로 시온을 공격했던 이방의 군대들이 오히려 야훼의 징벌을 받아 쫓겨나고 예루살렘은 구원받게 될 것이다. 이와 같이 본문의 시온 묘사에는 신적 심판과 신적 구원이 팽팽한 긴장관계를 이루고 있다. 이 또한 시온에 대한 이사야의 특징적인 이해를 잘 드러내 준다고 할 수 있다.226)

6. 기쁜 소식의 전령: 이사야 40:1-11; 52:7-10

(1) 이사야 40:1-11

　　¹너희 하나님이 가라사대,
　　너희는 위로하라 내 백성을 위로하라.
　　²너희는 정다이 예루살렘에 말하며,
　　그것에게 외쳐 고하라.
　　그 복역의 때가 끝났고 그 죄악의 사함을 입었느니라.
　　그 모든 죄를 인하여

---

225) Stacey, *Isaiah, Chapters 1-39*, 179.
226) Eiler, *The Origin and History of Zion*, 272. 클레멘츠는 여기서부터 시온 주제의 핵심적인 특징이 발전되었음을 지적한다. Clements, *Isaiah 1-39*, 237. 젠센은 특히 5-9절이 예루살렘이 신적 구원의 대상임을 강조하는 시온 주제에 대한 해석을 반영한다고 지적하면서, 이사야의 사고에 시온 전승이 중요한 역할을 한다는 데 동의한다. Jensen, *Isaiah 1-39*, 225.

여호와의 손에서 배나 받았느니라 할지니라.
³외치는 자의 소리여,
 가로되 너희는 광야에서 여호와의 길을 예비하라.
 사막에서 우리 하나님의 대로를 평탄케 하라.
⁴골짜기마다 돋우어지며 산마다, 작은 산마다 낮아지며,
 고르지 않은 곳이 평탄케 되며 험한 곳이 평지가 될 것이요,
⁵여호와의 영광이 나타나고 모든 육체가 그것을 함께 보리라.
 대저 여호와의 입이 말씀하셨느니라.
⁶말하는 자의 소리여,
 가로되 외치라 대답하되 내가 무엇이라 외치리이까.
 가로되 모든 육체는 풀이요 그 모든 아름다움은 들의 꽃 같으니,
⁷풀은 마르고 꽃은 시듦은
 여호와의 기운이 그 위에 붊이라.
⁸풀은 마르고 꽃은 시드나
 우리 하나님의 말씀은 영영히 서리라 하라.
⁹아름다운 소식을 시온에 전하는 자여 너는 높은 산에 오르라,
 아름다운 소식을 시온에 전하는 자여 너는 힘써 소리를 높이라.
 두려워 말고 힘써 소리를 높여 유다의 성읍들에 이르기를,
 너희 하나님을 보라 하라.
¹⁰보라 주 여호와께서 장차 강한 자로 임할 것이요,
 친히 그 팔로 다스릴 것이라.
 보라 상급이 그에게 있고 보응이 그 앞에 있으며
 네 말소리가 나직히 티끌에서 날 것이라.
¹¹그는 목자같이 양무리를 먹이시며,
 어린 양을 그 팔로 모아 품에 안으시며,
 젖먹이는 암컷들을 온순히 인도하시로다.

① 본문의 구조와 문학적 성격

 역사 비평적 연구는 이사야 40-66장이 원래 6세기에 익명의 포로 예언자에 의해 바벨론의 히브리 포로들에게 말해진 것으로 주장한다. 그러나 이

부분의 현재의 정경적 형태는 그것이 8세기의 예언자, 즉 예루살렘의 이사야에 의해 이스라엘에게 주어진 예언적 약속의 말씀으로 받아들이는 데 아무런 문제가 없음을 보여준다.227)

이사야 40:1-11은 40-66장의 서언으로 간주되며,228) 그 구조는 1-2절, 3-5절, 6-8절, 9-11절 등 네 개의 연으로 구분된다.229) 이 본문은 예언적 약속과 그 약속의 철저한 성취라는 이중의 주제를 담고 있다.230) 본문은 화자가 누구인지 직접 밝히지를 않는다. 와이브레이는 40장 1-8절이 천상의 신하들에게 둘러싸인 하늘 궁전을 배경으로 한다고 본다. 이사야가 백성들에게 파송되기 위해 야훼의 사자로 발탁된 곳이 하늘 궁전이며, 그는 거기서 말해지는 내용들을 엿들었다. 그리고 1-3절의 명령을 내린 이는 하나님이 아니라 하나님이 말씀하시는 것을 다른 하늘의 존재들에게 전하는 천상의 대변인이다.231) 한편 럼버그는 1-2절에서 예언자는 하나님의 메시지를 다른 천사에게 전하는 천사의 음성을 들으며, 3-5절 역시 예언자가 다른 하늘의 존재들에게 야훼의 길을 준비하라고 명령하는 천사의 음성을 듣는다고 말한다. 그리고 9-11절에서는 예언자 자신이 화자일 가능성이 보다 높은 것으로 보면서도, 다른 한편으로 시온-예루살렘을 향해 말하는 음성은 역시

---

227) B. S. Childs, *Introduction to the Old Testament as Scripture* (Philadelphia: Fortress Press, 1982), 325. 차일즈는 사 44:28-45:1의 고레스에 대한 언급을 제외하고는, 연대와 역사적인 상황을 지시하는 언급들이 결여돼 있음을 지적한다. Ibid., 326.

228) Delitzsch, *The Book of Isaiah*, vol. 2, 139; Claus Westermann, 『이사야』(3), 번역실 역, 국제성서주석 20/3 (서울: 한국신학연구소, 1993), 44.

229) Hill, *Reading Isaiah as a Theological Unity*, 102.

230) Delitzsch, *The Book of Isaiah*, vol. 2, 139.

231) R. N. Whybray, *The Second Isaiah* (Sheffield: JSOT Press, 1983), 44; idem, *Isaiah 40-66*, NCBC (Grand Rapids: Wm. B. Eerdmans, 1987), 48. 덤브렐은 1-2절의 배경이 천상 회의로서, 야훼께서 "위로하라"는 메시지를 자기 백성에게 전하도록 하늘 회의에 위임하시는 장면으로 이해한다. Dumbrell, *The Search for Order*, 111. 하늘 회의에 관한 자세한 논의는 Frank Moore Cross, *Canaanite Myth and Hebrew Epic* (Cambridge: Harvard University Press, 1973), 186-90을 보라.

하늘의 존재일 것으로 추정한다.232)

본문이 이처럼 말하는 이가 누구인지 명확히 제시하지 않기 때문에 화자를 결정하기란 쉽지 않다. 게다가 "너희 하나님이 가라사대"(אלהיכם יאמר)라는 어구가 예언서에 자주 사용되는 "야훼께서 이같이 이르시기를"(כה אמר יהוה)이라는 이른바 '사자 문체'와 정확히 일치하지 않는다는 점도 화자 결정을 어렵게 만드는 요인으로 작용한다. 그러므로 여기에서 무리하게 화자를 결정하기보다 본문이 말하고자 하는 메시지가 무엇인지를 밝히는 것이 더 중요한 일이라 할 것이다.233)

뮬렌버그는 본문에 사용된 많은 표상들이 바벨론의 신년 축제인 아키투에서 빌려온 것으로 생각한다. 그러나 반면에 언어와 사상은 철저히 히브리적인 것으로 특성화되었다는 점과 이 본문의 구성이 신중하게 이루어졌음을 강조한다.234) 그는 본문이 명령들(위로하라, 고하라, 외치라)과 목적어들(백성, 예루살렘, 그것)을 가진 세 개의 스티치로 구성된 시로 규정한다. 그리고 명령형 동사 "외치라"가 세 개의 장엄한 선포를 이끌어 내고(2절), 뒤이어 나오는 세 개의 연(3-5, 6-8, 9-11절)을 위한 틀을 제공한다고 본다. 각 연은 자체의 서언(3a, 6a, 9a절)과 결구(5c, 8b, 10절)를 가진다. 마지막인 세번째 연은 세계 역사의 무대에 위대하게 현현하시는 하나님의 임박한 강림을 공포하는 세 개의 선언에서 절정에 달한다.

> 너희 하나님을 보라 하라.
> 보라 주 여호와께서 장차 강한 자로 임할 것이요,
>   친히 그 팔로 다스릴 것이라.
> 보라 상급이 그에게 있고
>   보응이 그 앞에 있으며,

---

232) James Limburg, "An Exposition of Isaiah 40:1-11", *Int* 29 (1975): 407.
233) Hill, *Reading Isaiah as a Theological Unity*, 103.
234) James Muilenburg, "The Book of Isaiah, Chapters 40-66: Introduction and Exegesis", in *IB*, ed. G. A. Buttrick, (Nashville: Abingdon Press, 1978), 5:422.

9-10절에는 전령에게 주어지는 훈령이 나타나는데, 여기에는 또한 '사자전언'이 함축되어 있다. 뮬렌버그는 1-2절이 전령의 외침의 변형일 가능성을 지적하고, 이 경우 본문의 시는 동일한 방식으로 시작하고 끝맺게 된다고 지적한다.[235] 한편 와츠는 자신의 문학 유형 분석에 따라 10-11절을 분리하여 뒷단락(10-31절)에 포함시킨다.[236]

다른 한편으로 이사야 40:1-11은 이사야 6장의 성취라 할 수 있다. 하나님이 6:11에서 이스라엘 백성에게 선포한 심판이 40:1-2의 선포로 일단락된 것으로 보인다. 마침내 위로의 때가 도래한 것이다.[237]

② 본문의 주석적 신학적 해석

1절에는 예언자 이사야가 장엄한 하늘 궁중 회의에서 하나님이 내리시는 명령을 듣는 장면이 묘사된다. 그 명령은 "너희는 위로하라 내 백성을 위로하라"(נחמו נחמו עמי)이다. "위로하라"는 말이 두 번 반복되는 것은 이 명령의 엄중성과 불가피성을 강조하는 표현이다. 또는 델리치나 베스터만이 지적하듯이 사안의 "절박함"을 나타낸다.[238] 이렇게 위로의 메시지가 선포된다는 것은 이미 하나님과 이스라엘이 맺었던 계약 관계가 새롭게 복원되고 정상화되었음을 지시한다. 이는 "너희 하나님"(אלהיכם), "내 백성"(עמי)이라는 어구에서도 확인된다. 이 표현들은 "나는 너희 하나님이 되겠고 너희는 내 백성이 되리라"는 계약 공식구를 상기시킨다.[239] 이것은 또

---

235) Ibid., 423.

236) John D. W. Watts, *Isaiah 34-66*, WBC (Waco: Word Books, Publisher, 1987), 89.

237) Hill, Reading *Isaiah as a Theological Unity*, 104.

238) Delitzsch, *The Book of Isaiah*, vol. 2, 139; Westermann, 『이사야』 (3), 46. 베스터만은 이러한 반복법이 이사야의 특징적인 문체로서 그의 선포에 중요한 역할을 한다고 한다. 절박한 호소를 담은 이러한 반복법의 예는 51:9의 "깨소서, 깨소서!"와 51:17과 52:1의 "깰지어다, 깰지어다!" 등에서도 발견된다. 장일선은 명령의 반복이 메시지의 확실성을 나타내는 것으로 본다. 장일선, 『이사야』 II, 전망성서주해 (서울: 전망사, 1993), 19.

239) 이 공식구는 특히 예레미야가 즐겨 사용했다 (7:23; 31:33). Christopher R.

에스겔 36:28에 기술된 새 계약의 용어이기도 하다.

그 위로의 구체적인 대상과 내용이 2절에 기술되고 있다. 우선 위로의 대상은 "예루살렘"이다. 여기에서 예루살렘은 "지리적인 의미가 아니라, 하나님이 거주하시는 이스라엘을 가리키는 상징적인 술어"이다.240) 그리고 그 내용은 이스라엘이 "그 복역의 때가 끝났고 그 죄악의 사함을 입었다"는 것이다. 장일선은 이를 가리켜 "포로기의 쓰라린 고통과 긴 암흑의 시대가 이젠 그친 것"을 뜻한다고 설명한다.241) 이스라엘에게 있어서 포로지에서의 강제 노동이 종식되고 자신들의 죄가 사함 받는 것 이상으로 위로가 되는 것이 무엇이겠는가? 여기에서 "복역"과 "죄"가 불가분리의 관련을 맺고 있음을 발견한다. 즉 이스라엘이 포로의 수난을 당한 것은 근본적으로 그들의 죄 때문이라는 것이 본문에 함축된 의미이며,242) 이것은 나아가 이사야에 의한 "포로 사건에 대한 신학적인 재해석"이라고 할 수 있다.243) 베스터만은 이 점과 관련하여 두 가지 점을 특별히 중요하게 생각한다. 첫째는 이사야가 정치적 사건과 종교적 사건을 분리하지 않는다는 것이다. 즉 하나님과 인간의 역사는 불가분리적 공속관계에 있으므로 정치적 사건에서 하나님의 활동을 배제한 비종교적 역사 이해란 있을 수 없다는 것이다. 둘째는 이사야가 심판 예언을 근거로 구원 메시지를 전하고 있다는 점이다. 이런 면에서 이사야가 포로기 이전의 심판 예언자들과 동일선상에 서 있다는 점을 강조한다.244)

North, *The Second Isaiah* (Oxford: The Clarendon Press, 1967), 72; A. S. Herbert, *The Book of the Prophet Isaiah 40-66*, Cambridge Biblical Commentary (Cambridge: Cambridge University Press, 1975), 17을 참조하라.

240) Ibid., 18.
241) 장일선, 『이사야』 II, 19.
242) Westermann, 『이사야』 (3), 47. "죄"(חטאה)라는 말은 이 구절을 제외한 이사야 후반부의 다른 곳에서는 시온-예루살렘과 관련하여 사용되지 않고, 다만 이스라엘 국가의 죄와 관련하여 사용될 뿐이다 (43:24, 25; 44:22). Leland E. Wilshire, "The Servant-City: A New Interpretation of the 'Servant of the Lord' in the Servant Songs of Deutero-Isaiah", *JBL* 94 (1975): 362.
243) 장일선, 『이사야』 II, 20.
244) Westermann, 『이사야』 (3), 47-48. 여기에서 베스터만은 두번째 지적한 사항

3절은 이스라엘의 범죄로 인해 그들을 버리고 떠나신[245] 야훼께서 이제 그들을 찾아 다시 돌아오실 것임을 암시한다. 이것을 "여호와의 길을 예비하라…하나님의 대로를 평탄케 하라"는 구절에서 읽는다. "외치는 자"에 관해 본문은 그가 누구인지를 밝히지 않는다. 단지 "외치는 자"가 하늘 회의의 한 참석자이고, 그가 왕의 전령으로 활동하리라는 것만 추측할 수 있을 따름이다.[246] 그러므로 중요한 것은 선포의 내용이다. 베스터만은 "길을 예비하고 대로를 평탄케 하라"는 표현은 이스라엘에 대한 위로가 길을 닦는 데서부터 시작됨을 보여준다고 한다. "왜냐하면 그 길은 이스라엘이 사막을 통과하여 고향으로 가는 길이기 때문이다."[247]

본문에 언급된 "대로"의 표현은 두 가지의 가능성을 제시한다. 첫째는 출애굽 및 광야 여행과의 연관성이다. 본문에 묘사된 "대로"는 하나님을 위한 것이지 남은 자들을 위한 것이 아니며, 또한 그 노정에 출애굽 때와 같은 시련이 없이 매우 순탄하다는 점 때문에 출애굽 표상과는 어느 정도 거리가 있어 보인다.[248] 그럼에도 본문에 묘사된 "대로"가 하나님이 개선가를 부르며 자기 백성을 고향으로 인도할 수 있기 위해 준비된다는 점에서 출애굽 표상과의 관련을 전적으로 배제하기는 어렵다 할 것이다.[249]

둘째는 고대 바벨론에서 승리한 신이나 왕의 개선 행진을 위해 큰 길을 준비하고 평탄하게 닦은 이야기와의 관련이다.[250] 구약성경과 고대근동 문

과 관련하여 이른바 제2이사야와 포로기 이전의 심판 예언자들과의 연속성을 특별히 강조한다. 이로써 그는 이사야 1-39장과 40-66장을 구별짓는 두드러진 차이 중 하나로 심판 선포와 구원 선포를 제시하는 비평 학자들의 일반론에 반대되는 견해를 제시하고 있는 셈이다. 베스터만의 이러한 주장은 복음주의 입장에서 평가할 때 그의 원래 의도와는 상관없이 오히려 이사야의 단일 저작에 대한 합리적인 근거를 제시하는 것이라 볼 수 있다.

245) 겔 11:22-25. 참조.
246) Herbert, *Isaiah 40-66*, 18.
247) Westermann, 『이사야』 (3), 49.
248) Herbert, *Isaiah 40-66*, 18.
249) Hill, *Reading Isaiah as a Theological Unity*, 105. 힐은 40:3-5, 9-11에서 출애굽 표상들의 반영을 발견한다. Ibid., 105-12를 보라.
250) Muilenburg, "Isaiah 40-66", 426-27; North, *The Second Isaiah*, 75-76;

학과의 관계는 새삼스런 것이 아니다. 히브리 성경은 고대근동 세계의 오랜 문학적 전통의 유산을 물려받았으며, 따라서 근동 문학에서 발견되는 표상과 사고 유형을 반영하고 있는 것은 놀라운 일이 아니다. 중요한 것은 예언자가 그것을 통해 자신의 독특한 사상을 표현하고 있다는 점이다. 이사야는 여기에서 "대로"를 통해 백성들의 구원을 이루시는 야훼의 왕권을 강조하기 위해 길의 표상을 사용하고 있는 것이다.251) 또한 본문에서 대로가 바벨론이 위치한 북쪽이나 이집트가 위치한 남쪽에서 시작해 예루살렘으로 향한다는 뚜렷한 언급이 없다는 점도 유의해야 한다.252) 본문은 오히려 "광야"(מידבר)가 남동쪽의 "사막"(ערבה)에 위치하고 있음을 암시한다.253)

4절은 하나님이 포로에서 해방된 자기 백성을 이끌고 자신의 도성으로 되돌아오시는 길을 가로막는 장애물들을 제거할 것을 말한다. 장일선은 이 구절을 주석하기를 "이사야는 바벨론의 지배 문화에 점차 적응하여 그 곳에

Westermann, 『이사야』 (3), 50-51을 보라. 베스터만은 그러나 "대로를 평탄케 하라"는 표현이 이른바 제2이사야의 독특한 어법임을 강조한다. 베스터만에 따르면, 그것은 예언자가 살았던 세계, 곧 당시 세계의 수도인 바벨론의 영향권 안에 있던 세계와 밀접한 관련이 있다. 이스라엘인들에게 있어서 거대한 도로는 이스라엘을 파멸로 이끈 바벨론의 위력의 표징들이었다. 그러나 이제 그 길은 "야훼 우리 하나님을 위한" 개선의 길이 된다. 광야를 통해 뻗어 가는 그 길은 야훼가 지금 역사 안에서 이루어지는 그 자신의 활동을 전혀 새롭게, 전혀 예기치 않게 스스로를 드러내시는 길인 것이다. 허버트 역시 3절의 용어에서 바벨론인들의 행진 찬가의 가사가 반영되어 있음을 발견하고, 예언자가 이 같은 찬가를 숙지하고 있었을 것으로 추정한다. 그러나 여기에서 예언자는 그것을 바벨론의 종교에 도전하기 위한 말로 사용하고 있음을 지적한다. Herbert, *Isaiah 40-66*, 18.

251) Dumbrell, *The Search for Order*, 112. 에일러는 야훼를 위해 대로가 야훼의 왕권을 노래한 시편들, 특히 시 24:7-10에 나타난 법궤의 제의 행렬 및 신현현과 거룩한 전쟁 주제와의 관련을 상기한다. Eiler, *The Origin and History of Zion*, 301.

252) Watts, *Isaiah 34-66*, 80. 세터즈는 대로가 바벨론과 예루살렘 사이에 난 특정한 도로와 상응하지 않는 것처럼 산, 언덕, 광야, 그리고 사막 등도 지도상에 위치할 수 없음을 지적한다. 여기의 지리적인 묘사는 어디까지나 상징적인 것이기 때문이다. Arthur V. Seters, "Isaiah 40:1-11", *Int* 35 (1981): 403.

253) Watts, *Isaiah 34-66*, 80. 와츠는 이 길이 야훼께서 시내나 에돔으로부터 오신다는 이른바 '성전 전승'에 자주 사용되는 표현임을 지적한다.

안주하려는 유혹을 물리치고 이스라엘의 원고향은 예루살렘임을 다시 일깨워 주고 있는 것이다"라고 한다.254)

이사야 40:3-5은 신약의 누가복음에 인용되고 있다(눅 3:4-6). 누가는 이사야에 묘사된 포로 공동체에게 "위로의 기쁜 소식을 전하는 자"를 "죄 사함을 얻게 하는 회개의 세례를 전파하는" 세례 요한의 사역과 동일시한다. 특히 이사야 40:3은 복음서 기자들이 즐겨 인용하는 구절이기도 하다(마 3:3; 막 1:3; 요 1:23).

6절에는 이제까지 하늘 궁중 회의로부터 나오는 소리를 청취자의 입장에서 듣기만 하던 이사야가 전면에 등장한다. 그가 발한 첫마디는 "내가 무엇을 외치리이까?"이다. 베스터만은 이것을 패배한 백성의 모든 탄식과 좌절을 담은 감정 섞인 항변으로 풀이한다.255) 그러나 이것을 단순한 항변으로 이해하기보다는 예언자로서의 사명을 수행할 태세를 갖추고 명령이 하달되기를 바라는 적극적인 자세를 표명하는 질문으로 이해하는 것이 좋다.256) 예언자가 받은 메시지와 임무는 백성은 실로 사막의 열풍 앞에 금방 시들어 버리는 풀이요 꽃과 같은 존재이지만 하나님의 말씀은 영원한 것임을 사람들에게 전하는 일이다(7절).257) 대다수 주석가들은 이사야가 여기서 바벨론의 영화가 야훼의 기운에 덧없이 사라질 수밖에 없는 상황을 비유한 것으로 이해한다. 본문의 해석이 어떻든 풀과 꽃이 열풍을 견딜 수 없듯이 인간사가 야훼의 바람을 막을 수 없다는 것은 분명하다. 즉 역사의 주관자는 야훼 하나님이시라는 것이 본문이 말하려는 의도라 할 것이다.258)

"하나님의 말씀은 영영히 서리라"는 표현은 비록 이스라엘이 성전도 잃

---

254) 장일선, 『이사야』 II, 20.
255) Westermann, 『이사야』 (3), 53.
256) 다수의 주석가들이 이 구절을 예언자직의 취임, 또는 소명 기사로 이해한다는 점이 이 같은 이해의 가능성을 뒷받침한다. 예컨대, Muilenburg, "Isaiah 40-66", 429; Herbert, Isaiah 40-66, 17을 보라.
257) 사 40:6-8은 복음의 불멸성을 강조하는 문맥인 벧전 1:24-25에 인용되고 있다. 한편 야고보는 부유한 자들의 허망함을 설명하기 위해 이 구절을 인용한다(약 1:10).
258) 장일선, 『이사야』 II, 21.

제4부 이사야의 시온 주제 해석과 적용   · 169 ·

고 나라도 잃고 포로가 되어 모든 것을 상실한 것처럼 보이지만 하나님의 말씀만은 그들에게 남아 있음으로 해서 새로운 희망을 가질 수 있다는 사실을 함축한다. 이사야가 말하고자 하는 메시지를 여기에서 발견할 수 있다. 이사야는 지금 영속적인 "하나님의 말씀"이 이스라엘에게 새로운 의미를 지니게 되었음을 갈파하고 있는 것이다.259)

9-11절은 장면이 하늘에서 땅으로 바뀌고 있다. 이제까지 무대가 하늘 회의였으나 9절부터는 예루살렘으로 옮겨지기 때문이다. 베스터만은 9-11절에서 이사야 특유의 '종말론적 찬양시' 양식을 발견할 수 있다고 한다. 그리고 이것은 이른바 제2이사야의 선포에서 중요한 역할을 하는 구원신탁 양식과 일치한다고 본다. 그 이유는 양자가 공통적으로 하나님의 행위를 묘사할 때 완료형 구문을 사용하기 때문이다.260)

9절에서 "시온"이라는 명칭이 처음으로 등장한다. 여기서 시온은 하나님의 백성 이스라엘을 총체적으로 나타내는 완곡 어구로 이해된다.261) 시온은 위로의 기쁜 소식을 전하도록 위임받은 '기쁜 소식의 전령'으로 묘사된다. 마치 파수꾼이 망루에 올라가 큰 소리로 왕의 도착을 알리듯이 전령은 높은 산에 올라가 목청을 높여 기쁜 소식을 외치도록 명령받는다. 베스터만은 이에 대해 비록 야훼의 도래가 아직 이루어지지 않았지만, "시온은 자기 백성을 도우러 오는 분을 마치 그 도움이 이미 당도해 있는 것처럼 찬양하라고 외쳐야 하는 것"으로 주석한다.262) 한편 에일러는 "승리의 전령이 높은 산에 올라가는 표상에는 이사야 2:2과 특히 에스겔 17:22, 40:2에서 나타난 것처럼 우주적이고 종말론적인 시온 산의 높임이 암시되고 있다"고 한다.263)

한글개역에서 "시온에 전하는 자여"264)로 번역된 מבשרת ציון에 관해서

---

259) Ibid.
260) Westermann, 『이사야』 (3), 57.
261) Ibid., 56; Seters, "Isaiah 40:1-11", 403.
262) Westermann, 『이사야』 (3), 57.
263) Eiler, *The Origin and History of Zion*, 301.
264) 난외주는 "전하는 시온이여"라는 다른 독법을 제시한다. 한글 공동번역은 "너, 시온아 높은 산에 올라 기쁜 소식을 전하여라"로, 표준새번역은 "좋은 소식을 전하는 시온아"로 옮긴다.

는 주석가들 사이에 해석상의 혼선이 있다. 칠십인역은 이 어구를 "기쁜 소식을 시온에 전하는 자여"(ὁ εὐαγγελιζόμενος Σιων)로 옮긴다. 영은 מבשרת ציון에 관해 세 가지 해석이 가능함을 제안한다. ① 시온에 아름다운 소식을 전하는 자, ② 아름다운 소식을 전하는 자 시온, ③ 시온의 아름다운 소식 전달자. 영에 따르면, 해석은 후반절에 언급된 "유다의 성읍"들과의 대조를 충분히 고려하지 않은 점과 מבשרת("소식을 전하는 자")가 여성형을 지닌 데 대한 충분한 설명이 없다는 점이 문제다. 후자의 문제점은 세번째 해석에도 적용된다. 따라서 가장 적절한 해석으로 영은 두번째 견해를 추천한다.[265] 뮬렌버그도 문제의 어구를 "아름다운 소식을 전하는 자, 시온이여"로 번역한다. 그리고 이러한 번역이 보다 타당한 이유로 ① 여성형이 9절에 나타난 다섯 개의 동사와 일치한다는 점, ② 전령의 메시지를 받을 대상은 예루살렘 자신이 아니라 유다라는 점을 든다.[266] 그 밖에 와츠를 비롯한 다수의 주석가들도 "전하는 자 시온이여"라는 번역을 지지함으로써, 시온이 하나님의 계획 속에서 새로운 임무를 이행하게 된 것을 밝히려고 한다.[267]

베스터만은 9절을 주석하면서 "시온은 유다의 (다른) 도시들에 기쁜 소식을 전하라는 외침을 듣는다"고 기술한다. 그러나 그는 1-11절의 내용에서 줄곧 시온이 외침의 대상으로 나타나고 있음을 환기시킨 다음, "위로를 받

---

265) Young, *The Book of Isaiah*, vol. 3, 36-37.
266) Muilenburg, "Isaiah 40-66", 432.
267) Watts, *Isaiah 34-66*, 80, 82; Delitzsch, *The Book of Isaiah*, vol. 2, 145; John Scullion, *Isaiah 40-66*, Old Testament Message, vol. 12 (Wilmington: Michael Glazier, 1982), 23; North, *The Second Isaiah*, 79; Motyer, *The Prophecy of Isaiah*, 301; Westermann,『이사야』(3), 43. 이들과 달리 덤브렐은 "전체 문맥이 예루살렘은 전령자가 되기보다는 오히려 소식을 전해 받아야 함을 지시"하는 것으로 이해한다. Dumbrell, *The Search for Order*, 112. 비슷하게 허버트도 "너 시온에 기쁜 소식을 전하는 자여"라는 번역을 선호한다. 그는 예루살렘을 이스라엘을 상징적으로 표현하는 말로 이해하여, "회복된 이스라엘의 일차적인 기능은 회복된 백성의 선두에 개선하시는 주님을 유대에 사는 사람들에게 선포하는 것이다"라고 풀이한다. Herbert, *Isaiah 40-66*, 20.

아야 할 자는 시온이 아닌가? 그런데 시온 자신이 임무를 부여받다니, 그것도 위로하는 일을 수행함에 있어서 근본적인 임무를 부여받다니, 어떻게 그런 일이 있을 수 있는가?"라고 반문한다.268) 이 질문에 다음과 같이 답변할 수 있을 것이다. 1절 이하에서 이미 기쁜 소식을 청취한 시온-예루살렘이 같은 소식을 반복해서 듣는 것보다는 이제 그 들은 것을 다른 성읍들에게 전해 주는 것이 보다 자연스럽다는 것이다. 그러므로 시온은 이제 기쁜 소식의 수령자가 아니라 그것을 전하는 전령으로 입장이 바뀐 것이다. 시온-예루살렘이 이처럼 야훼의 오심을 선포하는 평화의 사자, 또는 진리의 전파자로 묘사되고 있는 것은 야훼의 율법이 시온에서, 그의 말씀이 예루살렘에서부터 나올 것임을 천명하는 이사야 2:3과도 부합한다.269)

전령이 외칠 선포의 내용은 10-11절에 제시된다. 한마디로 그것은 하나님이 예루살렘의 왕으로 오신다는 것이다. 이스라엘이 포로로 잡혀갈 때는 하나님이 이들의 참담한 상황을 무관심하게 방치한 것 같았지만, 이제 하나님은 "강한 자"(pזn)로 그들에게 다가오시고, 첫 번 출애굽 때에 바로의 군대를 무찌르신 그 "크신 팔과 편 팔"로 바벨론의 세력을 무찌르시고 잡힌 자들을 풀어주실 것이다.270) "야훼의 팔"은 구원의 도구이며, 야훼의 왕권을 나타낸다.271) 야훼는 또한 선한 목자로서 백성들을 돌보실 것이다. 양무리를 먹이는 목자상은 요한복음 10장, 시편 23편, 에스겔 34장 등의 묘사를 연상시킨다. 특히 11b절은 신약의 복음서 기자들에 의해 잃은 양 한 마리를 찾아 팔에 안고 기쁨에 겨운 발걸음으로 돌아오는 목자의 모습을 묘사하는 데 인용되고 있다(마 18:12; 눅 15:5). 고대 근동에서 왕은 그 백성의 목자였다. 그러므로 야훼는 일차적으로 자기 백성 이스라엘의 목자이시다.272)

40:1-11은 이처럼 야훼 하나님이 시온으로 다시 돌아오셔서 그 백성을

---

268) Westermann, 『이사야』 (3), 56.
269) Young, The Book of Isaiah, vol. 3, 37.
270) 장일선, 『이사야』 II, 22.
271) Dumbrell, The Search for Order, 113.
272) Scullion, Isaiah 40-66, 23.

포로의 굴레에서 해방시키시고, 강한 용사로 그리고 온유한 목자로서 보호하고 돌보실 것임을 말한다. 그리고 이 아름다운 소식을 전하는 사명이 시온에게 주어진다. 이를 델리치의 말을 빌려 표현하면,

> "시온-예루살렘은 지금까지 그가 범한 죄악에 대한 징벌의 중압감에 눌려 위로가 필요한 상태에 놓여 있었다. 그러나 이제는 야훼께서 다시 함께 하시므로 시온-예루살렘은 더 이상 두려움 없이 기쁨에 찬 확신으로 소리를 높이고, 그에게 주어진 참된 소명에 따라 온 유다에 기쁜 소식을 전하는 전령이 되어야 하는 것이다."[273]

이와 같이 시온-예루살렘 주제로 둘러싸여 있는[274] 이 본문의 핵심적인 메시지는 시온이 기쁜 소식을 세계 만방에 전해야 할 적극적이고 새로운 사명을 부여받았다는 것이다. 이로써 시온은 세계 선교의 중심에 다시 자리잡게 되는 것이다.

(2) 이사야 52:7-10

> 7좋은 소식을 가져오며 평화를 공포하며,
> 복된 좋은 소식을 가져오며 구원을 공포하며,
> 시온을 향하여 이르기를 네 하나님이 통치하신다 하는 자의
> 산을 넘는 발이 어찌 그리 아름다운고.
> 8들을지어다 너의 파수군들의 소리로다.
> 그들이 소리를 높여 일제히 노래하니,
> 이는 여호와께서 시온으로 돌아오실 때에
> 그들의 눈이 마주 봄이로다.
> 9너 예루살렘의 황폐한 곳들아 기쁜 소리를 발하여 함께 노래할 지어다.
> 이는 여호와께서 그 백성을 위로하셨고,

---

273) Delitzsch, The Book of Isaiah, vol. 2, 146.
274) Dumbrell, The Search for Order, 113.

예루살렘을 구속하셨음이라.
10여호와께서 열방의 목전에서
그 거룩한 팔을 나타내셨으므로,
모든 땅 끝까지도
우리 하나님의 구원을 보았도다.

① 본문의 구조와 문학적 성격

기쁜 소식을 전하는 자로서의 시온의 사명을 노래하는 두번째 본문인 이사야 52:7-10의 구조는, 핸슨의 분석에 따르면, 각 절이 양극의 형태를 지닌 것으로 나타난다. ㉮ 7절: 전령/하나님이 통치하신다. ㉯ 8절: 파수꾼/야훼께서 시온으로 돌아오신다. ㉰ 9절: 황폐한 곳들/야훼께서 위로하고 구속하셨다. ㉱ 10절: 민족들/모든 사람들이 하나님의 구원을 볼 것이다.275) 핸슨은 이 단락이 고대의 제의 양식을 묘사하는데, 이는 이스라엘의 주변 민족들이 우주의 질서를 시각적으로 표현하는 방식에 있어서 중심 요소였음을 지적한다. 그리고 이스라엘은 이 같은 제의 양식을 이미 출애굽 사건에 적용하고 역사화한 적이 있다고 한다. 이와 같이 핸슨은 이스라엘이 출애굽 사건에 나타난 하나님의 행동을 역사적으로 이해하기 위해 신화적 양식을 적용한 것이 이사야가 포로에서의 귀환을 해석하는 데 뼈대를 이루었다고 본다.276)

베스터만은 이 본문을 바로 앞에 나오는 51:9-52:3의 탄식 시에 대한 환호의 응답송으로 보며, 비록 다른 비유를 사용하고 있지만 이사야 40:9-11을 의도적으로 모사(模寫)한 것으로 생각한다.277) 예컨대, 40:9-11에서는 하나님이 목자로 묘사되는데 비해 여기서는 왕으로 묘사된다. 목자와 왕은 사실상 똑같이 하나님을 지칭하는 말이다. 또 이 단락은 왕의 칭호뿐 아니라 왕을 찬양하는 고대의 도식까지 그대로 수용하고 있다. 즉 신적인 왕이 적에게 승리를 거두고(10a절), 개선 행진을 하며 그의 성읍에 입성하며(8

---

275) Paul D. Hanson, "Isaiah 52:7-10", *Int* 33 (1979): 389.
276) Ibid.
277) Westermann, 『이사야』 (3), 288.

절), 왕위에 오르며 '왕에 대한 환호'로 칭송 받는(7절) 분으로 높여진다는 것이다.[278] 베스터만에 따르면, 이사야 52장 7-10절에는 두 가지 점이 결정적으로 중요하다. ① 7-12절의 밑바닥에 깔려 있는 고대의 제왕찬양 도식이 이사야의 구원 메시지 안에 용해되어 있다는 것과, ② 이 구절들은 제의 행위에 대해 말하는 것이 아니라 이스라엘의 운명을 바꾼, 역사 안에서 이루어진 하나님의 구원행위에 대해 말하고 있다는 것이다. 이는 이른바 제2이사야서와 시편의 다른 구절들에서 하나님의 위엄이 하나님의 선하심에 언제나 결부되는 것과 같다.[279] 이와 같이 베스터만은 52:7-10이 40:9-11(서언의 종결부)에서 다른 언어와 비유로 말하던 것을 재론하고 있음을 밝힌다.

한편 멜루진은 이사야 52:7-10과 민수기 24:3-9 간에 많은 유사점이 있음을 발견한다.[280] 민수기 24:3 이하는 발람이 하나님의 영에 사로잡혀 예언한 내용을 담고 있는데, 그 구조는 ① 서언: "브올의 아들 발람이 말하며…", ② 미래 이스라엘에 대한 이상: "네 장막이 어찌 그리 아름다운고…" 이다. 멜루진은 민수기 24:3 이하를 환상이 결합된 선견자의 전형적인 연설 양식으로 이해한다. 그의 논의에 따르면 이사야 52:7 이하도 비슷하게 기쁜 소식을 전하는 전령의 이상을 담고 있다. "전하는 자의 산을 넘는 발이 어찌 그리 아름다운고." 그러나 이사야는 이것을 찬양의 형태로 묘사한다는 점에서 특징적이라 한다. 멜루진은 본문의 구성을 전령의 이상(7-8절)과 이에 대한 화답송(9-10절)의 결합으로 설명한다.[281]

또 멜루진에 따르면, 이미 이행된 것으로 묘사된 전령의 승리에 대한 보고와 관련하여 완료형이 사용된 것은(52:7-10)은 야훼의 구원에 대한 언급을 강조하기 위한 문학적 기법으로 이해된다. "야훼께서 그 백성을 위로하

---

278) Ibid., 289. 장일선은 사 52:7-10이 야훼가 혼돈의 세력을 물리치고 승리한 것을 축하하는 대관식 시와 유사함(시 93편)을 지적한다. 장일선, 『이사야』 II, 95. 한편 뮬렌버그는 야훼께서 거룩한 도성 시온에 오심을 묘사하는 이 본문의 배후에 야훼의 날에 대한 고대의 관념이 자리잡고 있다고 본다. Muilenburg, "Isaiah 40-66", 610.
279) Westermann, 『이사야』 (3), 289.
280) Roy F. Melugin, *The Formation of Isaiah 40-55* (Berlin: W. de Gruyter, 1976), 162.
281) Ibid.

셨다"(9절)는 전령의 단언도 같은 맥락에서 이해할 수 있다.282) 특히 52:9-10의 종말론적 찬양의 어휘는 49:14에서 시작하여 52:12에서 끝나는 단락과 관련을 갖는다. 이 단락은 야훼께서 자기 백성을 "위로"하시는 것을 칭송하는 찬양으로 구성된다.283) 그리고 여기에는 야훼께서 위로자로 활동하실 것이라는 약속이 몇 차례 반복된다(51:3, 12). 나아가 10절의 "야훼께서 열방의 목전에서 그 거룩한 팔을 나타내셨으므로 모든 땅 끝까지도 우리 하나님의 구원을 보았도다"는 표현은 이 단락에서 중요한 주제이다. "구원"에서 야훼의 "팔"의 역할은 이 단락에서 중요한 수사적인 특징으로 나타난다.284)

이 단락에서 특히 두드러진 것은 기쁨의 찬양을 부르는 언급이다. "너 예루살렘의 황폐한 곳들아, 기쁜 소리를 발하여 함께 노래할지어다."285) 마지막으로 이 단락의 시작과 끝(49:19; 52:9)에 "황폐한 곳"(חרבות)이라는 말이 반복되고 있는 것은 이 단락의 주제를 상징적으로 보여준다. "야훼께서 그의 황폐한 땅에 승리 가운데 돌아오실 것이다."286)

② 본문의 주석적, 신학적 해석

이 본문에는 종말론적인 기대가 반향되고 있다.287) 7절은 시온을 향해 "평화"(שלום)와 "선함"(טוב)과 "구원"(ישועה)을 선포하는 전령의 모습을 묘사한다. מבשר("전하는 자")은 40:9과는 달리 여기에서 남성형으로 나타난다. 그리고 "높은 산에 오르라"는 명령이 여기에서 실제 행동으로 옮겨지고 있다.288) 본문에 묘사된 장면은 전쟁터로부터 승리의 기쁜 소식을 전하

---

282) Ibid., 165.
283) 사 49:13; 52:9-10.
284) 사 51:5, 6, 8, 9; 52:7, 10. Melugin, *The Formation of Isaiah 40-55*, 166.
285) 사 52:9; 참조. 51:3; 51:11.
286) 사 52:7-10; 참조. 49:14-21; 51:1-3. Melugin, *The Formation of Isaiah 40-55*, 167.
287) Melugin, "Isaiah 52:7-10", 176.
288) Watts, *Isaiah 34-66*, 216.

기 위해 달려오는 전령의 모습을 연상시킨다.[289]

와츠는 전령이 전하는 메시지의 내용을 평화, 선함, 구원으로 정의한다.[290] 여기에 대해 에드워드 영은 이것들을 세 개의 다른 메시지로 이해할 것이 아니라, 구원이라는 한 가지 주제를 설명하는 말로 보아야 한다고 지적한다.[291] 그리고 특히 구원이라는 말은 단순히 바벨론의 포로에서 해방되는 것 이상으로 하나님의 진노가 사람들에게 초래하는 모든 것으로부터의 구원을 뜻하며, 선함과 평화로 특징지어지는 영적인 구원을 일컫는 것으로 풀이한다.[292]

본문에서 메시지의 중심 내용은 "네 하나님이 통치하신다"(מלך אלהיך)이다. 베스터만에 따르면, 이 어구의 의미는 이스라엘의 하나님이 주인이라는 사실을 모든 사람들 앞에서 분명히 천명하는 것이다.[293] 와츠는 이 어구가 다리오가 통치권을 확고히 장악한 역사적인 배경을 반영하며, 아울러 야훼께서 다리오를 통해 자신의 권위와 통치권을 나타내 보이신 것을 뜻하는 것으로 이해한다.[294]

뮬렌버그는 "네 하나님이 통치하신다"는 어구가 야훼의 종말론적 대관식 축제와 관련이 있음을 밝힌다. 즉 고대 바벨론의 신년축제 의식에서 말둑의 즉위를 축하할 때 외친 "말둑이 왕이 되었다"라는 환호가 여기에 반영되고 있다는 것이다. 그리고 다윗과 야훼의 거처인 시온의 선택과 관련된 원래의 축제가 이사야에 의해 다음과 같이 새로운 형태로 구성되었다고 한다. ㉮ 시온이 다시 선택받았다(야훼께서 시온으로 돌아오심), ㉯ 야훼께서 친히

---

[289] 삼하 18:25-27 참조. 이 구절은 롬 10:15의 복음 전파의 중요성을 강조하는 문맥에 인용되고 있는데, 여기에서 מבשר 는 "복음을 전하는 자"로 표현된다.
[290] Watts, *Isaiah 34-66*, 216.
[291] Young, *The Book of Isaiah*, vol. 3, 330.
[292] Ibid. 영은 본문의 선포를 바벨론 포로민들의 귀환과 관련되었다고 생각할 이유가 없다고 주장한다. 그것은 구원과 구출에 대한 일반적인 선포이기 때문이다. Ibid., 329.
[293] Westermann, 『이사야』 (3), 290.
[294] Watts, *Isaiah 34-66*, 216-17.

자기 백성의 왕이 되셨다(다윗 후손 중의 한 사람이 아님).295)

8절은 시온의 파괴된 성벽 위에서 발하는 파수군들의 응답을 묘사한다. 이들은 시온으로 돌아오시는 야훼의 개선을 바라보고 환희의 노래를 부른다. 멜루진에 따르면, 여기에는 제의의 특징적인 용어가 사용되고 있다. 즉 파수꾼들이 "소리를 높여 일제히 노래하는 것"(נשאו קול יחדו ירננו)은 성전 찬양대의 모습을 따른 것으로 본다.296)

"그들의 눈이 마주 보다"(עין בעין יראו)란 표현은 "이스라엘이 그토록 오랫동안 믿을 수도 없고 이해할 수도 없었던 일이 이제는 볼 수 있고 잡을 수 있는 현실이 된다"는 뜻이다.297) 그리고 "야훼께서 시온으로 돌아오신다"(יהוה ציון בשוב)란 어구는 포로민들의 귀환과 예루살렘의 재건이 하나님의 돌아오심과 동일한 것임을 나타낸다.298) 와츠는 바벨론에서 돌아오는 포로민의 무리가 언덕의 꼭대기 너머로 나타나는 것이 야훼께서 시온으로 돌아오심을 보여주는 확실한 증거라고 풀이한다.299) 이에 반해 뮬렌버그는 "야훼께서 시온으로 돌아오신다"는 어구가 야훼가 바벨론의 포로민들과 함께 계셨음을 지시하는 것이 아니라, 그 성읍의 재건과 함께 야훼께서 그의 영광의 처소에 거하기 위해 오심을 나타내는 것으로 해석한다.300) 멜루진은 이 구절에 나타난 사건들의 묘사에는 일상적인 현실과 상상의 제의적인 비유가 의도적으로 혼합되고 있다고 한다. 즉 본문에는 종말론적인 환상, 즉 현실의 모든 굴레를 깨뜨려 버리는 희망의 표현이 그려지고 있다는 것이다.301)

---

295) Muilenburg, "Isaiah 40-66", 611; 참조. North, *The Second Isaiah*, 221-22.
296) Melugin, "Isaiah 52:7-10", 177.
297) Westermann, 『이사야』 (3), 290.
298) Ibid.
299) Watts, *Isaiah 34-66*, 217.
300) 겔 43:1-5 참조. Muilenburg, "Isaiah 40-66", 611.
301) Melugin, "Isaiah 52:7-10", 177. 계속해서 멜루진은 이렇게 말한다. "본문은 의심할 여지없이 바벨론에 포로된 하나님의 백성의 상황과 관련되어 있지만, 결코 지상의 정치적인 현실을 묘사하는 것은 아니다. 결단코 고레스의 정책이 어떠한지를 분석하

9절은 등장 인물의 범위가 보다 확대된다. 전령의 구원의 메시지는 소수의 파수꾼들에 의해 독점되지 않고 예루살렘의 폐허까지도 축하에 동참하도록 초대된다. 여기에서 "예루살렘의 황폐한 곳"(חרבות ירושלם)이란 표현은 지리적인 개념을 초월하여 "이스라엘 민족 중에서 포로로 끌려가고 흩어져서 수난 당하고 좌절하고 지친 남은 자들을 가리킨다."[302] 그러나 이제 상황이 바뀌어 기뻐하고 노래할 수 있게 되었다. 그 이유는 야훼께서 심판을 끝내시고 이미 시온을 위로하며 구원하시기 위해 필요한 조치들을 취하셨기 때문이다. 뮬렌버그는 "기쁜 소리를 발하여 함께 노래할지어다"(יחדו פצחו רננו)란 어구를 종말론적인 노래와 관련시키고, 이것이 이스라엘의 경건을 나타내는 확실한 표현으로 본다.[303] "여호와께서 그 백성을 위로하셨고…"란 표현은 하나님의 행위의 중심이 자기 백성에게 있으며 성읍이나 성전에 있지 않다는 것을 보여준다. 성읍의 회복은 자기 백성을 구원하기 위한 수단에 불과하기 때문이다.[304]

10절은 선포가 모든 경계를 넘어 퍼져 나가는 장면을 묘사한다. 야훼의 권능이 모든 민족들에 드러나 보이고 땅 끝까지 하나님의 구원을 보게 된다. "야훼께서 그 거룩한 팔을 나타내신다"는 어구에 대해 뮬렌버그는 야훼께서 전쟁을 준비하시는 것으로 풀이한다.[305] 그러나 와츠에 따르면 이 표현은 기적적인 행위나 군사적인 공격을 뜻하지 않는다. 본문에서 이 어구는 하나님께서 자기 백성과 자기 성읍을 위해 좋은 결과를 가져오기 위해 역사적 정치적인 과정을 통해 행동하시는 것을 지시한다.[306] 또는 베스터만의 해석에 따라 하나님의 개입의 사실성과 궁극성을 나타내는 말로 이해할 수

고 있지 않다…그 대신 포로 상태에서 당하는 인간적이고 역사적인 압제의 현실과 바벨론과 페르시아 제국의 야심이 충돌함으로 빚어진 투쟁이 야훼의 왕권을 축하하는 제의 전승과 혼합되고 있다. 이런 식으로 지상의 정치적 사건들은 우주적 차원으로 승화된다." Ibid., 178.

302) Westermann, 『이사야』 (3), 290.
303) Muilenburg, "Isaiah 40-66", 612.
304) Watts, *Isaiah 34-66*, 217.
305) Muilenburg, "Isaiah 40-66", 612.
306) Watts, *Isaiah 34-66*, 217.

있다.307) 이와 같은 "우리 하나님의 구원" 행위는 만방에 알려져 이웃 나라들과 백성들이 눈으로 직접 목격할 것이다. 10절은 신약에서 누가복음 3:6에 인용되고 있다. 여기에서 누가는 세례 요한의 사역을 이사야의 "기쁜 소식을 전하는 전령"의 역할과 동일시한다.308)

이제까지 밝혀진 것처럼 이사야 52:7-10 본문의 중심에는 앞에서 살펴본 40:1-11에서와 같이 시온이 자리잡고 있다. 두 본문 사이에는 기쁜 소식을 전하는 시온의 사명을 중심으로 점진적인 연속성이 발견된다. 즉 40:1-11은 야훼의 구원의 기쁜 소식을 전할 선교의 사명이 시온에게 주어지는 장면을 묘사한다. 그리고 52:7-10에서 야훼께서 시온으로 돌아오시고 여기에서 통치를 시작하신다는 기쁜 소식이 시온에 전해진다. 그 소식은 먼저 예루살렘의 파괴된 성벽을 지키는 파수꾼들에게 전해지고 다음에는 "예루살렘의 폐허들", 곧 예루살렘에 거하는 이스라엘의 남은자들에게 선포된다. 그리고 마침내 이 야훼의 구원의 위업은 시온에서 땅 끝까지 전해져서 세상 모든 사람들이 하나님의 구원을 목격하게 된다.

비록 52:7-10에서 시온의 역할이 40:1-11에 비해 다소 수동적으로 나타나기는 하지만, 이 두 본문은 시온을 구원의 메시지의 진원지로 묘사한다는 점에서 공통성을 보여준다. 그리고 이사야 52:7-10은 "예루살렘"을 중심으로 한 민족주의를 뛰어넘어 "땅 끝까지"라는 세계주의를 표방하는 시온의 선교적 사명을 뚜렷이 묘사한다는 점에서 특징적이라 할 것이다.

7. 회복과 구원의 대상: 이사야 49:14-26; 62:1-5

(1) 이사야 49:14-26

14오직 시온이 이르기를,

---

307) Westermann, 『이사야』 (3), 291.
308) 이 책 168쪽을 참조하라.

여호와께서 나를 버리시며
주께서 나를 잊으셨다 하였거니와,
15여인이 어찌 그 젖 먹는 자식을 잊겠으며
자기 태에서 난 아들을 긍휼히 여기지 않겠느냐.
그들은 혹시 잊을지라도
나는 너를 잊지 아니할 것이라.
16내가 너를 손 바닥에 새겼고
너의 성벽이 항상 내 앞에 있나니.
17네 자녀들은 속히 돌아오고
너를 헐며 너를 황폐케 하던 자들은 너를 떠나 가리라.
18네 눈을 들어 사방을 보라,
그들이 다 모여 네게로 오느니라.
나 여호와가 이르노라,
내가 나의 삶으로 맹세하노니
네가 반드시 그 모든 무리로 장식을 삼아 몸에 차며 띠기를
신부처럼 할 것이라.
19대저 네 황폐하고 적막한 곳들과 네 파멸을 당하였던 땅이
이제는 거민이 많으므로 좁게 될 것이며,
너를 삼켰던 자들이 멀리 떠날 것이니라.
20고난 중에 낳은 자녀가
후일에 네 귀에 말하기를,
이곳이 우리에게 좁으니 넓혀서
우리로 거처하게 하라 하리니,
21그 때에 네 심중에 이르기를
누가 나를 위하여 이 무리를 낳았는고.
나는 자녀를 잃고 외로와졌으며 사로잡혔으며 유리하였거늘
이 무리를 누가 양육하였는고.
나는 홀로 되었거늘
이 무리는 어디서 생겼는고 하리라.
22나 주 여호와가 이르노라,
내가 열방을 향하여 나의 손을 들고

민족들을 향하여 나의 기호를 세울 것이라.
그들이 네 아들들을 품에 안고
네 딸들을 어깨에 메고 올 것이며,
²³열왕은 네 양부가 되며
왕비들은 네 유모가 될 것이며,
그들이 얼굴을 땅에 대고 네게 절하고
네 발의 티끌을 핥을 것이니,
네가 나를 여호와인줄 알리라.
나를 바라는 자는 수치를 당하지 아니하리라.
²⁴용사의 빼앗은 것을 어떻게 도로 빼앗으며
승리자에게 사로잡힌 자를 어떻게 건져낼 수 있으랴마는,
²⁵나 여호와가 이같이 말하노라.
용사의 포로도 빼앗을 것이요,
강포자의 빼앗은 것도 건져낼 것이니,
이는 내가 너를 대적하는 자를 대적하고
네 자녀를 구원할 것임이라.
²⁶내가 너를 학대하는 자로 자기의 고기를 먹게 하며
새 술에 취함같이 자기의 피에 취하게 하리니,
모든 육체가 나 여호와는 네 구원자요 네 구속자요,
야곱의 전능자인줄 알리라.

① 본문의 구조와 문학적 성격

이사야 49:14-26은 시온의 회복과 구원을 중심 내용으로 한다. 뮬렌버그는 49장 전체를 한편의 시로 취급하며, 이것은 12개의 연으로 구성된다고 한다. 그의 분석에 따르면 14-26절은 제7-12연에 해당한다.³⁰⁹⁾ 한편 베스

---

309) Muilenburg, "Isaiah 40-66", 570-77. 그의 구분은 다음과 같다. 제7연, "야훼께서는 시온을 잊지 않으셨다": 14-16절; 제8연, "영광된 귀향": 18, 12절; 제9연, "시온이 재건되고 사람들이 다시 거주함": 17, 19절; 제10연, "이들이 어디에서 왔는가?": 20-21절; 제11연, "민족들을 향한 기호": 22-23절; 제12연, "야곱의 구원자요 구속자요 전능자": 24-26절.

터만은 49:14-26의 본문을 14-20절, 21-23절, 24-26절 등 세 개의 단락으로 구분한다. 그리고 각 단락은 첫머리가 탄식의 요소들로 구성되며, 모두 이스라엘의 주장을 논박하는 것으로 시작해서 구원 고지로 바뀌는 공통된 특징을 보인다고 한다. 즉 각 단락은 이스라엘 민족의 탄식을 암시하는 말로 시작해서 그 탄식에 대한 논박이 나오며, 뒤이어 구원 고지와 하나님의 대답이 나온다는 것이다.310) 와이브레이는 14, 21, 24절 등 세 구절에 나타난 시온의 말이 모두 동일한 종류의 것이 아니라는 점을 들어 베스터만의 구분에 의문을 제기한다. 즉 14절과 24절에서 시온은 자신을 구원하려는 야훼의 의지나 능력에 대한 불신을 표현하는데 반해, 21절에서는 시온은 야훼의 개입의 결과에 기뻐서 어리둥절해 하는 모습을 보여준다는 것이다. 따라서 와이브레이는 이 본문이 14-23절과 24-26절 등 두 개의 신탁으로 구성된 것으로 보아야 한다고 주장하고, 이 같은 구분은 "네가…알리라"(וידעת, 23절)와 "모든 육체가…알리라"(וידעו, 26절)는 어구에 의해 확증된다고 말한다.311)

모티어도 14-26절을 두 개의 단락으로 나누고 그 구조를 다음과 같이 제시한다.312)

    A 잊지 않으시는 야훼(14-21절)
     a¹ 집결하는 가족(14-18b)
      b¹ 집결된 가족, 불가사의함(18c-21절)
    B 정복하시는 야훼(22-26절)
     a² 비굴한 노획자: 집결하는 가족(22-23절)
      b² 승리한 노획자: 해명되는 가족(24-26절)

모티어의 분석에 따르면, a¹과 b¹은 "자녀"라는 주제어를 공유하고(17,

---

310) Westermann, 『이사야』 (3), 252.
311) Whybray, *Isaiah 40-66*, 143.
312) Motyer, *The Prophecy of Isaiah*, 393.

20절), 각각 시온의 말로 시작하고 끝맺으며(14, 21절), "그들이 다"(또는 "그 모든 무리")라는 어구로 연결된다(18bd절). 또 a^2와 b^2 역시 자녀 주제를 계속하며(21, 25절) 승리한 노획자 주제를 공유한다. 각각은 선언 문체로 시작하고(21, 25절) 야훼에 대한 지식을 언급하는 진술로 끝맺는다(23f, 26c절). 집결하는 가족(a^1)은 옛 노획자들의 비굴한 협조로 설명되며(a^2), 시온의 가족의 불가사의함은(b^1) 야훼의 구원 사역으로 설명된다(b^2).[313]

멜루진은 시온-예루살렘 단락이 이 본문에서 시작하여 55:13까지 이어지는 것으로 본다. 그에 의하면, 이 단락은 시온의 계속되는 탄식의 상태를 공격하기 위한 논박의 말과 구원의 고지가 결합된 것이다.[314] 그리고 이 본문은 세 개의 불평에 대응하는 세 부분의 논박과 약속으로 구성된다. 그 세 가지 불평은 ① "야훼께서 나를 버리셨다"(14절), ② "나는 자녀를 잃고 외로와졌다"(21절), ③ "용사의 빼앗은 것을 어떻게 도로 빼앗을 수 있는가"(24절)이다.[315] 멜루진은 이와 같이 예언자가 탄식 시의 일부를 모델로 사용하고, 논박의 말과 구원의 고지를 혼합하여 이 본문을 구성한 것으로 결론짓는다.[316]

이 단락에 묘사된 내용의 배경은 팔레스타인으로 볼 수 있다. 이는 49:1의 "섬들"(페니키아와 블레셋)과 "원방의 백성"(팔레스타인 국경의 민족들)에 대한 언급과 14절의 예루살렘의 등장에서 확인된다.[317]

---

313) Ibid.
314) Melugin, *The Formation of Isaiah 40-55*, 149.
315) 베스터만은 이 세 개의 불평이 제의적 탄식 시에 나타난 세 개의 불평에 상응하는 것으로 이해한다. 즉 야훼의 구원 행위의 결핍에 대한 불평, 탄원자의 비참한 상태에 대한 불평, 그리고 원수의 억압에 대한 불평이 그것이다. Claus Westermann, "Das Heilswort bei Deuterojesaj", *EvTh* 24 (1964): 366-68; Melugin, *The Formation of Isaiah 40-55*, 149에서 재인용. 또한 Westermann, 『이사야』 (3), 254를 참조할 것.
316) Melugin, *The Formation of Isaiah 40-55*, 149. 베스터만은 이와 같은 구조가 49:14-26이 의도적으로 만들어 낸 작품임을 보여주는 것이라고 단정한다. Westermann, 『이사야』 (3), 253.
317) Watts, *Isaiah 34-66*, 187.

② 본문의 주석적, 신학적 이해

14절은 시온이 토로하는 애절한 탄식으로 시작한다. 시온, 곧 파괴된 예루살렘의 남은 백성들은 하나님이 그들을 저버리고 계신 것으로 생각하였다.[318] 일부 주석가들은 여기의 탄식이 포로로 잡혀간 유대인들이 예배시에 사용한 탄식의 기도를 인용한 것으로 본다.[319] 에드워드 영에 따르면, 이 구절에 언급된 시온은 포로들이 바벨론으로 붙잡혀 간 후 황폐한 채로 남은 예루살렘 성읍을 가리키는 것이 아니고 선민들을 지칭한다.[320]

시온의 이 같은 탄식에 대해 하나님께서 친히 나타나셔서 백성들을 향한 자신의 사랑이 얼마나 깊고 변함없는 것인지를 역설하신다. 먼저 15절에서는 야훼와 자기 백성과의 특별한 관계가 자식에 대한 어머니의 사랑에 비유된다. 어머니가 자기 태에서 낳은 자식을 잊지 못하듯 하나님은 그 이상으로 자기 백성을 잊지 않으신다는 것이다. 베스터만은 이 구절이 40:26과 연계하여 하나님의 창조주와 구원자 되심을 보여준다고 한다. 즉 40:26에서 좌절한 사람들에게 하늘의 별을 바라보게 함으로써 창조주를 일깨워 준 것처럼, 49:15에서는 그들의 시선을 어머니와 그 자녀에게 향하게 함으로써 하나님의 주권과 그의 선하심을 깨닫게 한다는 것이다. 이와 같이 하늘의 별과 어머니 품 안에 있는 자녀는 포로민들에게 하나님의 창조활동을 가시적으로 보여주는 현실이었다.[321]

'하나님의 돌보심'에 관한 이 단락은 16절까지 이어진다.[322] 16절에서 야훼는 자신을 새로운 예루살렘 성읍의 건축자로 나타내시고, 자기 손에 도시계획의 설계도를 그려 보이신다.[323] 야훼는 지금 새로운 도시계획을 설계

---

318) 와츠는 여기에서 시온이 598년 및 587년의 느부갓네살의 침공 이후 수십 년 간 행해진 악행들을 상기하고 있는 것으로 본다. Ibid., 189.
319) 예컨대, 장일선,『이사야』II, 83; Whybray, *Isaiah 40-66*, 143.
320) Young, *The Book of Isaiah*, vol. 3, 284. 와이브레이는 "시온"은 유대인 포로민들을 지칭하기도 하고 실제적인 예루살렘 성읍과 그 주민들을 지칭하기도 하는데, 여기에서는 후자의 의미가 강한 것으로 본다. Whybray, *Isaiah 40-66*, 143.
321) Westermann,『이사야』(3), 253.
322) Ibid., 254.
323) Whybray, *Isaiah 40-66*, 143. 일부 주석가들은 "내가 너를 손바닥에 새기고

하는 건축자의 표상을 통해 예루살렘의 회복과 자기 백성을 향한 새로운 구상을 드러내고 계신 것이다. 16절 이하의 본문은 야훼께서는 폐허가 된 예루살렘 성읍을 일으켜 세우기 위한 설계도를 작성하시고(16절), 이 설계도에 따라 건축공들이 작업을 시행하여 성읍을 재건하였으며(17절), 이렇게 단장된 예루살렘에 흩어진 포로민들이 대거 이주해 옴으로써 성읍이 다시 활기를 되찾게 되었음을 묘사한다(18절). 이러한 묘사는 시온에 대한 하나님의 깊은 사랑과 돌보심을 효과적으로 전달해 준다.324) 특히 17절의 표현은 베스터만의 말을 빌리면, "폐허로부터 새로운 건설로의 놀랍고도 급작스런 전환을 찬양하는 것"이다.325)

18절은 포로민들의 회집과 귀환을 묘사한다. "네 눈을 들어 사방을 보라"는 명령은 이사야의 특징적인 문체로서, 이것은 예언자가 본 귀환의 환상을 함께 나눌 것을 촉구하는 말로 이해할 수 있다.326) "그 모든 무리로 장식을 삼는다"(בלם כעדי)는 표현은 단순히 미학적인 개념을 가리키는 것이 아니라 이스라엘이 고향으로 귀환함으로써 다른 민족들 앞에서 품위와 명예를 회복하게 됨을 뜻한다.327)

19-20절은 새로 건설된 성읍에 몰려온 이주민들로 인해 인구가 엄청나게 불어나 땅이 비좁게 될 것임을 말한다. 그 동안 버림받은 땅으로 인식되어 온 시온이 이제는 모든 사람들이 옮겨 살고 싶어 하는 동경의 대상으로 바뀐 상황임을 보여준다. "고난 중에 낳은 자녀"(בני שכליך)란 포로기 동안

란 표현은 문신을 새기던 당시 이방의 관습에서 빌려 온 비유로 본다. 예컨대, Harry Bultema, *Commentary on Isaiah*, trans. Cornelius Lambregtse (Grand Rapids: Kregel Publications, 1981), 481. 그러나 영에 따르면 이것은 야훼께서 시온을 잊지 않기 위해 자기 손바닥에 시온의 이름을 새기시는 것을 뜻한다. Young, *The Book of Isaiah*, vol. 3, 285. 여기에서는 영의 설명이 보다 설득력을 갖는다.

324) 장일선, 『이사야』 II, 83.
325) Westermann, 『이사야』 (3), 254. 그는 17절이 내용상 19절과 더 잘 연결된다고 보아 이 구절을 19절 앞에 둔다.
326) Ibid.
327) Ibid.

흩어진 유대인 중에 태어난 이들을 가리킨다.328)

그러나 21절에서 시온은 고통받던 시절에 자신을 버리고 떠난 후 돌아보지도 않던 이 많은 거민들이 모두 어디서 왔는지를 묻는다. 여기에 대해 22-23절에서 야훼는 열방들로 하여금 시온의 자녀들을 보호하고 양육하도록 했다고 답한다. 즉 야훼께서 손을 들어 신호만 하면 열방들이 시온의 자녀들을 품에 안거나 어깨에 메고 고국으로 데려올 것이며, 또한 열방의 왕들과 왕비들이 양부와 유모가 되어 이들을 키우고 돌볼 것이라고 한다.329) 이는 이방의 민족들이 이스라엘을 불쌍히 여겨서 도와주는 것이 아니다. 반대로 얼마 전까지만 해도 시온을 억압하고 상전 노릇하던 이방 민족들이 입장이 바뀌어 종과 하녀의 신분으로 전락한 때문이다. 그들이 "얼굴을 땅에 대고" 시온에게 절하며 그 발의 "티끌을 핥을 것"이라는 표현이 이를 말해준다. 그러나 역사적으로 열방의 왕들이 이스라엘에게 무릎을 꿇은 적이 없다. 때문에 이 구절이 특정 국가를 지칭한다기보다는 총체적으로 세상의 악한 세력이 하나님의 백성에게 언젠가 굴복할 것을 지시하는 말로 이해하는 것이 옳다.330)

24절에서 시온은 또 다른 항변을 제기한다. "용사의 빼앗은 것을 어떻게 도로 빼앗으며 승리자에게 사로잡힌 자를 어떻게 건져낼 수 있으랴." 이 말은 야훼가 이스라엘을 바벨론의 세력으로부터 구원해 낼 능력이 있느냐는 질문이다.331) 여기에 대해 25절은 긍정적으로 답한다. 야훼는 열방의 세력을 물리치고 시온의 자녀를 능히 구원하실 수 있다는 것이다. 그리고 시온을 학대하던 자들은 자기 살을 먹고 자기 피에 취하게 되리라고 말한다(26절). 이는 전쟁으로 인한 자기 파괴를 묘사하는 표현이다.332)

---

328) Muilenburg, "Isaiah 40-66", 576.
329) 베스터만은 이 대답이 하나님의 개입을 알리는 고지로 이해한다. 즉 하나님은 (열방이 아니라) 시온으로 하여금 그 자녀들을 도로 데려 오도록 하신다는 것이다. 그리고 하나님이 이방 민족들을 향해 손을 들고 깃발을 드는 것은 그들에 대한 선전 포고의 표시라고 주석한다. Westermann, 『이사야』 (3), 255.
330) 장일선, 『이사야』 II, 84.
331) Ibid.
332) Ibid.

여기까지만 놓고 보면 본문은 유대인의 극단적인 민족주의를 반영한다고 할 수 있다. 그러나 마지막 26절은 야훼의 우주주의를 뚜렷이 표명하는 말로 끝맺는다. "모든 육체가 나 야훼는 네 구원자요 네 구속자요 야곱의 전능자인 줄 알리라." 이스라엘에게 베푼 야훼의 구원 행위는 입에서 입으로 퍼져 이방 민족들에게까지 전파된다는 것이다.[333] 이는 노스의 표현대로 "하나님 중심적이며 우주주의 지향적인 언급"이라 할 수 있다.[334]

와츠는 예루살렘의 회복은 그 자체로 끝나는 것이 아니고, 이를 통해 야훼에 대한 지식을 확산시키는 데 궁극적인 목적이 있음을 밝힌다.[335]

그리고 여기에 사용된 "야곱의 전능자"(יעקב אביר)란 칭호는 이제 막 이방 민족들에게 드러난 하나님의 목적과 계획이 실제로는 태고적인 족장 시대, 또는 더 거슬러 올라가 '지상에서 하나님의 역사'가 시작되기 이전부터 예정된 것임을 천명하는 표현이라 할 수 있다.[336]

위에서 살펴본 대로 이 본문은 시온의 회복과 구원을 선포하고 있다. 그리고 이 본문은 시온의 탄식과 야훼의 해명이 교차하는 대화의 형태로 구성된다. 그리고 시온의 탄식과 절망은 예루살렘에 대한 야훼의 변함없는 관심과 애정에 대한 언질이 주어짐으로 진정된다. 시온은 야훼께서 자기 이름을 두시려고 택한 곳이었다. 본문은 시온을 향한 야훼의 사랑이 범상한 부모의 사랑을 뛰어넘는 헌신적인 모성애적 사랑임을 보여준다. 또한 본문은 폐허된 예루살렘 너머로 성벽의 재건을 설계하는 야훼를 묘사한다. 예루살렘 성벽의 재건은 사실상 일찍부터 작정된 야훼의 계획을 구체적으로 실행하는 것에 다름 아니었다. 시온은 언제나 야훼의 구원 계획의 중심에 자리잡고 있었다. 끝으로 본문은 구원의 도성 시온에서부터 야훼의 이름이 만방에 퍼져 나갈 것임을 말한다. 여기에 다시 한 번 야훼의 우주주의의 중심지로 봉사하는 시온의 특징적인 면모가 강조되고 있는 것이다.

---

[333] Westermann, 『이사야』 (3), 257.
[334] North, *The Second Isaiah*, 196.
[335] Watts, *Isaiah 34-66*, 192.
[336] George A. Knight, *Servant Theology: A Commentary on Isaiah 40-55*, ITC (Grand Rapids: Wm. B. Eerdmans, 1984), 141

(2) 이사야 62:1-5

¹나는 시온의 공의가 빛같이
예루살렘의 구원이 횃불같이 나타나도록
시온을 위하여 잠잠하지 아니하며
예루살렘을 위하여 쉬지 아니할 것인즉,
²열방이 네 공의를
열왕이 다 네 영광을 볼 것이요.
너는 여호와의 입으로 정하실
새 이름으로 일컬음이 될 것이며,
³너는 또 여호와의 손의 아름다운 면류관
네 하나님의 손의 왕관이 될 것이라.
⁴다시는 너를 버리운 자라 칭하지 아니하며
다시는 네 땅을 황무지라 칭하지 아니하고,
오직 너를 헵시바라 하며
네 땅을 쁄라라 하리니,
이는 여호와께서 너를 기뻐하실 것이며
네 땅이 결혼한 바가 될 것임이라.
⁵마치 청년이 처녀와 결혼함같이
네 아들들이 너를 취하겠고,
신랑이 신부를 기뻐함 같이
네 하나님이 너를 기뻐하시리라.

· ·

¹⁰성문으로 나아가라 나아가라,
백성의 길을 예비하라,
대로를 수축하고 수축하라.
돌을 제하라
만민을 위하여 기를 들라.
¹¹여호와께서 땅 끝까지 반포하시되
너희는 딸 시온에 이르라,

보라 네 구원이 임하느니라.
보라 상급이 그에게 있고
보응이 그 앞에 있느니라 하셨느니라.
12사람들이 너를 일컬어 거룩한 백성이라
여호와의 구속하신 자라 하겠고,
또 너를 일컬어 찾은 바 된 자요
버리지 아니한 성읍이라 하리라.

① 본문의 구조와 문학적 성격

이사야 62장 역시 전장을 통해 시온의 회복과 영화를 중심 주제로 삼고 있다. 즉 지금까지 시온은 버림받은 아내와 같았지만, 이제는 회복되어 옛 영광을 되찾게 될 것임을 노래한다. 본문에 나오는 시온의 특유한 호칭들은 새로운 시대에 형성될 야훼와 자기 백성 간의 새로운 관계를 표현한다. 하나님의 영광은 백성들의 삶과 성격을 변모시킨다. 야훼가 오시는 날 그의 백성들의 운명이 바뀔 것이며, 모든 민족들이 시온의 설욕을 목격할 것이다.337) 그렇기 때문에 본문에는 비난의 말은 한마디도 나오지 않고, 전체 내용이 시종 예루살렘의 아름다운 미래에 관한 약속으로 집중된다.338)

이사야 62장에 나타나는 몇 가지 모티프들은 비슷하게 시온의 회복을 주제로 하는 이사야 40장의 모티프들을 반복, 확대하고 있음을 볼 수 있다. 이러한 현상은 62:2과 40:5; 62:10과 40:3-4 그리고 62:11과 40:9-10에서 발견된다.339)

베스터만은 이사야 62장을 올바로 해석하기 위해서는 60-62장의 바닥에 깔려 있는 탄식의 세 가지 요소를 파악해야 함을 지적한다. 즉 60장은 적에 대한 탄식을, 61장은 우리를 주어로 하는 탄식, 62장은 하나님에 대한 고발을 각각 바닥에 깔고 있다는 것이다. 그리고 62:4b-5과 11-12절에 나오는 하나님이 그의 백성을 다시 돌아보시리라는 선포는 바로 이 고발을 겨냥한

---

337) Muilenburg, "Isaiah 40-66", 716.
338) Whybray, *Isaiah 40-66*, 229.
339) Wolf, *Interpreting Isaiah*, 240.

것으로 본다.340)

뮬렌버그는 본문의 시가 5개의 연(1-3, 4-5, 6-7, 8-9, 10-12절)을 가진 매우 정교하게 구성된 문학작품으로 평가한다. 특히 각행의 평행법이 두드러지게 나타나고 있는 것을 지적한다. 그에 따르면, 이 시의 운율은 1-3절이 3+3, 4-12절은 3+2이고, 시 전반에 나타난, 사용된 표상은 메시야적이다.341)

여기에서는 이사야 62장 전체를 다 다루지 않고, 시온 회복의 주제를 직접적이고 명시적으로 언급하는 1-5절과 10-12절을 선택적으로 살펴볼 것이다.

② 본문의 주석적, 신학적 이해

1절은 구원 신탁으로서 야훼가 1인칭으로 말씀하며 시온은 3인칭 여성으로 언급된다.342) "나는…시온을 위하여 잠잠하지 아니하며"(ציון לא אחשה למען)라는 어구에서 "잠잠하다"(חשה)는 수동적이고 정적인 모습을 묘사하는 말로, 여기에서는 하나님의 침묵을 가리킨다.343) 백성들은 자주 하나님이 자기들을 돌아보시지 않고 잠잠히 계신다고 불평을 토로해 왔다.344) 따라서 이러한 불평에 대한 응답으로 시온의 구원을 위해 야훼께서 침묵을 깨고 개입하겠다고 약속하시는 것이다.345) "시온을 위하여," 그리고 "예루살렘을 위하여"라는 어구를 반복하는 것은 시온을 위한 이 같은 야훼의 구원 의지를 역설하는 강조법이다. 그리하여 지금까지 어둠 속에 잠겨 있던 시온에게 구원의 빛이 "횃불"처럼 환하게 비쳐질 것을 말한다.

---

340) Westermann, 『이사야』 (3), 424.
341) Muilenburg, "Isaiah 40-66", 716-17.
342) 뮬렌버그는 여기의 화자가 야훼가 아니고 예언자라고 주장한다. Muilenburg, "Isaiah 40-66", 717. 그러나 영은 이에 동의하지 않고 1절의 화자를 야훼로 본다. Young, *The Book of Isaiah*, vol. 3, 467.
343) Watts, *Isaiah 34-66*, 311.
344) 예컨대, 시 28:1; 사 64:12 등.
345) 비슷한 언급이 사 42:14; 57:11; 65:6에도 나온다. Whybray, *Isaiah 40-66*, 247.

2-5절은 1절에 대한 예언자의 해명으로서 다양한 표상을 사용하여 구원 주제를 발전시킨다. 이 부분의 화자는 예언자이거나 제삼자로서, 대화의 대상은 2인칭 여성으로 나타난 시온이며, 야훼는 3인칭으로 언급된다.346) 2절은 시온이 받을 영광을 이방 민족들이 모두 목격할 것임을 말한다. 그리고 야훼는 구원의 징표로 "새 이름"(שם חדש)을 시온에 주신다. 그 구체적인 이름은 4절에 제시된다. 고대 세계에서 사람에게 새 이름을 붙이는 것은 그의 지위나 운명에 급격한 변화가 일어난 것을 의미하였다.347) 앤더센에 따르면, 야훼께서 어떤 사람에게 새로운 이름을 지어 주는 것은 야훼와 그 사람이 계약을 맺고 그것을 확증하는 것을 가리키므로 새 이름은 계약의 표징이자 보증으로 인식되었다.348) 따라서 시온의 이름이 바뀐 것은 하나님과 시온 사이에 계약 관계가 다시 확립되고 시온의 위상이 크게 바뀐 것을 뜻한다. 또는 새 이름을 준 것은 시온이나 예루살렘이 이제까지 파괴, 심판, 황폐와 같은 부정적인 면과 연루되어 왔기 때문에 시온의 이미지를 긍정적인 면으로 바꾸기 위함일 수도 있다.349) 예루살렘에 새 이름을 주는 장면은 이사야 60:14, 18에도 언급되는데, 여기서 그 성읍은 "야훼의 성읍", "이스라엘의 거룩한 자의 시온"으로 불려지고, 그 성벽은 "구원"으로 그 성문은 "찬송"으로 불려진다. 예레미야 33:16에는 메시야 시대에 "야훼 우리의 의"라는 새로운 이름이 예루살렘에 주어질 것이라고 묘사된다.

예루살렘의 변화된 위상은 3절의 "면류관"(עטרת)과 "왕관"(מלוכה צנוף)이라는 칭호에 반영되고 있다. 즉 시온이 야훼의 왕도로서의 지위를 되찾아 그의 지상 통치의 중심지가 되리라는 것이다.350) 와이브레이는 본문에서 시온이 왕관을 받는 것이 아니라 그 자신이 면류관이 될 것으로 표현되고 있는 점과, 그 면류관이 시온의 머리에 씌어져 있는 것이 아니라 야훼

---

346) Ibid., 246.
347) Ibid.
348) T. Davis Andersen, "Renaming and Wedding Imagery in Isaiah 62", *Bib* 67 (1986): 76.
349) Watts, *Isaiah 34-66*, 312.
350) Ibid.

의 손에 놓여 있다는 표현을 문제삼는다. 그러나 표현은 시온을 야훼가 쓰고 계신 면류관으로 간주하면 해결되고, 두번째 표현은 바벨론 신화에서 마르둑과 같은 이방 신들이 면류관을 그 머리에 쓴 것과 구별하기 위한 의도로 보면 이해가 된다는 것이다.[351] 면류관이나 왕관은 이스라엘의 영광을 가시적으로 표현하는 것이다. 이것은 또 야훼와 시온의 긴밀한 관계를 보여준다. 아울러 시온이 야훼에게 있어서 그의 영광을 나타내는 매우 소중한 존재임을 지시한다.[352]

4-5절에서는 시온의 회복 및 그의 새로운 지위가 결혼이라는 계약 용어로 묘사된다. 4절은 시온의 지난날의 처지가 야훼로부터 "버리운 자"(עזובה)요, "황무지"(שממה)와 같았음을 서술한다. "버리우다"는 보통 여인이 남편에게 버림받은 상태를 일컫는 말이고, "황무지"는 이사야 54:1에서처럼 아이를 갖지 못한 여자의 불임 상태를 가리키는 말이다.[353] 그러나 시온은 더 이상 버리운 자요 황무지로 불리지 않고 '나의 기쁨이 그에게 있다'를 뜻하는 "헵시바"(חפצי־בה)와 '결혼한 자'를 뜻하는 "뿔라"(בעולה)로 불리게 될 것이다. "네 땅이 결혼한 바가 될 것임이라"는 야훼가 시온을 배우자로 맞아들인다는 뜻으로 양자간에 긴밀한 애정 관계가 회복된 것을 말해 주는 표현이다. 와이브레이는 하나님이 땅과 결혼한다는 표현이 땅을 비옥하게 하는 어버이 신에 대한 셈족 관념에서 유래한 것으로 본다.[354] 이것은 또 땅의 풍요를 남신과 여신의 성적 결합으로 표현한 바알 신화의 개념을 반영한 것으로도 이해된다.[355] 그러나 허버트가 적절히 지적한 것처럼 이 구절에 신화적 개념이 반영되었다는 주장은 받아들이기 어렵다. 그것은 단순히 인간의 경험에서 빌려온 강력한 감정적 비유에 지나지 않기 때문이다.[356]

---

351) Whybray, *Isaiah 40-66*, 247.
352) 사 60:21; 61:3. Muilenburg, "Isaiah 40-66", 718 참조.
353) Watts, *Isaiah 34-66*, 313.
354) Whybray, *Isaiah 40-66*, 248.
355) 장일선, 『이사야』 II, 134.
356) Herbert, *Isaiah 40-66*, 168.

결혼의 표상은 5절에도 이어진다. 신랑이 신부를 기뻐하는 것 야훼도 새로 신부로 맞아들인 시온을 기뻐하실 것임을 말한다. "네 아들들이 너를 취하겠고"(יבעלוך בניך)란 어구는 문자적으로 보면 시온의 아들들이 그 어머니되는 시온과 결혼한다는 말로 이해된다.357) 이와 같이 이 어구가 모자간의 비윤리적인 관계를 연상시키기 때문에 일부 주석가들은 이를 극복하기 위해 "네 아들들"(בניך)이라는 자구의 일부를 수정하여 "네 건축자"(בנך)로 읽음으로써 야훼를 지칭하는 말로 바꾸려 한다.358) 실제로 시편 147:2에서 야훼를 예루살렘의 건축자로 지칭하는 예가 있기 때문이다. 이렇게 함으로써 시온의 아들들이 야훼와 결혼하는 표현으로 수정한다. 그러나 에드워드 영은 자구를 수정하기보다는 원문을 그대로 살리는 편을 취한다. 그리고 "결혼하다"란 표현을 의미의 폭을 넓혀 "소유하다"란 뜻으로 해석함으로써 문제를 해결하려 한다. 즉 청년이 처녀와 결혼하듯 시온의 아들들이 하나님의 은혜를 덧입어 시온을 소유하고 그곳에 안주하게 될 것을 가리키는 말로 풀이한다. 이로써 시온은 더 이상 황폐하거나 버림받은 장소가 되지 않고 그의 영적인 아들들로 채워진다는 것인데,359) 이는 본문 자체의 문맥과도 일치하는 적절한 설명으로 이해된다.

10-12절은 주석가들에 의해 60-62장의 전체적인 결론으로 간주된다. 10절에서 하나님의 백성들은 성화된 백성으로 예루살렘에 들어가서 그 거룩한 곳을 차지하도록 촉구 받는다. "나아가라, 나아가라"는 반복 명령은 이사야의 특유한 문체로서, 이사야 52:11에서 포로민들을 향해 반복해서 외친 바 벨론을 떠나라는 명령을 떠올리게 한다. 또 여기에 언급된 "길"(דרך)과 "대로"(המספי)는 이사야 40:3에 언급된 것, 더 이상 "야훼의 길"과 "하나님의 대로"가 아니라, 흩어진 유대인들이 안전하게 시온으로 귀환할 수 있

---

357) 앤더센은 여기에서 시온이 아들의 어머니로 비유되고 있음을 밝힌다 (사 49:17-23; 51:17-20; 54:1-2, 13; 66:7-12 참조). Andersen, "Renaming and Wedding Imagery in Isaiah 62", 76. 한편 와츠는 이것을 유대인들과 예루살렘의 정신적 결합을 의미하는 것으로 이해한다. Watts, *Isaiah 34-66*, 313.

358) Muilenburg, "Isaiah 40-66", 720; Whybray, *Isaiah 40-66*, 248.

359) Young, *The Book of Isaiah*, vol. 3, 470.

도록 예비된 "길"과 "대로"이다. 또 이것은 와이브레이의 설명처럼 예루살렘 거민들이 따라가야 할 야훼를 위한 헌신된 삶의 길을 가리킨다고 할 수 있다.360) "길을 수축하고 돌을 제하라"는 어구는 외국에 흩어진 이스라엘 사람들이 예루살렘으로 돌아오는 것을 가로막는 장애물들을 제거하라는 비유적 표현이다.361) "만민을 위하여 기를 들라"는 표현은 49:22에서는 백성들에게 시온의 자녀들을 데리고 돌아오게 하도록 신호를 보내는 분이 야훼이심 말한다. 그러나 여기에서 "깃발을 드는 것"은 예루살렘의 승리가 완성된 것을 민족들에게 알리는 신호를 말한다고 할 수 있다.362)

11절은 야훼께서 시온을 구속하셨다는 소식이 온 세계에 전파될 것임을 말한다. 이제까지 세상 사람들은 야훼가 자기 백성들의 필요에 응답하지 못하고 침묵하는 무기력한 존재로 인식하고 이스라엘을 경멸해 왔다. 그러나 이제 그들은 예루살렘의 구속자가 오셨다는 소식을 땅 끝까지 들리게 하라는 야훼의 엄숙한 선포를 듣는다. 그리고 시온은 야훼의 상급과 보응을 받을 것이라 말해진다. 여기에서 상급과 보응이란 야훼께서 베푸신 구원과 약속하신 번영을 뜻한다.

11절에는 또한 예루살렘 백성에게 "거룩한 백성", "야훼의 구속하신 자", "찾은바 된 자", "버리지 아니한 성읍"이란 새 이름이 붙여지고 있다. 하나님의 구속으로 시온은 성스러워지고 세상 사람들이 지혜와 공의와 진실을 구하기 위해 찾아오는 대상이 될 것이다.363) "버리지 아니한 성읍"은 그곳에 사람들이 즐겁게 정착하고 다른 곳으로 떠나려 하지 않는 곳이 될 것이며, 하나님의 자비로우신 임재가 다시는 거기에서 사라지지 않을 것임을 가리킨다.364)

이제까지 살펴본 내용은 다음과 같이 요약할 수 있다. ① 시온은 인류를 위한 위대한 종교적 중심지가 될 것이다. ② 민족들이 시온을 바라보고 그

---

360) Whybray, *Isaiah 40-66*, 251.
361) Westermann, 『이사야』 (3), 431.
362) Ibid.
363) 장일선, 『이사야』 II, 135.
364) Delitzsch, *The Book of Isaiah*, vol. 2, 442.

를 섬길 것이다. ③ 야훼의 영광과 현존이 시온으로부터 빛날 것이다. ④ 사람들이 시온에서 야훼의 구원 행위와 그 결과를 경험하게 될 것이다. ⑤ 구원이 시온에게 임할 것이다.

8. 열방의 순례의 장소: 이사야 60:1-22

¹일어나라 빛을 발하라 이는 네 빛이 이르렀고
 여호와의 영광이 네 위에 임하였음이니라.
²보라 어두움이 땅을 덮을 것이며,
 캄캄함이 만민을 가리우려니와
 오직 여호와께서 네 위에 임하실 것이며,
 그 영광이 네 위에 나타나리니,
³열방은 네 빛으로
 열왕은 비취는 네 광명으로 나아오리라.
⁴네 눈을 들어 사면을 보라,
 무리가 다 모여 네게로 오느니라.
 네 아들들은 원방에서 오겠고
 네 딸들은 안기워 올 것이니라.
⁵그 때에 네가 보고 희색을 발하며
 네 마음이 놀라고 또 화창하리니,
 이는 바다의 풍부가 네게로 돌아오며
 열방의 재물이 네게로 옴이라.
⁶허다한 약대,
 미디안과 에바의 젊은 약대가 네 가운데 편만할 것이며,
 스바의 사람들은 다
 금과 유향을 가지고 와서
 여호와의 찬송을 전파할 것이며,
⁷게달의 양 무리는 다 네게로 모여지고,
 느바욧의 수양은 네게 공급되고,

네 단에 올라 기꺼이 받음이 되리니
내가 내 영광의 집을 영화롭게 하리라.
8저 구름같이, 비둘기가 그 보금자리로 날아오는 것같이
날아 오는 자들이 누구뇨.
9곧 섬들이 나를 앙망하고
다시스의 배들이 먼저 이르되,
원방에서 네 자손과 그 은금을 아울러 싣고 와서
네 여호와의 이름에 드리려 하며,
이스라엘의 거룩한 자에게 드리려 하는 자들이라.
이는 내가 너를 영화롭게 하였음이니라.
10내가 노하여 너를 쳤으나,
이제는 나의 은혜로 너를 긍휼히 여겼은즉
이방인들이 네 성벽을 쌓을 것이요,
그 왕들이 너를 봉사할 것이며,
11네 성문이 항상 열려
주야로 닫히지 아니하리니,
이는 사람들이 네게로 열방의 재물을 가져오며
그 왕들을 포로로 이끌어 옴이라.
12너를 섬기지 아니하는
백성과 나라는 파멸하리니,
그 백성들은 반드시 진멸되리라.
13레바논의 영광
곧 잣나무와 소나무와 황양목이 함께 네게 이르러
네 거룩한 곳을 아름답게 할 것이며,
내가 나의 발 둘 곳을 영화롭게 할 것이라.
14너를 괴롭게 하던 자의 자손이
몸을 굽혀 네게 나아오며,
너를 멸시하던 모든 자가
네 발 아래 엎드리어
너를 일컬어 여호와의 성읍이라,
이스라엘의 거룩한 자의 시온이라 하리라.

제4부 이사야의 시온 주제 해석과 적용 · 197 ·

15전에는 네가 버림을 입으며
　미움을 당하였으므로 네게로 지나가는 자가 없었으나,
　이제는 내가 너로 영영한 아름다움과
　대대의 기쁨이 되게 하리니,
16네가 열방의 젖을 빨며
　열방의 유방을 빨고,
　나 여호와는 네 구원자, 네 구속자, 야곱의 전능자인줄 알리라.
17내가 금을 가져 놋을 대신하며,
　은을 가져 철을 대신하며,
　놋으로 나무를 대신하며,
　철로 돌을 대신하며,
　화평을 세워 관원을 삼으며,
　의를 세워 감독을 삼으리라.
18다시는 강포한 일이
　네 땅에 들리지 않을 것이요,
　황폐와 파멸이 네 경내에 다시 없을 것이며,
　네가 네 성벽을 구원이라,
　네 성문을 찬송이라 칭할 것이라.
19다시는 낮에 해가 네 빛이 되지 아니하며,
　달도 네게 빛을 비춰지 않을 것이요,
　오직 여호와가 네게 영영한 빛이 되며
　네 하나님이 네 영광이 되리니.
20다시는 네 해가 지지 아니하며
　네 달이 물러가지 아니할 것은,
　여호와가 네 영영한 빛이 되고
　네 슬픔의 날이 미칠 것임이니라.
21네 백성이 다 의롭게 되어
　영영히 땅을 차지하리니,
　그들은 나의 심은 가지요
　나의 손으로 만든 것으로서
　나의 영광을 나타낼 것인즉,

²²그 작은 자가 천을 이루겠고,
그 약한 자가 강국을 이룰 것이라.
때가 되면 나 여호와가 속히 이루리라.

(1) 본문의 구조와 문학적 성격

시종일관 시온에 구원이 임박했음을 말하고 있는 이 본문이 구원 선포의 양식을 취하고 있다는 점에 주석가들의 견해가 대체로 일치한다.365) 전체적인 내용은 번영의 시기를 맞은 예루살렘을 향해 말해지고 있다. 이때의 예루살렘은 모든 어두운 먹구름이 걷히고 밝은 빛이 비춰기 시작하고, 도처에 흩어진 백성들이 이 성읍을 찾아 모여드는 시기로 묘사된다(1-5a절). 뿐만 아니라 빈곤이 사라지고 풍요를 구가하게 된다(5b-9절). 이방인들이 이 도시의 건축을 도우며 희생 제물을 바치기도 한다(10절).

뮬렌버그에 따르면, 이사야 60장의 주제는 이사야 40:5의 "야훼의 영광이 나타나고 모든 육체가 그것을 함께 보리라"는 구절에 압축되고 있다. 그리고 본문의 중심 단어는 영광이다. 태양이 빛을 발하듯 시온은 야훼의 영광으로 충만하여 세상에 야훼의 영광을 발한다. 이리하여 이 도성은 야훼의 영광이 거하는 새 예루살렘이 되는 것이다. 본문에 "오다"와 "이르게 하다"는 동사가 반복해서 사용되는 것이 한 가지 특징이다(1a, 4bc, 5d, 6c, 9c, 11c, 13a, 17ab절). 본문은 세상 사람들이 시온 산으로 나아 오는 광경을 생생하게 묘사하고 있다.366)

와츠 역시 본문의 주제가 예루살렘의 영화라는 데 견해를 같이 한다(7b, 9, 13, 19, 21절). 이를 위하여 열방의 재화가 모여든다(5b-7a, 9b, 10, 13, 16, 17절). 이 재화들이 성전(7b, 13b절)과 성벽(10절)과 성문들(11절)을 건축하는 데 기여한다. 본문에는 몇 가지 주제들이 특징적으로 나타난다. 와츠에 따르면, 빛의 주제가 1-3, 5a, 19-20절에, 성전과 도성이 영화롭게 되는 주제가 7b, 8, 9, 13, 21절에, 그리고 기쁨에 대한 부름의 주

---

365) Westermann, 『이사야』 (3), 406; Watts, *Isaiah 34-66*, 293.
366) Muilenburg, "Isaiah 40-66", 697.

제가 5a, 15b, 22절에 나타나고 있다.367)

본문의 연대에 관하여 뮬렌버그는 대략 BC 538년 직후로 본다.368) 와이브레이도 바벨론 포로에서 처음 귀환한 지 몇 년되지 않았을 때로 추정한다.369) 와츠는 본문의 역사적 배경을 페르시아의 아닥사스(Artaxerxes) 왕 치세로 보고, 본문은 이 왕이 예루살렘에 페르시아의 지배권을 다시 수립할 때 야훼의 현존과 그의 성읍과 그의 성전이 번창하게 될 것을 반영한다고 한다.370) 그러나 전반적인 내용을 볼 때, 본문은 예루살렘에 일어난 구체적이고 역사적인 구원 사건을 묘사한다기보다는 특정한 역사적 상황과는 직접 관련되지 않는 미래의 종말론적 상황을 묘사한다고 보는 것이 적절한 이해라 할 수 있다.371)

본문의 구조와 관련하여 뮬렌버그는 이사야 60장을 네 개의 단락(1-3, 4-9, 10-16, 17-22절)으로 구분하고, 전체 본문이 10개의 연으로 구성된 것으로 본다.372) 이에 비해 영은 이사야 60장을 크게 1-12절과 13-22절의 두 단락으로 나누고, 첫째 단락은 내면적인 촉구에서 외면적인 촉구로, 둘째 단락은 외면적인 촉구에서 내면적인 촉구로 이행한다고 본다.373) 베스터만은 약간 다르게 1-9절과 10-22절로 나누고, 첫째 부분은 구원 고지, 둘째 부분은 구원 묘사가 중심을 이룬다고 한다.374) 베스터만의 구분에 따라 본문의 내용을 요약하면 다음과 같다.

1-3절: 야훼가 이스라엘에 오실 때 빛이 발함
4-7, 8-9절: 뭇 민족들이 시온으로 나아옴

---

367) Watts, *Isaiah 34-66*, 294.
368) Muilenburg, "Isaiah 40-66", 698.
369) Whybray, *Isaiah 40-66*, 230.
370) Watts, *Isaiah 34-66*, 295.
371) 장일선, 『이사야』 II, 126; Westermann, 『이사야』 (3), 406.
372) Muilenburg, "Isaiah 40-66", 697.
373) Young, *The Book of Isaiah*, vol. 3, 443.
374) Westermann, 『이사야(3)』, 406.

10-14절: 예루살렘의 재건
15-18절: 시온의 변화
19-22절: 우주까지 포함하는 변화

(2) 본문의 주석적, 신학적 해석

1-3절은 새 시대의 여명이 밝아오는 광경을 묘사한다. 이제까지 세상은 어둠에 잠겨 있었지만, 지금부터 민족들은 하나님의 도성 시온을 통하여 새 시대의 빛을 목격하게 된다. 이 일을 위해 시온은 "일어나서 하나님의 영광의 빛을 발하라"는 급박한 명령을 받는다. 여기에서 시온은 여성으로 의인화되며, 화자가 누구인지는 명시되지 않고 있다. 본문은 야훼의 현현의 영광을 묘사하기 위해 어휘 구사, 반복법, 단어 배열, 문법적 구성 등 가능한 모든 자원을 동원하고 있다.[375]

본문은 여성으로 의인화된 시온이 "일어나라, 빛을 발하라"(קוּמִי אוֹרִי)는 명령을 받는 장면으로부터 시작한다(1절). 그러나 이 명령은 단순한 경고가 아니라 새 생명을 부여하는 창조적인 능력을 함축하고 있다.[376] "일어나라"는 말은 지쳐서 땅에 쓰러진 여인에게 회복과 번영의 새 소식을 들려주기 위해 격려하는 모습을 암시한다.[377] "빛을 발하라"는 표현은 시온이 단순히 야훼의 빛을 받는 것으로 그치는 것이 아니라, 야훼의 영광의 빛의 반사체로서 스스로 빛을 발해야 함을 뜻한다.[378] 여기에 다시 한 번 시온이 세계 선교의 중심지로 역할해야 할 사명이 밝혀지고 있다. 시온은 이어서 "네 빛이 이르렀다"는 말을 듣는다. 이는 새날을 맞아 태양이 찬란한 빛을 발하듯 시온도 새로운 번영의 시대를 맞이하였음을 뜻한다.[379]

---

375) Muilenburg, "Isaiah 40-66", 698.
376) Delitzsch, *The Book of Isaiah*, vol. 2, 409.
377) 사 50:1; 51:17-23; 52:1-2; 54:1 참조. Muilenburg, "Isaiah 40-66", 698. 칠십인 역은 이 말을 생략하고, 그 대신 "빛을 발하라"는 명령을 두 차례 반복한다. 또한 칠십인 역, 탈굼 역, 불가타 역 등은 "예루살렘이여"를 첨가하여 명령의 대상을 명백히 밝힌다.
378) Whybray, *Isaiah 40-66*, 230.
379) Ibid.

본문에 사용된 "이르다"(בא)와 "임하다"(זרה)란 동사는 예언적 완료형 태를 취한다. 이것은 약속이 이미 성취되었음을 뜻하며,380) 예언자가 이미 발생한 종말론적 사건을 바라보고 있음을 지시한다.381) 또 이 구절에서 "네 빛"과 "야훼의 영광"은 평행을 이룬다. 빛은 구원을 뜻하며, 따라서 시온에 구원이 도래한 것을 지시한다.382) 또한 하나님의 "영광"(כבד)은 이사야 40:5에서처럼 하나님의 현현과 임재를 뜻하며, 하나님께서 자신의 거룩한 도성 시온에 오셔서 임재하실 것을 지시한다.383)

이와 같이 세상은 비록 암흑으로 뒤덮여 있지만, 시온은 야훼의 영광의 광채로 둘러싸여 있음을 보여준다(2절). 여기에 시온과 세상과의 대조가 선명하게 부각되고 있다. 그 결과 뭇 민족들과 왕들이 "비취는 네 광명"으로, 곧 빛을 찾아 시온을 향해 나아올 수밖에 없게 된다(3절). 시온은 야훼의 일차적인 현존의 장소로서 야훼의 빛을 독점하고 있기 때문이다. 이사야 2:2-3에도 민족들이 시온으로 나아오는 광경이 묘사되는데, 이때 그들은 야훼의 법도를 배우기 위해서이다. 그러나 여기에서는 4-14절에서 밝혀지고 있는 것처럼 시온에 조공을 바치고 섬기기 위해서 몰려온다. 와이브레이에 따르면, 여기에서 예언자는 뭇 민족들이 야훼께 경배하기 위해 나아오는 순례의 사상을 표명하고 있으나, 중심된 주제는 우주주의가 아니라 시온의 영화이다.384)

4절 이하에는 열방이 시온을 향해 나아 온다는 사상이 보다 발전적으로 묘사되고 있다. 즉 4절에는 민족들이 시온의 자녀들, 곧 포로민들과 흩어진 이스라엘 교민들을 시온으로 데려오는 광경이 그려진다. 여기에서 "네 눈을 들어 사면을 보라"고 명령받고 있는 시온은 이미 포로에서 귀환하여 예루살렘과 인근 지역에 거주하고 있는 유대인 공동체를 가리킨다.385)

---

380) Young, *The Book of Isaiah*, vol. 3, 444.
381) Muilenburg, "Isaiah 40-66", 698.
382) Young, *The Book of Isaiah*, vol. 3, 444.
383) Muilenburg, "Isaiah 40-66", 698. 한편 사 6:3; 시 57:5, 11; 72:19 등에는 야훼의 영광이 온 땅에 미칠 것을 말한다.
384) Whybray, *Isaiah 40-66*, 231.
385) Ibid.

이에 덧붙여 5-9절은 시온을 영화롭게 하는 일에 사용될 열방의 재물들이 육로와 해로를 통해 시온으로 답지하는 광경과 이를 바라보는 시온의 모습이 기쁨으로 빛날 것임을 묘사한다. 즉 미디안을 위시한 뭇 민족들이 거대한 대상과 대규모 선단을 이끌고 시온을 향해 나아 온다. 이들이 가져오는 재물들은 시온을 풍요롭게 만들 뿐 아니라, 성전을 단장하고 제사를 드리는데 유용하게 사용될 것이다. 그리하여 열방들이 바친 예물들을 통해 성전이 영광을 받을 것이다. "내가 내 영광의 집을 영화롭게 하리라"(7절). 동시에 이러한 놀라운 행위를 통해 야훼께서 자기 백성을 영화롭게 하실 것이다. "내가 너를 영화롭게 하였음이니라"(9절). 이는 궁극적으로 하나님이 시온을 영화롭게 하실 때 그 자신도 영화롭게 하신다는 사실을 말해 준다.[386] 와이브레이는 이러한 사실에서 유대의 '종교적인 민족주의'가 강조되는 것을 볼 수 있다고 지적한다.[387]

10절 이하에는 1-9절에서 약속된 구원이 실제로 이루어지는 방식이 묘사된다. 이스라엘과 원수들의 역할이 바뀌어, 과거에 예루살렘을 파괴한 이방인들이 이제는 도리어 그 성읍을 재건하게 된다. 그리고 이렇게 재건된 예루살렘은 세상의 중심이 되어, 뭇 민족들이 재물과 예물을 가지고 이곳으로 몰려올 것이다. 베스터만은 이것이 길고 쓰라렸던 외국의 종살이 경험에서 우러난 말로 이해한다.[388]

11절의 "네 성문이 항상 열려 주야로 닫히지 아니하리니"라는 표현은 언제라도 열방의 조공을 받을 수 있게 성문이 개방되어 있다는 것을 가리킨다. 동시에 이것은 낮이건 밤이건 외침을 당할 염려가 없는 상태, 곧 평화와 안전을 상징하기도 한다.[389] 또 에드워드 영에 따르면, 이것은 단지 보호를 뜻하는 것만은 아니다. 성문이 개방된 것은 원수가 더 이상 시온에 들어오지 않을 것이기 때문이 아니라 그 안에 들어오기를 원하는 자들이 마음

---

386) Westermann, 『이사야』 (3), 409.
387) Whybray, *Isaiah 40-66*, 231.
388) Westermann, 『이사야』 (3), 410.
389) 장일선, 『이사야』 II, 128.

대로 들어올 수 있도록 하기 위해서다.390) 반면에 시온을 섬기지 않는 국민과 국가는 야훼의 진노를 사 파멸될 것이라는 경고가 주어진다(12절). 이 경고는 이처럼 언제나 열려 있는 시온의 성문으로 들어오기를 거부하는 자들을 향해 주어진 것으로 이해된다.391)

이와 같은 시온의 재건에 이어 13-14절에는 성전의 재건에 대한 언급이 이어진다. 13절에는 레바논의 고급 수종들이 야훼의 새로운 성소를 건축할 재목으로 제공될 것임이 묘사된다. 솔로몬의 성전을 건축할 때에도 레바논의 목재를 사용했었다. "내가 나의 발 둘 곳을 영화롭게 할 것이라." 성전은 야훼께서 자신의 발을 두시는 곳, 즉 야훼께서 임재하시고 그의 영광을 나타내실 곳으로 말해진다.

한편 그 동안 시온을 억압하고 멸시하던 민족들이 머리를 숙이고 시온에게 나아와 그 발 아래 엎드릴 것이다. 그리고 시온의 권위와 영광에 압도당하여, 그 이름을 "야훼의 성읍", "이스라엘의 거룩한 자의 시온"으로 부르게 될 것이다(14절). 베스터만은 여기에서 민족들이 "시온이 빛과 축복의 근원이 되는 거룩한 곳이요 여기서 경배받는 하나님은 진실하고 권능이 있는 신이심을 인정함으로 시온의 영광을 동시에 새롭게 한다"고 설명한다.392)

15절 이하는 평화, 의, 구원, 영광, 영원한 빛, 기업 등과 같은 용어를 사용하여 새로운 시대가 도래할 것을 말한다.393) 즉 시온이 과거의 참담한 상태를 벗어나 영광된 상태로 변모하리라는 것이다. 15절은 시온이 지난 날 남편에게 미움받고 버림당한 아내처럼 야훼의 돌봄을 받지 못하였으나, 이제는 야훼의 총애를 받고 자랑스러운 존재가 될 것을 말한다. 그리고 젖먹이가 어머니로부터 영양분을 공급받듯 시온이 이방 나라들로부터 조공을 받아 부를 축적할 것이다(16절). 이러한 축복은 이스라엘로 하여금 야훼가 진

---

390) Young, *The Book of Isaiah*, vol. 3, 450.
391) Ibid., 451. 영은 본문의 묘사가 포로에서 귀환한 시기와 어울리지 않음을 지적한다. 이유는 그 당시에 시온을 섬기지 않음으로 멸망한 나라가 없기 때문이다.
392) Westermann, 『이사야』 (3), 411.
393) 장일선, 『이사야』 II, 128.

실로 세상의 유일한 하나님으로서, 구원자요 구속자이시며, 전능자이심을 알게 할 것이다.394)

17-22절은 계속해서 시온의 놀라운 변모를 묘사한다. 17절은 시온의 형편이 구리에서 금, 철에서 은, 나무에서 구리, 돌에서 철로 바뀌어질 것을 말함으로써 무가치하고, 보잘것 없고, 혐오스런 현재의 상태가 변하여 소중하고, 고귀하고, 아름답고 영광된 미래를 소유하게 될 것을 보여준다.395) 여기에 "대신"(תחת)이라는 어구가 반복해서 사용되는 것은 이와 같은 상황의 역전을 강조하기 위해서이다.396) 다시 말해 시온이 처한 현재의 열악한 처지가 호전될 것임을 가리키는 표현이다. 회복의 외부적인 조건들이 충족된 다음에는 내면적인 조직의 재건이 이어진다.397) 그 결과 시온은 "평화"(שלום)와 "의"(צדקה)가 지배하는 이상적인 사회로 변모할 것을 말한다. 여기에서 평화와 의가 의인화되고 있으며, 이는 앞으로 다가올 새로운 시대에 실현될 완전한 상태를 상징적으로 보여준다.398) 평화와 의가 지배하는 시온에서는 더 이상 약자가 강자에 의해 부당하게 공격당하는 폭력 행위가 일어나지 않겠고,399) 외침과 정복으로 인한 재난도 사라질 것이다(18절). 그리하여 성벽들은 적의 침공으로부터 시온을 보호하기 때문에 "구원"이라 불리어지고, 그것을 기뻐하며 노래하는 성문들은 "찬송"이라 불리어진다.400)

19-20절에는 가난과 억압에 찌든 시온의 현재가 아름답고 풍요로운 해방

---

394) Martin, 『이사야』, 207.
395) 장일선, 『이사야』 II, 128-9.
396) Muilenburg, *Isaiah 40-66*, 705.
397) Hanson, *The Dawn of Apocalyptic*, 64.
398) Whybray, *Isaiah 40-66*, 236. 와츠에 따르면, 평화와 공의를 관원으로 삼는다는 것은 유다의 경내에서 확립될 질서 및 안전(18a절)과 유대인들이 다시 땅을 소유할 권리(21a절)를 뜻한다. 이것은 또 페르시아 정부가 예루살렘의 지위를 높이고(12절) 억압하는 주변 세력들로부터 해방시켜 주는 것을 암시한다(14절). Watts, *Isaiah 34-66*, 294.
399) Delitzsch, *The Book of Isaiah*, vol. 2, 420.
400) Young, *The Book of Isaiah*, vol. 3, 455.

된 미래로 바뀔 것이라는 내용에서 한 걸음 나아가, 베스터만이 적절히 지적한 것처럼 변화의 전망이 우주적인 것으로 확대된다.[401] 특히 19절은 변모된 시온에는 해와 달이 필요 없음을 말한다. 이는 야훼께서 영원한 빛이 되시고 영광이 되시는 까닭이다. 비슷한 사상이 새 예루살렘의 영광된 모습을 묘사하는 요한계시록 21:23과 22:5, 그리고 스가랴 14:7에도 나타난다.[402] 20절은 하나님의 도성 시온에서의 영원한 삶을 묘사한다. 그곳에는 하나님의 의의 태양이 영원한 빛을 발하고, 거기서 영원한 기쁨의 날들을 누리게 될 것이다.

예언자는 이와 같이 시온의 미래 상황을 묘사한 다음 21절에서 그 성읍에 거하는 주민들을 향해 눈길을 돌린다. 새 예루살렘에 거주하는 사람들은 모두 "의롭게"(צדיקים) 되며 하나님이 주신 땅을 영원히 차지하게 될 것이다. 이는 이 성읍의 백성들이 하나님의 구원에 참여함으로 "의롭게" 되어서 축복된 땅을 상속받는다는 것을 뜻한다.[403] 야훼의 백성들은 그가 심으신 나무와 같은 존재이고, 그가 손수 빚으신 조형물로 비유되며, 이들의 존재 목적은 야훼께 영광을 돌리는 것이다. 시온의 백성들은 한 때 소수민으로 무력하였으나 이제는 번성하여 강한 나라를 이룰 것이다(22절). 본문을 마무리짓는 "때가 되면 나 야훼가 속히 이루리라"는 어구는 지금까지 말한 약속을 반드시 이행하겠다는 야훼의 강력한 실천 의지를 표명하는 동시에, 청중들이 동요하거나 낙심하지 않고 인내할 것을 촉구하는 표현이다.[404] 여기에서 "나 야훼"(אני יהוה)란 야훼께서 자신의 약속을 보증하는 계약 공

---

401) Westermann, 『이사야』(3), 414.
402) 뮬렌버그는 사 60:19-20은 60:1-3에서 천명한 야훼의 빛과 영광의 주제를 반복하는 것으로 본다. 그리고 이것을 하나님의 첫 창조 행위와 관련시키려 한다(창 1:3-5). 즉 태초의 창조시에 빛이 존재하였듯이, 새로운 시온의 종말론적 여명에도 하나님의 빛이 다시 있게 될 것을 말한다는 것이다. Muilenburg, "Isaiah 40-66", 706.
403) Ibid. 와이브레이는 "의롭게 되다"라는 어구를 구약 다른 곳의 용례에 비추어 볼 때 "구원에 참여하다"는 뜻으로 해석하기는 어렵다고 본다. 그 대신 57:1에서처럼 '경건하다'의 뜻으로 이해한다. Whybray, *Isaiah 40-66*, 238.
404) 장일선, 『이사야』 II, 129.

식구로 이해된다.405)

위에서 살펴본 것처럼 이사야 60장은 시온에 도래할 새로운 시대를 선포한다. 이때에 열방들이 시온을 향해 순례의 길을 떠날 것이며, 이들과 더불어 각지에 흩어진 시온의 자녀들이 돌아올 것이다. 또한 이방인들과 그들의 왕들이 시온의 성벽을 재건할 것이며, 열방이 그들의 재물을 가지고 시온으로 몰려올 것이다. 이렇게 해서 이사야 60장은 시온이 하나님의 영광을 나타내는 세계의 중심지로 부상될 것임을 언명하는 것으로 결론을 맺는다.

(3) 관련 주제들

이사야 60장에는 시온에 도래할 영원한 빛에 관한 개념과 열방과 그들의 왕이 조공을 지참하고 시온을 향해 행렬을 이루어 나아 오는 순례의 개념이 뚜렷이 묘사되고 있다. 이 두 주제는 이사야의 시온 주제와 밀접히 관련된 특징적인 요소들로 파악된다.406)

① 영원한 빛 주제

시온을 뒤덮고 있던 어두움과 악의 세력이 쫓겨나고 야웨의 영광이 영원한 빛과 함께 그 성읍을 뒤덮는다는 주제는 특히 요한계시록 21:23-25에 묘사된 새 예루살렘에 관한 종말론적 환상에서 중요한 역할을 한다. 비슷하게 스가랴 14:6-7에도 영원한 빛에 관한 주제가 나타난다.407)

게인즈에 따르면, 이 두 개의 본문은 고대근동의 왕권 전승에 속한 주제들을 반영한다.408) 왕에 대한 칭송을 담고 있는 고대의 자료들은 지혜, 정의, 그리고 풍요가 지배하는 새로운 질서를 왕의 공덕으로 돌리며, 통치자는 그의 백성에게 빛을 비추는 빛의 근원으로 묘사된다. 이 같은 내용은 하무라비 법전과 페니키아 비문 등에도 발견된다.409)

---

405) Muilenburg, "Isaiah 40-66", 707.
406) Gaines, *Eschatological Jerusalem*, 53-60 참조.
407) 이 책 204-205쪽을 보라.
408) Gaines, *Eschatological Jerusalem*, 54.
409) Ibid.

왕의 통치에 의해 초래되는 복지 사상은 이사야 9장의 이상적인 왕의 통치에 대한 묘사에도 나타난다. 여기에는 특히 빛의 주제가 왕의 모습과 관련되어 나타난다. 같은 주제가 이사야 60장에서 예루살렘이 회복되고 야훼가 이곳에 다시 거하실 때 실현될 신적 통치와 관련하여 묘사된다.410) 특히 영원한 빛의 주제는 앞에서 논의한411) 이사야 60:1-3에 뚜렷이 반영되고 있으며, 야훼의 영광이 해와 달을 무색케 할 것을 말하는 19-20절에 와서는 이 주제가 보다 극적으로 서술된다.

이러한 본문들에서 볼 수 있는 것처럼 영원한 빛의 주제는 야훼께서 예루살렘에서 통치하신다는 시온 주제의 기본적인 사상을 모태로 하여 성장한 것임이 분명히 드러난다. 백성들에게 영원한 빛을 가져오시는 분은 시온 산에서 통치하시는 신적 왕이시다. 지상의 백성들은 이 빛에 이끌려 시온으로 나아 온다. 이런 이유로 해서 영원한 빛의 주제는 종종 열방의 순례 주제와 맞물려 나타난다.412)

② 열방의 순례 주제

요한계시록 21-22장에 나타난 예루살렘에 관한 종말론적 환상은 지상의 왕들이 신적 왕의 도성에 조공을 가지고 오는 장면을 묘사한다. 이러한 주제는 회복된 성읍에 관한 예언에 자주 등장한다. 그것은 앞에서 언급한 이사야 60장과 스가랴 14:6에 나타난 시온의 회복에 대한 묘사에서 볼 수 있는 것처럼 야훼의 통치권 행사에 중요한 역할을 한다. 이 주제는 야훼께서 자기 백성을 건져 주실 때를 고대하는 구원의 기도를 서술한 시편 102편에도 잘 나타나 있다.

게인즈에 따르면, 이 주제의 기원 역시 국력이 약한 왕들이 정복국의 왕에게 조공을 바치는 고대근동의 왕권 전승으로 소급할 수 있다.413) 그들이

---

410) Ibid., 55.
411) 이 책 200-201쪽을 보라.
412) Gaines, *Eschatological Jerusalem*, 56-57.
413) Ibid., 57. 시온 주제와 고대근동의 왕권과의 관련에 대한 보다 자세한 논의는 M. Weinfeld, "Jerusalem as Religious and Political Capital: Ideology and

상납하는 예물은 종주국 왕의 영광을 칭송하며 그 왕의 통치에 대한 복종을 표시한다. 조공은 자주 정복자의 궁전과 그가 섬기는 신의 성소의 건축에 사용되는 건물 자재와 노동력을 제공하는 것으로 나타난다. 이러한 관습은 느부갓네살의 비문에서도 발견된다.[414]

이스라엘 신학에서 지상 나라들로부터 조공을 요구할 수 있는 권위는 이스라엘의 원수들을 정복하신 강력한 전사이자 신적 왕이신 야훼에게 돌려진다. 시편 68:28-31은 이집트로부터 이스라엘의 승리하신 하나님에게 조공을 바치도록 촉구한다. 동일한 주제가 이사야 18:7의 이집트를 향한 신탁에도 반영되고 있다. 무엇보다 열방이 야훼의 성읍을 중건하는 일에 사용하기 위해 재물을 가지고 와서 바치는 순례의 주제는 앞에서 살펴본 것처럼 이사야 60:1-14에 뚜렷이 표명되고 있음을 알 수 있다.

9. 종합 및 평가

지금까지의 논의에서 밝혀진 대로 이사야의 시온 해석은 다양한 관점에서 이루어지고 있다. 이사야에게 있어서 시온은 단순히 여러 신학적 주제 중의 하나가 아니라, 자신의 신학을 전개하는 중요한 기반이자 그의 사상을 형성하는 틀이었다. 그의 신학에서 시온은 무엇보다 세계의 중심인 우주적 산으로 이해된다. 그 이유는 시온은 하나님이 현존하고 활동하시는 장소이며, 하나님의 지배와 통치권이 우주적으로 인정받고 수립되는 세계 질서의 중심지이기 때문이다.

또한 시온은 완전한 평화가 실현되고 구가되는 낙원이 될 것이다. 이곳은 위험과 해가 없을 뿐 아니라 지금까지 적대 관계였던 세력들이 조화를

Utopia", in *The Poet and the Historian: Essays in Literary and Historical Biblical Criticism*, ed. R. E. Friedman, HSS 26 (Chico: Scholars, 1983), 75-115를 보라.

414) Weinfeld, "Jerusalem as Religious and Political Capital: Ideology and Utopia", 109.

이루며 공존하는 평화의 장소로 변모한다. 이 평화는 시온을 진원지로 하여 온 세계로 확산될 것이다. 여기에는 시온을 그 축으로 하는 이사야의 세계관이 뚜렷이 반영되고 있다. 그리고 시온은 하나님의 특별한 보호를 받는다. 비록 시온은 자신의 죄악을 씻기 위한 가혹한 정화의 과정을 거쳐야 하지만, 이를 통과한 예루살렘의 남은 자들은 하나님의 특별한 보호와 사랑을 받을 것이다. 또한 이사야에게 시온은 야훼께서 마지막 승리를 거두시고 통치권을 행사하시는 장소이다. 야훼는 모든 역사가 한 점으로 수렴되는 "그 날"에 자신의 영광을 완전히 드러내시고 시온 산에서 우주적인 통치를 시작하신다. 그리하여 야훼는 이곳 시온에서 심판과 구원을 집행하신다. 여기에서 시온은 심판의 대상이자 동시에 구원의 대상이 된다. 비록 시온이 야훼가 택하신 거룩한 성읍이라 할지라도 그것이 범죄할 때에는 야훼의 엄중한 심판에서 벗어나지 못한다. 그러나 시온에 대한 심판은 새로운 구원을 예고하는 서막에 다름 아니다. 시온은 궁극적으로 구원이 심판을 능가하고 압도할 현장이 될 것이기 때문이다.

시온은 나아가 구원과 회복의 기쁜 소식을 전하는 전령이다. "아름다운 소식을 시온에 전하는 자여"라는 어구는 시온이 이제부터 하나님의 계획 속에서 새로운 사명을 수행하게 된 것을 보여주며, 이로써 시온이 세계 선교의 중심에 우뚝 서게 될 것임을 말해 준다. 이와 같은 시온의 사명에 대한 새로운 이해를 통해 이스라엘이 이제까지의 "예루살렘" 중심의 민족주의를 극복하고 "땅 끝까지"라는 세계주의를 지향하게 만든 점은 이사야 신학의 또 다른 공헌으로 평가된다.

이사야는 시온이 종말론적 회복과 구원의 대상임을 강조한다. 이것은 예루살렘의 폐허 더미 위에서 성벽의 재건을 위한 설계도를 작성하시는 야훼의 모습을 통해 극적으로 묘사되고 있다. 시온이 이처럼 야훼의 구원 계획의 중심에 자리잡고 있다는 것이 이사야의 이해이다. 시온은 또한 열방들이 찾아 드는 순례의 장소이다. 이제까지 암흑 속에서 신음하던 세상은 하나님의 도성 시온으로부터 새 시대의 여명이 밝아 오는 것을 바라보고 이곳을 찾아 모여든다. 이렇게 해서 시온은 마침내 하나님의 영광을 나타내는 세계의 중심지로 영화롭게 부상하는 것이다.

V

시온 주제와 이사야의 다른 주요 사상들과의 관계

시온 주제가 이사야의 전체 예언을 통해 다양한 측면에서 해석되고 그것이 그의 메시지의 주요 대목들에 충실히 반영되고 있음이 앞장의 논의를 통해 밝혀졌다. 이것으로 시온 주제가 이사야의 신학에서 중심적 역할을 하고 있음이 자명하게 드러났다고 할 수 있다. 그러나 시온 주제를 이사야의 다른 주제들과 분리하여 배타적으로 다루는 것만으로는 충분한 이해에 도달했다고 할 수 없다. 이는 시온 주제가 이사야에 나타나는 다른 사상들과 고립된 것이 아니고 어떤 형태로든 유기적인 관련을 맺고 있는 까닭이다. 그러므로 이 장에서는 앞장의 논의를 토대로 시온 주제가 이사야의 다른 주요 사상들과는 어떤 관련을 맺고 있으며, 그러한 관련 속에서 시온 주제가 어떻게 이해되고 해명되는지를 검토해 보고자 한다.

1. 시온 주제와 출애굽 사상

구약성경 전체에서 신학적으로 가장 중요한 사건을 든다면 그것은 필시 출애굽 사건이라 할 것이다.[1] 그만큼 이스라엘 민족에게 있어서 출애굽 사

---

1) Werner H. Schmidt, *The Faith of the Old Testament*, trans. John

건이 갖는 의미는 각별하다. 그것은 이스라엘이 출애굽을 통해 하나님의 위대한 구원을 경험했을 뿐 아니라, 이 사건을 계기로 하나님의 선택된 백성으로서의 첫걸음을 내딛게 되었기 때문이다.2) 따라서 출애굽 사건은 이스라엘에게 있어서 언제나 자신들의 역사의 기초이자 가장 중심적인 신앙 경험으로 고백되어 왔다.3) 출애굽의 의미가 이스라엘에게 이처럼 중요했기 때문에 이 사건의 메아리는 이스라엘 민족의 모든 생활과 예배에 반향되고 있으며, 구약성경 도처에 출애굽을 통해 경험한 구원의 승리를 회고하는 내용이 산재해 있음을 발견할 수 있다.4) 먼저 율법서에서 그것은 족장 시대로부터 약속의 땅 점유에 이르기까지 이어지는 구원사의 주요 사건들을 개괄하는 이른바 초기 역사신조(신 26:5-9)의 핵심적인 부분을 이룬다.5) 예언서에서 출애굽 사건과 시내 계약은 이스라엘을 야훼께 돌아오도록 촉구하는 요청에 있어서 기본적인 요소로 언급된다.6) 시편 역시 이스라엘의 예배에 있어서 출애굽 주제가 중요한 위치를 차지했음을 보여준다.7)

Sturdy (Philadelphia: Westminster Press, 1983), 34.

2) 슈미트는 출애굽이 "이스라엘에게 있어서 야훼의 선택 행위이요, 그들과 하나님과의 관계의 시작이자 전체 역사를 통해 나타난 하나님과의 관계의 항구적인 기초"가 된다고 말한다. Ibid., 33.

3) Joseph Blenkinsopp, "Scope and Depth of the Exodus Tradition in Deutero-Isaiah, 40-55", *Concilium* 10/2 (1966): 22.

4) John Bright, *A History of Israel* (Philadelphia: Westminster Press, 1981), 134; 또한 Schmidt, *The Faith of the Old Testament*, 34.

5) G. von Rad, *Old Testament Theology*, vol. 1, trans. D. M. G. Stalker (New York: Harper & Row, 1965), 121-23. 또한 idem, "The Form-Critical Problem of the Hexateuch", in *The Problem of the Hexateuch and Other Essays*, trans. E. W. T. Dicken (Edinburgh: Oliver & Boyd, 1966), 1-78을 보라.

6) 예로서 다음 구절들을 참조하라. 암 2:10; 3:1-2; 9:7; 호 2:15; 11:1; 12:9, 13; 13:4-5; 미 6:4; 렘 2:6; 7:2, 25; 11:1-13; 32:16-23; 34:13; 겔 20:5-22; 학 2:5; 단 9:15. 예언서에 나타난 출애굽 주제에 관한 자세한 논의는 문희석, 『모세와 출애굽』(서울: 대한기독교서회, 1981), 139-76을 보라.

7) 예로서 다음 구절들을 참조하라. 시 18; 44; 60; 66; 68; 74; 75; 77; 78; 80; 81; 83; 89; 95; 99; 100; 103; 105; 106; 114; 135; 136편 등.

따라서 구약성경에서 출애굽은 단지 과거의 결정적인 사건으로만 인식되지 않는다. 특히 포로기 동안 그것은 언제나 새롭고 보다 놀라운 출애굽에 의한 이스라엘의 구원에 대한 예언자적 희망의 초점이 되어 왔다.[8] 나아가 그것은 메시야적 희망을 표명하는 문맥에서도 발견된다.[9]

이사야에게 있어서 출애굽 주제는 구약의 다른 어떤 책에서보다 중요한 위치를 차지한다.[10] 스네이드는 "출애굽 주제는 단순히 주제들 가운데 하나가 아니다…그것은 예언자의 지배적인 주제이다…본질적으로 (이사야에게는) 한 가지 주제가 있고, 다른 모든 것들은 여기에 부속된다"고 말함으로써 이사야에서 출애굽 주제의 중요성을 강조한다.[11] 그것은 특히 이사야의 종말론적 예언에서 핵심적인 역할을 한다.[12] 린드버그의 평가에 따르면, "새 출애굽의 개념이야말로 제2이사야가 종말론적 종국을 묘사하기 위해 채택한 전승 중에서 가장 심오하고 탁월한 주제이다".[13] 한편 젱거는 출애굽 주제가 이사야서의 형성에 큰 영향력을 미친 구원 신탁의 중심 주제가 됨을

---

8) 이 희망은 사 11:11-16과 35:1-10에서 급박하고 종말론적인 측면을 지닌다.

9) 사 11:11-16과 렘 23:1-8에서 이상적인 다윗 왕에 대한 메시야적 희망을 심도 있게 표명하는데 새 출애굽 주제가 중요한 역할을 한다. Earl E. Ellis, *Paul's Use of the Old Testament* (Edinburgh: Oliver & Boyd, 1957), 132를 보라. 또한 사 35:1-10에서 메시야 시대는 광야를 통해 시온을 향하는 남은 자들의 귀환인 새 출애굽으로 특징지어진다.

10) Anthony R. Cresko, "The Rhetorical Strategy of the Fourth Servant Song (Isaiah 52:13-53:12): Poetry and the Exodus-New Exodus", *CBQ* 56 (1994): 47.

11) N. H. Snaith, "Isaiah 40-66: A Study of the Teaching of the Second Isaiah and Its Consequencies", in *Studies on the Second Part of the Book of Isaiah*, VTS 14 (Leiden: E. J. Brill, 1967), 147.

12) Linzy H. "Bill" Hill, *Reading Isaiah as a Theological Unity Based on an Exegetical Investigation of the Exodus Motif* (Ph.D. dissertation. Southwestern Baptist Theological Seminary, 1993), 52. 여기에서 힐은 "이사야는 출애굽 주제의 강조점을 과거의 기억에서 종말적 희망으로 전환시킨 인물이다"라고 말한다.

13) James Muilenburg, "The Book of Isaiah, Chapters 40-66", *IB*, ed. G. A. Buttrick (Nashville: Abingdon Press, 1978), 5:602.

지적함으로써 그것의 중요성을 강조한다.14)

특히 이사야에 있어서 출애굽 주제의 중요성에 관하여는 앤더슨이 이미 집중적으로 조명한 바 있다.15) 앤더슨은 이른바 제2이사야의 예언이 새 출애굽의 주제로 시작해서(40:3-5) 그것으로 끝난다(55:12-13)는 점을 지적하고, 이사야 후반부가 출애굽 전승에 크게 의존하고 있음을 함을 밝혔다.16) 그는 이러한 사실을 이른바 제2이사야가 종말론적 관점에서 새 출애굽을 다루는 10개의 본문을 중심으로 규명하였다.17)

여기에서는 이사야의 출애굽 본문들 중에서 시온 주제와 명시적으로 관련된 본문들을 선택하여 시온 주제가 이러한 본문들에 어떻게 반영되고 있는지를 검토해 보도록 하겠다.

(1) 이사야 4:2-6

이 본문은 가혹한 심판과 정화의 과정을 거친 후에 예루살렘의 살아남은 자들이 구원과 하나님의 특별한 보호를 받게 될 것을 묘사한다.18) 이 본문에 언급된 구원의 수혜자는 "이스라엘의 피난한 자"(פליטת ישראל, 2절), 또는 "시온에 남아 있는 자"(בציון הנשאר, 3절)로, 이들에게는 거룩하다

---

14) Erich Zenger, "The God of Exodus in Message of the Prophets as seen in Isaiah", in *Exodus—A Lasting Paradigm*, ed. Bas van Iersel and Anton Weiler (Edinburgh: T. & T. Clark, 1987), 22.

15) B. W. Anderson, "Exodus Typology in Second Isaiah", in *Israel's Prophetic Heritage*, ed. B. W. Anderson (New York: Harper & Harpers, 1962), 177-95.

16) Ibid., 182.

17) 40:3-5; 41:17-20; 42:14-16; 43:1-3; 43:14-21; 48:20-21; 49:8-12; 51:9-10; 52:11-12; 55:12-13. Ibid., 181-2. 한편 키에소바(35장; 40:1-11; 43:16-21; 49:7-12; 51:9이하; 52:7-12; 55:12-13; 62:10-12)와 힐(4:2-6; 10:24-27; 11:11-16; 35:1-10; 40:3-5; 40:9-11; 41:17-20; 43:16-21; 48:20-21; 49:8-12; 51:9-10; 52:11-12; 63:7-14)은 이사야에서 각각 8개와 13개의 출애굽 본문을 추출한다. Klaus Kiesow, *Exodustexte im Jesajabuch* (Güttingen: Vandenhoeck & Ruprecht, 1979); Hill, *Exodus Motif*를 보라.

18) 사 4:2-6의 자세한 주석적 해석은 이 책 제4부 3장을 보라.

는 칭호가 붙여질 것이다. 본문에 나타난 구원의 표상은 출애굽 주제와 밀접하게 연결된다. 특히 시온 산을 천막처럼 뒤덮을 구름과 불의 이미지에서 출애굽 용어가 가장 뚜렷이 반영되고 있다(5-6절).

> 여호와께서 그 거하시는 온 시온 산과 모든 집회 위에
> 낮이면 구름과 연기,
> 밤이면 화염의 빛을 만드시고,
> 그 모든 영광 위에 천막을 덮으실 것이며,
> 또 천막이 있어서
> 낮에는 더위를 피하는 그늘을 지으며,
> 또 풍우를 피하여 숨는 곳이 되리라.

구름기둥과 불기둥의 표상을 포함하고 있는 이 위로의 노래에는 다음 몇 가지 사실이 중요하다. ① 이 위로의 말들은 하나님이 자기 백성과의 계약을 포기하지 않으셨음을 뜻한다.[19] ② 하나님의 궁극적인 의도는 백성들과 되도록 친밀한 관계를 맺으시려는 것이다.[20] ③ 구름은 백성들을 위한 하나님의 보호와 인도하심을 일깨워 준다.[21]

비록 구름과 불 주제는 일차적으로 출애굽이 아니라 광야 유랑과 관련되지만, 이것이 출애굽 사건과 밀접하게 연결되어 있음은 부인할 수 없다. 구름과 불의 표상은 구약성경 전체에서 풍부하게 나타나며, 그런 만큼 그것은 다양한 의미와 기능을 가진다. 즉 ① 광야에서 유랑하는 백성들을 위한 하나님의 인도하심,[22] ② 이스라엘을 적으로부터 보호하심,[23] ③ 계시의 장소를 에워쌈.[24] 이 모든 예들은 하나님께서 자기 백성과 함께 하심을 보여준다. 구름과 불은 지속적인 하나님의 현존, 이집트인들의 접근으로부터 히브

---

19) 출 13:20-22 참조.
20) 겔 10:3-5, 18-19; 11:22-25 참조.
21) 민 9:15-23. Hill, *Exodus Motif*, 60 참조.
22) 출 13:20-22; 40:34 이하; 민 10:11; 14:14; 신 1:33.
23) 출 14:19 이하; 민 14:14.
24) 출 34:5; 민 11:25; 신 5:22.

리인들을 보호하심, 광야에서 그들을 인도하심을 뜻한다. 그러나 이 표상은 성막과의 관련에서 절정에 이른다.25)

이사야 4:2-6의 경우에는 비록 구름이 단순히 성전 위에 있는 기둥으로 여겨지는 대신, 시온 산 전체와 거기 운집한 사람들을 덮는 천막으로 나타난다. 구름이 종말론적 시온과 결합한 것은 그것의 적용 영역이 보다 확장되고 있음을 지시한다. "그날에"와 구름과 불의 표상이 결합된다는 것은 그것의 종말론적 중요성을 말해 주며, 동시에 강조점이 하나님의 과거와 현재의 활동에서 하나님의 현존과 보호가 다시 명백히 드러나는 미래의 한 시점으로 옮겨가는 것을 뜻한다.26)

5-6절에서 구름과 불이 의미하는 것은 "천막"을 나타내는 חפה와 סכה에 의해 분명히 드러난다. 구름과 불의 천막은 하나님의 원수들을 두렵게 만들지만 남은 자에게는 위로의 근원이 될 것이다. 그들을 연단한 동일한 불이 지금은 그들의 보호와 희망이 된다. 동시에 구름과 불은 열기와 풍우로부터 보호하는 סכה가 될 것이다. 오스왈트는 이것이 상반되는 사물을 표현함으로써 모든 것을 중간에 포함시키는 이율배반적인 수사기법이라고 주장한다.27) 바꾸어 말하면, 이사야는 지금 하나님께 속한 자들을 해칠 수 있는 것은 피조 세계에 전혀 존재하지 않음을 말하고 있는 것이다. 이 같은 보호의 사상은 과거 출애굽의 사건과 다가올 종말론적인 날을 연결시키는 고리가 된다. 하나님께서 히브리 백성을 애굽에서 나오게 하시고 낮에는 구름으로 밤에는 불로 광야를 통과하여 인도해 내신 것, 그리고 이러한 사건들에서 구름과 불을 통해 그의 보호를 나타내 보여주신 것처럼, 그는 시온의 신실한 백성들에게 "그날에" 동일한 임재와 보호를 베푸실 것이다. 하나님이 출애굽 사건에서 히브리 백성의 보호와 존립을 보증하신 것처럼, 그는 과거의 구원 행위와 결부된 표상을 사용하심으로써 시온의 보호와 존립을 보증

---

25) 출 40:34 이하; 민 9:15 이하; 10:11; 14:14.
26) Hill, *Exodus Motif*, 60.
27) John Oswalt, *Isaiah, Chapters 1-39*, NICO (Grand Rapids: Wm. B. Eerdmans, 1986), 149.

하신다.28)

5절의 "연기"(עשן)라는 단어는 출애굽과 결부된 표상의 전망을 보다 확대시켜 준다. עשן은 시내 산에서의 신현현을 묘사할 때 사용된 말이다.29)

흥미 있는 것은 이 말이 구름 및 불기둥과 관련해서는 사용되지 않는다는 점이다. 만일 예언자가 עשן을 사용함으로써 시내와 시온을 의도적으로 연결할 생각을 가졌다면, "그날에" 시온은 "율법이 나오는" 시내가 되는 것이다.30)

이와 같이 이사야 4:2-6은 구름과 불이라는 출애굽 표상을 통해 과거 광야에서의 하나님의 보호와 구원 행위가 "그날에" 시온에서 재현될 것임을 보여준다. 동시에 시온은 출애굽의 하나님이 현현하실 장소가 될 것이며, 여기서 하나님이 자신의 통치를 시작하시고 그의 율법을 공표하시는 새로운 시내가 될 것임을 묘사한다.31)

(2) 이사야 10:24-27

이 본문은 비록 앗수르가 지금 시온의 백성을 억압하고 괴롭힐지라도 두려워 말라는 강력한 위로와 구원의 메시지를 담고 있다. 앞으로 하나님이 이스라엘 가운데서 행하실 구원의 행위는 과거 애굽의 압박으로 인해 고난을 당할 때 베풀어 주신 구원 행위를 반복하는 것이 될 것임을 말한다. 즉 이스라엘이 처음에는 애굽에서, 다음에는 미디안 사람들로 인한 위기 속에서 그들의 구원자를 발견했던 것처럼 하나님은 지금도 궁극적으로 그 백성을 위험 속에 내버려두지 않으시리라는 것이다.32)

따라서 시온의 백성들은 그들의 압제자 앗수르를 두려워 할 필요가 없다

---

28) Hill, *Exodus Motif*, 63.
29) 출 19:16 이하; 24:17; 신 4:11; 5:22 참조.
30) 새롭게 변모한 시온이 시내가 되고 뭇 민족들이 거기서 야훼의 율법을 배울 것이라는 사상은 이미 사 2:1-5에 표명되고 있다.
31) Zenger, "The God of Exodus, in Message of the Prophets as seen in Isaiah", 28.
32) Kaiser, 『이사야』 (1), 198-99.

는 것이 본문의 골자이다.[33]

이 본문에서는 앗수르의 지배와 억압이 이집트의 노예 생활에 비유되고 있다. 특히 24절과 26절에 나타나는 בדרך מצרים(애굽의 길을 따라서; 사역)이란 어구가 이 본문이 출애굽 표상과 관련되어 있음을 말해 준다.

본문 24절에는 앗수르 사람들에 의한 이스라엘의 억압이 이집트에 의한 이스라엘의 억압에 비유된다.[34] 앗수르는 이집트가 그랬던 것처럼 이스라엘에게 막대기를 휘둘렀다. 26절에서 בדרך מצרים는 앗수르로부터 예루살렘을 구원하기 위한 하나님의 행위와 관련하여 언급된다.[35] 그리고 이것은 홍해 사건과 밀접하게 연관되어 나타난다.[36] 홍해에서 들려진 막대기(מטה)가 궁극적으로 이집트 군대의 종말을 의미하였듯이, 여기에서도 하나님께서는 이스라엘의 원수 앗수르를 파멸시키기 위해 막대기를 드실 것을 말한다.[37]

위에서 살펴본 것처럼, 이집트와 앗수르 간의 비유를 통해 이사야는 야훼께서 앗수르를 심판하기 위해 다시 한 번 "막대기를 드실" 것이며, 이로써 시온의 백성, 곧 이스라엘의 남은 자들이 억압에서 벗어나 자유의 삶을 누릴 수 있게 될 것을 말한다. 이와 같이 이사야가 야훼께서 시온을 구원하시는 장면을 묘사하기 위해 출애굽 주제와 홍해 모티프를 효과적으로 사용하고 있음을 볼 수 있다.

---

33) John Martin, 『이사야』, 김동건 역 (서울: 두란노, 1994), 71.

34) Hans Wildberger, *Isaiah 1-12*, trans. Thomas H. Trapp (Minneapolis: Fortress Press, 1991), 443.

35) John D. W. Watts, *Isaiah 1-33*, WBC (Waco: Word Books, Publisher, 1985), 159.

36) 홍해 모티프를 출애굽의 문맥에 관련시킬 것인가, 아니면 광야 문맥에 관련시킬 것인가에 관한 문제가 학자들간에 쟁점이 되고 있다. 여기에 관한 논의는 George W. Coats, "The Traditio-Historical Character of the Red Sea Motif", *VT* 17 (1967): 253-65; Brevard S. Childs, "A Traditio-Historical Study of the Red Sea Tradition", *VT* 20 (1970): 406-28을 보라.

37) Oswalt, *The Book of Isaiah*, 272.

(3) 이사야 35:1-10

구원받은 자들이 시온을 찾아가는 거룩한 순례의 행렬을 묘사하는 이 본문에는 장차 유다가 경험할 아름다운 축복의 광경이 그려지고 있다.[38] 유다의 미래는 지금까지 볼 수 없었던 번영과 안정과 희열이 넘치게 될 것이다.

이 본문에는 특별히 출애굽의 이미지를 담고 있는 두 개의 언급이 나온다. 광야의 물 공급(6절)과 광야를 통과하는 대로(8절)에 관한 언급이 그것이다. 사막에 흐르는 시내의 주제는 두번째 출애굽, 즉 바벨론으로부터 해방된 유다의 포로민들이 예루살렘으로 이주하는 광경을 묘사하는 이사야 40-55장에서 구원의 상태와 관련하여 자주 등장한다.[39] 또한 구속받은 자들이 지나갈 사막의 대로는 이 본문에서 "거룩한 길"이라 일컬어지며, 따라서 그것이 시온의 성전으로 이어질 것을 암시한다.[40] 이 길을 통해 시온 산으로 귀환하는 순례의 대열에는 깨끗하지 못한 자, 곧 제의에서 제외된 사람은 참여할 수 없다.[41] 반대로 야훼에게 구원받은 자들은 환희의 찬송을 부르며 이 길을 통과하여 마침내 시온에 이르게 될 것이다. 시온에 도착한 자들은 이제까지의 모든 슬픔이 사라지고 대신 영원한 기쁨을 누리게 된다.

이와 같이 이사야 35:1-10은 출애굽과 관련된 두 개의 중요한 표상을 사용하여 최후의 구원을 받은 자들이 종말에 시온에서 누릴 복된 모습을 매우 극적으로 묘사하고 있다.

(4) 이사야 40:1-11

이사야 40-66장의 저자에게 있어서 이스라엘 역사상 가장 중요한 사건은

---

38) 와츠는 35:1-10을 이사야 1-39장에서 가장 중요한 새 출애굽 본문으로 평가한다. Rikki E. Watts, "Consolation or Confrontation? Isaiah 45-55 and Delay of the New Exodus", *TB* 41/1 (1990): 33.

39) 출 17:5-7; 시 78:15-16; 사 41:17, 18; 43:19-20; 44:3, 4; 48:21; 49:10; 51:3 참조.

40) Kaiser, 『이사야』(2), 480.

41) Ibid.

출애굽이다.42) 출애굽 사건이 전면에 너무나 강하게 부각되기 때문에 이스라엘 역사의 다른 모든 사건들은 그 배후에 가려질 정도다.43) 이사야 후반부의 서론44)이라 할 수 있는 40:1-11은 예루살렘-시온을 향한 위로의 선포로 시작한다.45) 이 본문에서 특히 출애굽에 관한 직접적인 언급이 나오는 곳은 3-5절46)과 10-11절이다.

먼저 3-5절에 나타나는 출애굽 사건에 근거한 표현은 사막의 "대로"(3절, דרך)와 하나님의 "영광"(5절, כבוד)이다.47) 야훼께서 남은 자들의 여정을 위해 건설하신 대로를 따라 새출애굽을 인도하실 것이며, 이 일을 통해 "모든 육체"가 하나님의 영광을 보게 될 것이다.48) 이러한 내용은 이스라엘이 이집트를 탈출한 출애굽 사건을 배경으로 하고 있음이 분명하다.49) 여기에서는 약속의 땅을 향한 광야 여행이 하나님의 인도하심의 결과인 것으로 묘사된다. 출애굽기 15:22은 백성들을 이집트에서 인도해 낸 모세의 업적을 נסע의 히필(hiphil) 완료형을 사용하여 강조한다. 그러나 시편 기자는 출애굽 사건을 회고하면서 동일한 히필 완료형 동사를 두 차례나 하나님

---

42) Westermann, 『이사야』(3), 32. 베스터만은 이른바 제2 이사야에게 있어서 출애굽이 그토록 중요했던 이유는 예언자 자신이 그와 유사한 상황에 처해 있었기 때문으로 본다. 이러한 주장은 이사야 후반부(40-66장)의 저자를 포로 시대의 인물로 간주하는 베스터만으로서는 당연한 귀결이라 할 수 있다. 제2이사야에게 있어서 출애굽의 중요성을 강조한 앤더슨의 언급은 이 책 214쪽, 주 15를 참조하라.

43) Ibid.

44) Franz Delitzsch, *Biblical Commentary on the Book of Isaiah*, vol. 2, trans. James Martin (Grand Rapids: Wm. B. Eerdmans, 1877), 139.

45) 이 책 제4부 6장을 보라.

46) 앤더슨은 이것을 자신의 첫번째 출애굽 본문으로 제시한다. Anderson, "Exodus Typology in Second Isaiah", 182.

47) Ibid., 183.

48) J. A. Alexander, *Commentary on the Prophecy of Isaiah*, vol. 2 (Edinburgh: Andrew Elliot, 1865), 96. 여기에서 알렉산더는 "하나님의 영광을 본다는 것은 어떤 경우에서건 그의 현존과 능력을 인정한다는 것을 나타내는 공통적인 표현이다"라고 지적한다.

49) Hill, *Exodus Motif*, 106.

에게 적용시킨다.50) 시편 68:7에서 하나님은 왕으로서 약속의 땅을 정복하기 위해 그의 군대 이스라엘을 인도하시는 지도자로 나타난다.51)

다음으로 10-11절은 자신의 팔로 원수를 쳐부수기 위해 적진으로 돌진하는 용맹스런 전사의 모습과 젖먹는 어린 양을 품에 안은 채 어미 양 무리를 조심스럽게 인도하는 인자한 목자의 모습을 강하게 대조시킨다. "강한 자" (חזק)는 "강한 손"을 가리키기도 하지만, 대개의 경우는 출애굽기에서처럼 하나님의 능력을 지시한다.52) "그 팔"(זרוע)은 출애굽 시에 바로의 군대를 무찌르신 하나님의 구원 행위를 묘사하는 표현인 "크신 팔과 편 팔"을 연상시킨다.53) 또한 "목자"(רעה)는 하나님과 그의 백성 간의 긴밀한 관계를 나타내는 말이다. 오경의 출애굽 문맥에는 야훼와 관련하여 "목자"라는 말이 사용되지 않는다.54) 그러나 시편 78:51-54과 80:1-2 등에서 출애굽 당시 이스라엘을 안전하게 인도하신 야훼의 위업을 묘사하기 위해 목자의 이미지를 사용하는 것을 볼 수 있다. 이것은 따라서 이사야 10-11절에 사용된 목자 표상이 출애굽 사건으로까지 소급될 수 있음을 말해 준다.55)

이와 같이 이사야 40:1-11은 출애굽 기간 동안 하나님께서 용맹한 전사로서 자신의 전능하신 행위를 통해 영광을 나타내 보이셨으며, 다른 한편으로 자상한 목자로서 이스라엘의 여정을 안내하셨듯이, 이제 시온을 향해 새 출애굽의 길을 떠나는 그 여정에서도 하나님이 목자요 인도자가 되셔서 평탄한 대로를 통해 백성들의 귀환을 안전하게 안내하여 시온에 도착하게 해

---

50) 시 78:52, ותעהו כצאן עמו וינהגם כעדר במדבר; 시 80:9, ויסע כצאן עמו ויטעה ממצרים תסיע תגרש גוים.

51) Hill, *Exodus Motif*, 106-107.

52) Carl P. Weber, "חזק(hazaq)", in *Theological Dictionary of the Old Testament*, ed. R. Laird Harris (Nashville: Thomas Nelson Publishers, 1980), 277.

53) 이 책 제4부 6장을 참조하라.

54) Hill, *Exodus Motif*, 110, n. 120을 보라.

55) Westermann, 『이사야』 (3), 249를 참조하라. 여기에서 베스터만은 목자와 가축들에 대한 비유가 "하나님이 이스라엘 역사 초기에 놀라운 방식으로 먹을 것과 마실 것을 공급하고 길을 안내했던 출애굽 사건이 그 배경을 이루고 있음이 분명하다"고 단정한다.

주실 것을 묘사한다. 그리고 옛 출애굽 사건에서 이스라엘이 하나님의 영광을 보았듯이,56) 이제는 모든 민족들이 이 새 출애굽의 여정에 나타난 하나님의 영광을 목격할 것을 말한다. 그러므로 이 본문은 옛 출애굽과 새 출애굽의 유비를 통해 출애굽 주제와 시온 주제를 결합시키고 있음을 볼 수 있다.

지금까지 살펴본 대로 시온 주제와 출애굽 주제는 긴밀한 상관 관계를 가지고 있음이 밝혀졌다. 이사야는 혼돈의 세력을 깨뜨리고 광야를 통과하는 길을 평탄케 하신 후 자기 백성을 고향 시온으로 안전하게 인도하시는 야훼의 모습을 묘사한다.57) 이와 같이 이사야가 그의 예언에서 출애굽 표상을 사용할 때 그 목적은 이스라엘의 시온을 향한 새 출애굽의 구원 행진을 묘사하기 위함이었고, 궁극적으로는 "회복된 예루살렘-시온에서의 야훼의 통치"58)를 드러내기 위함이었다. 이런 의미에서 과거 출애굽의 구원 사건은 시온의 회복, 곧 이스라엘의 구원을 묘사하기 위한 모델의 역할을 한다고 할 수 있다. 즉 야훼께서 과거 출애굽 때에 역사하신 것처럼, 이제 그는 자기 백성의 구원을 위해 다시 한 번 역사하신다는 것이다.59)

2. 시온 주제와 창조 사상

이사야에게는 창조 사상 역시 중요한 신학적 주제이다.60) 창조 사상이

---

56) 출 16:7.
57) J. J. M. Roberts, "Isaiah in Old Testament Theology", *Int* 36 (1982): 140.
58) Watts, "Consolation or Confrontation?" 34. 와츠는 여기서 "이스라엘의 구원이 시나이에서 그 절정에 이르듯이(출 3:12), 시나이가 시온 산에 포섭될 때 새 출애굽 역시 야훼의 예루살렘 도착에서 그 절정에 이른다"고 말한다. 이어서 그는 스쿠어즈의 말을 빌려 "예언자는 이 구원을 시온에서의 야훼의 즉위로 생각한다"고 덧붙인다. Ibid., n. 12를 보라. 또한 Antoon Schoors, *I am God Your Saviour*, VTS 24 (Leiden: E. J. Brill, 1973), 243을 참조하라.
59) P. B. Harner, "Creation Faith in Deutero-Isaiah", *VT* 17 (1967): 300.
60) 차일즈는 "예언자들을 통틀어 창조의 주제를 가장 많이 사용한 것은 제2이사야이

이사야 신학에서 차지하는 위상과 비중에 관하여는 학자들 사이에 쟁점이 되어 왔다.61)

폰 라드는 창조 신앙이 본질상 신앙의 항목으로서 독자적인 위치를 지니지 못하고, 다만 구원 신앙의 전승을 뒷받침하고 확장시키는 데 기여할 따름이라고 보았다. 폰 라드는 이른바 제2이사야의 예언 선포에서 창조자에 관한 말이 부문장에 들어 있거나 아니면 부가어로 기능할 뿐 어디서도 독자적으로 존재하지 않는다는 점을 지적한다.62) 폰 라드에 따르면, 이사야에게 있어서 창조란 어디까지나 하나님의 구원행위를 설명하는 보조 기능에 불과하다.63) 심지어 창조 교리가 예언자의 구원 교리에 완전히 흡수되기까지 한다.64) 이와 같이 폰 라드에게 있어서 창조에 관한 이사야의 사고는 구원론의 틀 안에서 파악해야 하는 부수적인 주제에 지나지 않는다.65)

하르너는 이사야의 사고가 기본적으로 구원 신앙의 틀 안에서 움직이고

다"라고 지적한다. Brevard S. Childs, 『성서신학』 상, 유선명 역 (서울: 은성, 1994), 158.

61) 그 쟁점은 대체로 다음 세 가지로 압축된다. ① 원래 개별 주제인 구속 사상과 창조 사상 사이의 관계, ② 창조 사상이 구속 사상에 종속되는지의 문제, ③ 전체 창조와 개별 창조 간의 차이가 이사야 찬양과 개인 탄식에 영향을 미치는지의 문제. 창조 주제의 연구사에 관한 개관은 Richard J. Clifford, "Creation in Isaiah 40-55", in *Creation Accounts in the Ancient Near East and in the Bible*, CBQMS 26 (Washington, D. C.: Catholic Biblical Association of America, 1994), 163-69를 보라.

62) G. von Rad, *Old Testament Theology*, vol. 1, 137.

63) Ibid., 138. 폰 라드는 이 같은 구원론적 창조 이해가 시편에도 나타나고 있음을 지적한다. 즉 시 74; 136; 148; 33편에서 창조의 교리와 구원의 교리가 병행되어 나타나며, 이 시편들의 중심 주제가 창조주 하나님에서 구원자 하나님으로, 곧 창조론에서 구원론으로 옮겨가고 있다고 한다. G. von Rad, "The Theological Problem of the Old Testament Doctrine of Creation", in *The Problem of the Hexateuch and Other Essays*, trans. E. W. T. Dicken (Edinburgh: Oliver & Boyd, 1966), 133.

64) von Rad, "The Theological Problem of the Old Testament Doctrine of Creation", 136.

65) Ibid., 137.

있다고 보는 점에서 폰 라드와 다르지 않다. 그는 창조자로서의 야훼 신앙이 야훼의 구원 사역에 대한 예언자의 신념을 위한 기초를 제공한다는 데 동의한다. 그렇다고 하르너에게 있어서 창조 신앙은 단순히 구원 신앙을 위한 보조적인 위치에만 머무르지 않는다. 그것은 이사야의 전체적인 사고에서 독자적이며 고유한 위치를 차지한다.66) 이 점에서 그는 폰 라드와 차이를 보인다. 하르너는 이른바 제2이사야에게 있어서 중요한 세 가지 주제로서 창조 신앙, 출애굽 전승, 이스라엘의 임박한 회복에 대한 기대를 적시한다.67) 그는 이 주제들간의 상호 관련을 살핀 다음, 창조 신앙이 출애굽 전승과 이스라엘의 임박한 회복에 대한 기대를 연결시켜 주는 다리 역할을 한다는 결론에 이른다. 즉 창조 신앙은 옛 구원사와 새로운 구원사를 이어준다는 것이다. 이로써 출애굽 전승과 포로된 이스라엘의 구원이라는 두 주제가 연속성과 불연속성을 동시에 지니면서 서로 연결된다.68) 이런 이유에서 하르너는 창조 신앙이 하나의 독립된 주제로서 자리 매김을 하고 있으며, 이사야 신학의 전체적인 구조에서 핵심적이고도 본질적인 역할을 한다고 보았다.69) 베스터만 역시 이사야에서 창조 주제를 구원 주제에 종속시키는 것을 경계한다.

그는 이사야에서 하나님의 창조활동과 구원활동이 매우 밀접하게 결합되어 있다고 해서 전자가 후자에 흡수되는 것으로 이해해서는 안된다고 강조한다.70) 베스터만에 따르면, 예언자의 의도는 창조와 구원활동이라는 양극성을 이용하여 하나님께서 자기 백성을 구원하시는 행동이 창조활동이라는 거대한 지평 안에 놓여 있음을 보여주는 데 있다.71) 한편 앤더슨도 최근 창조 주제와 구원 주제가 야훼께서 창조주요 구원자로서 유일하신 하나님이시라는 것을 선포하는 공동의 목표로 수렴된다고 주장하였다. 이러한 전제를

---

66) Harner, "Creation Faith in Deutero-Isaiah", 301-302.
67) Ibid., 299.
68) Childs, 『성서신학』 상, 159.
69) Harner, "Creation Faith in Deutero-Isaiah", 304-306.
70) Westermann, 『이사야』 (3), 35-36.
71) Ibid.

바탕으로 그는 두 주제의 독자성과 상관성을 동시에 밝히고 있다.[72]

지금까지 살펴본 대로 폰 라드 이후 학계의 일반적인 경향은 이사야의 신학에서 창조 주제의 독자적인 위치와 고유한 역할을 강조하는 추세로 흘러가고 있음을 알 수 있다.[73]

이사야에 나타나는 창조 본문에 대한 구분은 학자들에 따라 약간의 차이를 보인다. 예컨대, 하르너[74]와 루드윅[75]은 여섯 개의 본문을, 쉬툴뮐러[76]는 13개의 본문을 제시한다. 한편 클리포드는 이사야 40-55장의 창조 본문들을 출애굽-땅 점유와 관련된 본문[77] 및 성전 또는 시온의 재건과 관련된 본문[78]으로 분류한다.[79] 여기에서는 이러한 본문들 중에서 창조 주제가 가장 명시적으로 나타나는 대표적인 두 개의 본문을 선별하여 여기에 창조 사상과 시온 주제가 어떻게 관련되는지를 살펴보겠다.

(1) 이사야 44:24-45:13

이 본문 중에서 특히 44:24-45:7은 고레스 신탁으로 지칭되며, 그 형식

---

72) Bernhard W. Anderson, "Mythopoetic and Theological Dimensions of Biblical Creation Faith", in *From Creation to New Creation* (Mineapolis: Fortress Press, 1994), 95. 차일즈는 "앤더슨이 신학적 증거와 종교사적 증거를 넘나들면서 폰 라드의 입장을 반박하려 시도하지만, 그의 논증에는 방법론적 엄격성이 결여되어 있다"고 평가한다. Childs, 『성서신학』 상, 151.

73) 차일즈는 그러나 "아무도 폰 라드의 기본 명제를 무시하거나 근본적으로 반박하지는 못했다"고 지적한다. Childs, 『성서신학』 상, 151.

74) 사 40:27-31; 44:24-28; 45:11-13; 50:1-3; 51:12-16; 54:4-8. Harner, "Creation Faith in Deutero-Isaiah", 301.

75) 사 40:12-31; 42:5-9; 44:24-45:7; 45:9-13; 48:12-17; 51:9-16. T. M. Ludwig, "The Tradition of the Establishing of the Earth in Deutero-Isaiah", *JBL* 92 (1973): 346.

76) C. Stuhlmueller, *Creative Redemption in Deutero-Isaiah*, AnBib 43 (Rome: Pontifical Biblical Institute, 1970), 66.

77) 41:17-20; 42:13-17; 43:1-7; 43:16-21; 49:8-12.

78) 44:24-45:13; 45:14-25.

79) Clifford, "Creation in Isaiah 40-55", 170.

은 제왕 신탁으로 분류된다.[80] 먼저 44:24-28에는 구속, 창조, 역사, 유일신론, 예언, 주권, 섭리와 같은 예언의 중요 요소들이 모두 망라되어 나타난다.[81] 24절에서 이사야는 자신의 핵심 주제인 "나는 야훼다"(אנכי יהוה)라는 대명제를 바탕으로,[82] 하나님을 창조주로 그리고 역사의 주로 찬양한다.[83] 또한 하나님의 행위가 과거의 창조로부터 고레스의 임명과 예루살렘-시온의 회복이라는 현재의 시점까지 묘사되고 있다.[84] 영의 표현에 따르면,

> "이스라엘은 자신의 생성에서부터 구속에 이르기까지 전 역사를 통해 하나님과 특수한 관계를 유지해 왔다. 이스라엘의 역사의 하나님이신 야훼는 따라서 다른 누구도 말할 수 없는 이스라엘의 미래에 관해 말씀하실 수 있다."[85]

이 야훼는 이방 신들과는 달리 누구의 도움이나 조력도 없이 혼자서 하늘과 땅을 창조하신 분이다.[86]

25-26절에는 야훼의 말씀과 이방 신들의 말이 비교된다. 이방 신들의 말은 이루어지지 않아 결국 거짓으로 판명되었지만, 야훼의 말씀은 남김없이

---

80) Westermann, 『이사야』 (3), 178.
81) Muilenburg, "Isaiah 40-66", 516.
82) 장일선, 『이사야』 II, 전망성서주해 (서울: 전망사, 1993), 59.
83) 뮬렌버그는 창조와 역사의 관계에 대해 말하기를 "창조와 역사는 공통된 의미의 틀 속에 함께 묶여 있다(40:12-31 참조). 제2이사야의 어디에도 창조의 의미가 역사로부터 유리된 곳은 없다. 역사와 예언은 서로 밀착되어 있다. 그 까닭은 하나님께서는 자신의 뜻과 목적을 역사 속에 계시하시기 때문이다"라고 한다. Muilenburg, "Isaiah 40-66", 516.
84) 장일선, 『이사야』 II, 59.
85) Edward J. Young, The Book of Isaiah, vol. 3 (Grand Rapids: Wm. B. Eerdmans, 1972), 187.
86) 하벨은 사 44:24과 45:12에 나오는 "하늘을 펴다"(נטה שמים)라는 어구가 자기 백성에 대한 구원 사역을 통해 나타난 창조자로서의 하나님의 권능을 드러내기 위해 사용된 공식구임을 밝힌다. 이 어구는 사 40:22; 42:5; 48:13; 51:13에도 나온다. Norman C. Habel, "He Who Streches out the Heavens", CBQ 34 (1972): 417, 429.

실현되었다. 이와 같이 하나님은 그의 말과 행동이 일치한다는 점에서 역사의 주인이시다. 하나님은 권위 있는 자신의 말씀을 통해 역사의 주인이심을 입증한다.[87] 26-28절은 분사 אֹמֵר와 부정사 לֵאמֹר를 반복 사용함으로써 하나님 말씀의 신실함과 권위를 강조한다.[88] 26절에서는 창조주이며 역사의 주이신 그 하나님이 예루살렘을 회복하여 거기 사람들이 다시 살게 하시고, 유다의 성읍들을 재건하고 복구하실 것임을 위엄 있게 말씀하신다. 다시 영의 표현을 빌리면,

"예루살렘은 오랫동안 버림받고 그 주민들은 약탈당해야 했다. 그러나 이제 오랜 진노의 시기는 종식되고 예루살렘은 다시 한 번 사람들로 가득 차게 될 것이다. 마찬가지로 오랫동안 황폐한 상태로 버려졌던 유다의 성읍들도 재건될 것이다. 이 모든 일은 야훼 자신의 사역을 통해 성취될 것이다. 예루살렘의 회복은 이스라엘의 하나님의 사역이다. 이와 같이 포로는 영속적인 상태가 아니라 죄로 인해 택한 백성들에게 내려진 진노의 시기일 따름이다."[89]

하늘과 땅을 지으신 창조주 하나님이 이제 이스라엘 백성을 회복된 예루살렘으로 인도하시겠다는 표현 속에 창조주제와 시온주제가 뚜렷이 결합하고 있다.

27-28절은 바다의 깊은 곳을 향해 마르라고 명령하시고, 고레스 왕으로 하여금 자신의 계획을 실행하도록 명령하시는 하나님의 위엄을 묘사한다. 27절의 "깊음"이란 하나님께서 자기 백성을 예루살렘으로 귀환시키는 여정을 가로막는 장애물을 뜻한다고 볼 수 있다.[90] 또 여기에는 홍해의 기적 사건이 반영되고 있다.

첫 출애굽 때에 홍해가 갈라져 생겨난 안전한 길을 통해 하나님의 권능이 나타났던 것처럼 지금은 바벨론으로 대표되는 세상 세력으로부터의 구원

---

87) Westermann, 『이사야』 (3), 179.
88) Clifford, "Creation in Isaiah 40-55", 174.
89) Young, *The Book of Isaiah*, vol. 3, 191.
90) Ibid.

을 통해 나타나고 있는 것이다.91) 이와 같이 고레스의 소명과 바벨론의 멸망은 야훼의 성읍 예루살렘-시온의 회복을 준비하기 위한 것이다.92)

따라서 여기에 다시 한 번 예루살렘과 성전의 재건이 약속되고 있다. 클리포드는 이사야 44:24-28의 구문이 'אמר(정동사)+분사들+ל+부정사'의 형태를 갖는 점에 주목하고, 이러한 구문은 부정사로 표현되는 인간 대리자의 행동이 야훼의 명령에 따라 이루어진다는 것을 뚜렷이 보여준다고 설명한다.93)

45:1-7에는 야훼께서 전권을 고레스에게 위임하는 내용과 그의 승리가 생생하게 묘사된다. 이스라엘 사람들에게는 야훼께서 이방 왕 고레스에게 기름 붓고 자신의 종으로 임명하는 것이 납득하기 힘들었을 것이다. 그러나 이사야는 "이스라엘의 하나님 야훼가 고레스를 통하여 예루살렘의 회복과 포로민의 귀환이라는 자신의 의사를 관철시킬 것을 분명히 보여준 것이다."94) 7절의 "나는 빛도 짓고 어두움도 창조하며 나는 평안도 짓고 환난도 창조하나니, 나는 여호와라. 이 모든 일 행하는 자니라 하였노라"는 말은 빛과 어둠을 대립시키는 페르시아 종교의 이원론을 부정하고, 창조자이신 야훼의 절대 주권을 강조하는 표현이다.95) 영이 적절히 지적한 것처럼 이 구절은 하나님을 죄악의 창시자라고 주장하는 것이 아니다. 하나님께서 악을 자신의 계획 속에 포함시키시고, 악의 존재를 예정하셨다는 것을 의미할 뿐이다.96) 베스터만은 이 구절에서 창세기 1장 및 3장과는 달리 야훼께서 빛뿐 아니라 어두움을 창조하시고, 구원뿐 아니라 화도 가져오신다는 표현에 주목한다. 그는 이것이 이원론적 사상을 배격하고, 이방인 고레스가 이스라엘의 전통

---

91) Ibid.

92) John D. W. Watts, *Isaiah 34-66*, WBC (Waco: Word Books, Publisher, 1987), 156.

93) Ibid., n. 26을 보라.

94) 장일선, 『이사야』 II, 61.

95) Watts, *Isaiah 34-66*, 157. 다른 한편으로 물렌버그는 본문이 페르시아의 조로아스터교의 이원론을 논박하는 것이 아니라, 하나님의 단일성을 강조하는 것으로 이해한다. Muilenburg, "Isaiah 40-66", 524.

96) Young, *The Book of Isaiah*, vol. 3, 201.

적인 사고를 뛰어넘어 야훼의 대리자로 임명된 사건과 더불어 하나님에 관한 인간의 지식과 사고의 한계를 파괴하는 말로 이해한다. 그럼으로써 모든 신학의 한계도 아울러 파괴하고 있음을 지적한다.[97]

45:9-12은 고레스가 야훼의 기름부음 받은 자임을 믿지 않으려는 자들을 논박하는 내용으로 구성된다. 즉 질그릇이 토기장이에게, 자식이 부모에게 따지고 대들 수 없듯이 창조주 야훼가 하시는 일에 대해 사람들이 항변할 수 없다는 것이다. 45:13은 야훼께서 친히 고레스를 통해 자신의 성읍 예루살렘을 재건하며 사로잡힌 자들을 해방시켜 주실 것임을 말씀하신다. "나의 성읍", "나의 사로잡힌 자들"이란 어구에는 예루살렘과 이스라엘 백성에 대한 하나님의 애정 어린 관심이 잘 나타나 있다.[98]

위에서 살펴본 것처럼 이사야 44:24-45:13에서는 시온-예루살렘 및 성전의 재건과 왕의 임명은 모두 야훼의 창조 행위와 관련되는 것으로 밝혀졌다.[99] 다시 말해 이사야에게 있어서 고레스에 의한 바벨론의 멸망, 성전의 재건, 그리고 흩어진 백성들의 귀환은 하나님의 창조 사역의 중요한 단면을 보여주는 것으로 인식되었다는 것이다.[100]

(2) 이사야 51:9-16

이 본문은 야훼께서 라합이라 불리는 용과 전쟁을 치르시는 창조의 표상을 빌려 창조와 출애굽, 시온으로의 종말론적 복귀에 이르는 장대한 광경을 묘사하고 있다.[101]

---

97) Westermann, 『이사야』 (3), 188.
98) 장일선, 『이사야』 II, 64.
99) Clifford, "Creation in Isaiah 40-55", 174.
100) Ibid.
101) Childs, 『성서신학』 상, 158. 앤더슨, 힐, 그리고 키에소바는 사 51:9-16을 출애굽 본문으로 분류한다. 여기에 관해서는 이 책 제5부 1장을 참조하라.
다른 한편으로 이 본문은 출애굽 주제와 창조 주제가 결합된 대표적인 본문 중 하나로 다루어지기도 한다. 김찬국, "제2 이사야 창조전승 연구(II)", 『신학논단』 15 (1982): 41-62를 보라.

9-10절은 베스터만의 분석에 따르면, 민족 탄식 시의 서두로서 도움을 요청하는 첫머리의 외침(9a절)과 하나님이 과거에 베푼 구원의 행위에 대한 회상(9b-10절)으로 이루어진다.102) 이 구절은 시온의 회복과 의와 구원의 새로운 세계는 야훼의 팔의 역사, 곧 그의 능력의 계시임을 말한다.103) 여기에 사용된 "라합"(רהב), "용"(תנין), "바다"(ים), "깊은 물"(תהום רבה)과 같은 명칭들은 모두 창조 때의 원초적 혼돈의 세력을 가리키는 동의어로 이해된다.104) 바벨론 창조 신화에서 마르둑이 조개를 두 조각 내듯 혼돈의 여신 티아맛의 시체를 둘로 갈라 궁창과 땅을 만든 것같이 출애굽 이야기에서는 깊은 물이 갈라지고 구속받은 자들이 건너오게 될 것이다.105) 노스는 이에 대해 히브리인들이 창조 신화의 단편들을 취하여 출애굽 이야기를 윤색하는 데 사용한 것으로 말한다. 즉 그들은 신화를 역사화했다는 것이다.106) 이와 같이 하나님은 이스라엘을 옛날 이집트의 바로의 세력에서 구원하셨듯 지금 그들의 구원의 길을 가로막는 어떤 세력으로부터도 그들을 다시 건져 주시리라는 것이 본문의 의미다.107) "깊은 물"은 원래 원시 바다

---

102) Westermann, 『이사야』 (3), 278.

103) Delitzsch, *The Book Isaiah*, vol. 2, 288.

104) Muilenburg, "Isaiah 40-66", 597; Young, *The Book of Isaiah*, vol. 3, 313. 영은 그러나 여기에 신화적인 색채는 완전히 사라지고 없음을 지적한다. 또한 Christopher R. North, *The Second Isaiah* (Oxford: The Clarendon Press, 1967), 212를 참조하라.

105) 장일선, 『이사야』 II, 92. 장일선은 "이런 의미에서 이스라엘에게는 창조가 곧 구속이 된다"고 말한다.

106) North, *The Second Isaiah*, 212. 장일선은 이에 대해 창조 신화를 비신화시켜 이집트를 라합으로 표현했다고 설명한다. 장일선, 『이사야』 II, 92. 델리치는 라합(רהב)은 물귀신으로 표현되는 이집트를 말하며(30:7), 용(תנין) 역시 이집트를 가리키는데, 특히 바로를 지칭할 때 사용되는 표현이라고 한다. Delitzsch, *The Book Isaiah*, vol. 2, 288; 참조, Young, *The Book of Isaiah*, vol. 3, 313. 뮬렌버그는 이사야가 이러한 신화적 표상을 사용한 것은 단순히 고대근동이나 바벨론의 영향을 받은 때문이 아니라, 이사야의 깊은 신학적 관심사에서 비롯된 것이라고 설명한다. Muilenburg, "Isaiah 40-66", 597.

107) Young, *The Book of Isaiah*, vol. 3, 313; Delitzsch, *The Book Isaiah*, vol. 2, 288.

를 가리키는 말이지만, 여기서는 기적적인 홍해 도하 사건을 가리키기 위해 사용되었다. 이와 같이 바다를 말린다는 것은 창조와 홍해 사건을 동시에 연상시킨다. 본문은 이처럼 야훼를 창조주요 구속자로 찬양하면서 하나님의 활동과 권능이 시간적으로나 공간적으로 이 끝에서 저 끝까지 미치고 있음을 보여준다.108) 이렇게 구속된 자들은 마침내 시온으로 돌아가 거기서 기쁨과 즐거움을 누릴 것이다(11절).109)

51:12-16은 앞의 9-10절에 대한 하나님의 답변이다. 여기서 야훼는 자신이 하늘과 땅을 지은 창조주임을 밝히시면서 이스라엘로 하여금 저들을 박해하는 자들의 무모한 분노를 두려워하지 말 것을 당부하신다. 예언자는 포로민들이 굶주림과 죽음의 위협을 받을지라도(51:14) 두려워하지 않을 수 있는 것은 이스라엘의 하나님은 하늘과 땅을 지으신 분이며, 시온을 자신의 백성으로 만드신 분이기 때문이라는 것이다.110) 15절의 "나는 네 하나님 야훼라"는 말은 이스라엘을 선택한 분이 바로 창조주임을 밝히는 표현이다.111)

16절은 창조주제와 시온주제가 뚜렷이 결합하고 있는 구절이다. 야훼는 시온을 향해 "너는 내 백성이라"고 말씀하신다. 여기에서 시온은 이스라엘을 대표하는 호칭이다. 하나님은 자신의 말씀을 시온의 입에 두심으로 시온을 자신의 계시의 대리자로 삼으신다. 이렇게 함으로써 하나님은 낡고 사라질 옛 것을 대신하여 의로운 새 세상과 새 하늘과 새 땅을 창조하려고 하신다. 뮬렌버그에 따르면, 세상에서의 시온의 역사적인 사명은 여기에서 종말

---

108) Westermann, 『이사야』 (3), 280.
109) 이 구절이 35:10과 자구적으로 거의 일치한다는 이유로 비평적인 학자들은 후대의 첨가구로 본다. 장일선, 『이사야』 II, 92; Muilenburg, "Isaiah 40-66", 598을 보라. 베스터만은 11절의 본래 자리가 이곳이 아니라고 단언한다. Westermann, 『이사야』 (3), 281. 이에 반해 영은 이 구절이 단락의 적절한 결론을 구성한다고 보고, 이사야가 앞의 비슷한 문맥에서 사용한 사상과 용어를 다시 채용하는 것이 전혀 이상하지 않다고 설명한다. Young, The Book of Isaiah, vol. 3, 314.
110) 장일선, 『이사야』 II, 92. 델리치의 말을 빌리면, "야훼께서 만물을 굴복시킨 절대적 권능을 걸고 서약한 그 약속이 이제 만물이 시작한 역사적 출발점에서 종말론적 높이로까지 상승되고 있다." Delitzsch, The Book Isaiah, vol. 2, 290.
111) Westermann, 『이사야』 (3), 282.

론적이고 우주적인 범위로 확장된다.112) "너는 내 백성이라"는 하나님의 말씀은 새로 창조된 세계 안에서 이스라엘이 새로운 계약적인 존재로 자리잡게 됨을 인치는 표현이다.113) 이 말씀은 또한 시작과 끝, 자연과 역사, 그리고 창조와 시온으로 대표되는 계약 백성의 삶이 결합됨을 뜻한다.114)

루드윅은 이사야 51:9-16에서 두 번 등장하는(13, 16절) "땅의 기초를 정하다"(יסד ארץ)라는 공식구에 대한 집중적인 분석을 통해 창조 사상과 시온 주제와의 관련을 밝힌다.115) 그는 이 יסד ארץ 공식구의 중요한 특징 가운데 하나로 시온과 다윗 왕위의 창설 전승이 자주 결합된다는 점을 든다.116) 시편 24편은 왕이신 야훼의 대관식의 시온 축제와 관련하여 시온으로 들어가는 예배 의식을 도입하기 위해 이 공식구를 사용한다. 시편 78:67-72에는 יסד ארץ와 시온-다윗 전승의 연결이 뚜렷하게 나타난다. 특히 69절에서 יסד ארץ 공식구는 시온 산 성전과 관련하여 사용된다. 이와 같이 루드윅은 제의 전승에서 시온에 성전의 기초를 정하는 것은 땅의 기초를 정하는 것과 동일한 신적 행위로 간주된다고 한다.117) 루드윅에 따르면, 시온의 건설 전승이 특히 혼돈을 이기고 우주를 만드신 자로서의 야훼의 활동과 연결되기 때문에, 이사야는 יסד ארץ 공식구를 시온의 회복에까지 확장시켜 사용한다. 이처럼 이사야는 시온의 회복을 우주 창조의 반복으로 소개한다는 것이다.118)

이와 같이 루드윅은 יסד ארץ 전승이 특히 시온 제의에서 생겨난 것으로

---

112) Muilenburg, "Isaiah 40-66", 601.
113) Ibid. 영은 이 구절을 새롭게 창조된 새 하늘과 새 땅에 거주할 백성으로 시온이 선택받았음을 뜻한다고 설명한다. Young, *The Book of Isaiah*, vol. 3, 318.
114) Muilenburg, "Isaiah 40-66", 601. 뮬렌버그는 이 구절에 대한 주석 말미에 "무엇보다 하나님과 이스라엘의 독특한 관계가 분명히 드러난다. 마지막 말씀은 계약적인 말씀이지만, 그 내용은 이 말씀의 종말론적 문맥에 의해 매우 심화되었다"고 덧붙인다.
115) Ludwig, "Establishing of the Earth in Deutero-Isaiah", 350-55.
116) Ibid., 353.
117) Ibid., 354.
118) Ibid.

보는데, 거기서 이것이 야훼께서 시온과 다윗 왕위를 창설하신 것을 설명하기 위한 우주 창조의 모델로 사용되었다고 결론짓는다. 또한 이사야는 시온의 새로운 창조와 고레스를 통한 야훼의 목적 성취에 대한 자신의 선포의 신학적 합법성을 제공하기 위해 이 공식구를 채택한 것으로 본다.[119]

한편 앤더슨은 이스라엘은 고대근동 사람들이 그러했듯 창조를 우주적 사회적 질서의 유지라는 측면에서 이해하고, 이러한 창조 이해가 후에 다윗 계약전승에 선 해석자들에 의해 이스라엘 신앙의 주류에 도입되었다고 본다.[120] 다윗 계약전승에 있어서 사회의 안전과 건강과 평화는 우주적이며 창조적 질서에 의존하는 것으로, 이러한 혜택은 다윗 왕조를 통해 주어진다고 한다. 따라서 앤더슨은 이러한 창조 개념이 본래 시온 성전의 제의에서 나온 것으로 이해한다.[121] 또한 앤더슨은 하나님의 창조 활동은 시온에서의 구원 사역, 즉 우주 창조에 상응하는 질서와 안정의 회복과 동일시되는 것으로 보았다.[122] 또 우주의 왕이신 야훼의 등극을 축하하는 시편에서 창조 술어는 시온의 질서와 안정이 우주적 왕에 의해 설립되고 유지됨을 보여준다고 한다(시 47, 91, 93-99편).[123]

올렌버거는 이사야에 나타난 시온 주제와 창조 사상과의 관련을 다음과 같이 정리한다.[124] 첫째, 시온 표상은 해방자와 심판자로서의 야훼에 대한 이스라엘의 역사적이며 특수한 경험을 우주 창조의 틀 안에 자리잡게 한다. 이 우주 창조의 틀 안에서 야훼는 이스라엘뿐 아니라 모든 왕들과 하늘과 땅의 모든 신들이 복종해야 할 유일한 왕으로 인식된다.

둘째, 시온 표상에 따르면 야훼는 왕이시며 창조자요 방어자이시므로 왕

---

119) Ibid., 355.
120) Anderson, "Dimensions of Biblical Creation Faith", 82.
121) Ibid.
122) Ibid., 83-84. 앤더슨은 이것을 시 74편에서 발견한다. 여기에 사용된 평행 어구인 창조-구원의 동사 קנה 와 גאל 은 시온의 건설을 지시한다고 본다.
123) Ibid., 84.
124) Ben C. Ollenburger, *Zion, The City of the Great King: A Theological Symbol of the Jerusalem Cult*, JSOTS 41 (Sheffield: JSOT Press, 1987), 155-58.

적 권능을 독점적으로 행사하신다. 예루살렘의 제의 신학에서 야훼의 왕권과 배타적 통치권은 그의 혼돈의 정복을 통해 확립된 것이다. 이 혼돈의 정복은 야훼와 그의 백성에 대한 적대 세력에 대한 격퇴에 한정되지 않고, 적극적으로는 선하고(창 1장) 정의로운(시 99편) 세계 질서의 창조를 가져온다. 따라서 야훼는 단지 이 세계 질서의 생성뿐 아니라 그것의 유지와 재창조에도 책임이 있으시다(사 65:7). 이 때문에 야훼는 가령 시온을 도피처로 삼은 가난한 자들을 박해함으로써 이 세계 질서를 왜곡시키거나, 안보를 위해 군대와 동맹에 의존하는 식으로 그의 절대 주권에 대립하는 모든 자들을 억제하신다.

셋째, 시온 표상에는 이른바 '시온의 인간학'이라 지칭되는 인간적 요소가 존재한다. 야훼가 왕이시고 창조가 그의 정의 표현이라고 한다면, 그의 질서에 복종하는 것은 책임의 회피나 인간적 주권의 포기를 뜻하지 않는다. 이 복종은 인간의 책임이 의로운 창조 질서에 합당한 정의를 실천하는 일임을 분명히 인식하는 것이다. 복종의 적극적인 측면은 신뢰와 믿음이다. 신뢰란 야훼의 절대 주권을 인정하고, 나아가 이 주권을 침해하는 인간의 행위는 심판 받는다는 사실을 인정하는 것이다.

3. 시온 주제와 남은 자 사상

구약 예언자 중에서 남은 자 교리에 가장 크게 공헌한 이가 이사야이고, 그에게서 남은 자에 대한 언급이 절정에 이르고 있다는 점에는 학자들 사이에 이견이 없다.[125] 실제로 구약에서 남은 자에 관한 언급이 가장 많이 나타나는 곳이 이사야서이고, 그런 만큼 남은 자 사상은 이사야의 신학에서 중요한 역할을 한다. 이사야에서 '남은 자' 용어는 심판의 문맥뿐 아니라 구원의 문맥에도 나타난다. 따라서 남은 자 개념은 파괴적이며 건설적인 의

---

125) E. W. Heaton, "The Root שאר and the Doctrine of the Remnant", *JTS* 3 (1952): 34.

미를 동시에 지닌다.126) 이사야에게서 이 같은 심판과 구원의 변증법적 관계는 비단 남은 자 사상에만 국한된 것이 아니라 이사야의 선포 전반에서 발견되는 특징적인 면모라 할 수 있다.127)

이사야에서 남은 자 사상이 가장 뚜렷하게 나타나는 곳은 그의 소명 기사를 기록한 6장이다. 이사야 6장에 따르면, 이사야는 보좌에 앉으신 하나님을 대면하고 두려움에 사로잡힌다. 이는 그가 부정한 죄인으로서 거룩하신 만군의 야훼를 바라본 때문이었다. 그러나 그 때 이사야는 야훼의 보좌를 옹위한 스랍 중 하나에 의해 정결케 됨으로써 하나님의 부르심에 응답하여 "내가 여기 있나이다. 나를 보내주소서"라고 말한다. 이에 대해 야훼는 이사야가 자신의 말씀을 전파하더라도 유다가 망할 때까지는 그 백성이 경청하지 않을 것임을 예고하신다.

> "성읍들은 황폐하여지고 거민이 없으며
> 가옥들에게는 사람이 없고
> 이 토지가 전폐하게 되며
> 사람들이 여호와께 멀리 옮기워서
> 이 땅 가운데 폐한 곳이 많을 때까지니라.
> 그중에 십분의 일이 오히려 남아 있을지라도
> 이것도 삼키운 바 될 것이나
> 밤나무, 상수리나무가 베임을 당하여도
> 그 그루터기는 남아 있는 것같이
> 거룩한 씨가 이 땅의 그루터기니라".(사 6:13)

이 구절에서 중요한 것은 유다가 완전히 멸망하여도 그것으로 종말을 맞이하는 것이 아니라는 점이다. 마치 베어진 나무가 남은 그루터기에서 새로운 생명을 움터 마침내 나무 전체가 회생하듯이 이스라엘도 완전히 멸망하는 것이 아니라 미래의 회복에 대한 희망이 있음을 말해 준다. 여기에서도

---

126) E. Jenni, "Remnant", *IDB*, 4:32.

127) J. Lindblom, *Prophecy in Ancient Israel* (Philadelphia: Fortress Press, 1963), 188.

남은 자의 이중적인 성격이 뚜렷이 나타난다. 즉 성읍의 거민 중 남은 자 십분의 일은 멸망의 대상이지만, "그루터기"로 언급된 남은 자들은 야훼의 심판을 당하나 구원받아 마침내 새로운 민족을 일으킬 "거룩한 씨"로 묘사되고 있다.

이사야 7:3에는 이사야의 아들 "스알야숩"(שאר־ישוב)의 이름이 소개된다.[128] 스알야숩의 이름은 이 구절에서 이사야의 이름과 함께 열거되고 있다. 데이는 이것이 시리아-에브라임 사태와 관련하여 어떤 특별한 의미를 반영하는 것으로 이해한다. 즉 스알야숩의 이름이 아하스에게 고지된 구원 신탁의 첫머리에 나타나고 있다는 것은 그의 이름이 유다의 구원을 암시한다는 것이다.[129] 클레멘츠는 스알야숩이라는 이름이 예루살렘을 포위하고 있는 적군 시리아와 이스라엘의 남은 자들을 가리키는 것으로 해석한다.[130] 이렇게 이해할 경우 스알야숩은 적에 대한 심판과 유다에 대한 구원의 메시지를 동시에 표현한다고 할 수 있다.[131] 이사야 10:20-23에 따르면 "스알야숩"은 두 가지 의미로 해석된다. 적극적으로는 "남은 자…가 능하신 하나님께로 돌아올 것이라"(21절)이고, 소극적으로는 "남은 자만 돌아오리니"(22절)이다.

히튼에 따르면 "남은 자"(שאר)에는 다음 세 가지의 의미가 있다. ① 예

---

128) 이사야의 아들들의 이름이 상징적인 의미를 가진다는 사실은 잘 알려져 있다. 사 8:18은 "보라, 나와 및 여호와께서 내게 주신 자녀들이 이스라엘 중에 징조와 예표가 되었나니 이는 시온 산에 계신 만군의 여호와께로 말미암은 것이니라"고 기록한다.

129) John Day, "Shear-Jashub (Isaiah vii 3) and 'The Remnant of Wrath' (Psalm lxxvi 11)", *VT* 31 (1981): 76.

130) R. E. Clements, *Isaiah 1-39*, NCBC (Grand Rapids: Wm. B. Eerdmans, 1982), 83.

131) Day, "Shear-Jashub", 77. 그러나 "스알야숩"이란 이름에 심판이나 약속과 같은 종말론적인 의미를 부여하는 것에 부정적인 견해가 있다. 블랭크는 "스알야숩"을 의로운 남은 자나 구원받은 남은 자로 이해하는 것이 근거 없는 억측이라고 본다. 그 이유는 "의로운 남은 자" 개념은 후대의 것으로 이사야에게 낯선 것이었을 뿐 아니라, "스알야숩"이란 이름도 역사적인 측면에서건 종말론적인 측면에서건 불길한 소리로서 위로와는 무관하다고 생각하기 때문이다. Sheldon H. Blank, "Traces of Prophetic Agony in Isaiah", *HUCA* 27 (1956): 86-88.

언자 당시 실제로 존재한 공동체를 지시한다. ② 이스라엘(또는 유다)의 인구가 감소되어 미래의 한 시점에는 마침내 소수의 남은 자만 존재할 것임을 예고하는 위협의 묘사이다. ③ 임박한 모종의 파국에 의해 백성들이 완전히 파멸하는 것이 아니라 "남은 자들"이 존속할 것임을 천명하는 희망적인 위로의 표현이다.132) 이 가운데서 히튼의 입장은 세번째에 가깝다. 그는 기본적으로 '남은 자' 사상이 예루살렘 멸망 이후 생존하여 남은 자들에게 영향을 받아 생겨난 것으로 주장한다. 그렇지만 이 사상이 포로 이전에 유래한 것이라면, 그것은 야훼께서 자기 백성을 완전히 파멸하지 않으시리라는 예언자의 신념에서 비롯된 것으로 본다.133) 히튼은 이처럼 남은 자 개념이 이사야와 무관하게 포로 이후 이스라엘이 경험한 역사적 상황을 통해 형성된 것으로 보면서도, 그것이 이사야 자신의 예언적 신념으로부터 생겨났을 가능성을 전적으로 배제하지는 않는다.

하젤은 구약의 남은 자 사상의 기원과 발전에 관하여 포괄적으로 논의한 바 있다.134) 하젤에 따르면, 남은 자 주제는 특히 이사야의 종말론에서 핵심적인 요소로 나타난다.135) 이사야는 남은 자 사상을 그의 사역의 처음부터 부정적이고 긍정적인 측면에서, 그리고 비종말론적이고 종말론적인 의미에서 사용하였다.136) 이사야의 신학에서 남은 자 주제는 특히 야훼의 거룩

---

132) Heaton, "The Root שאר", 37.
133) Ibid., 39.
134) 하젤은 이사야의 신탁을 그의 예언 사역의 초기, 시리아-에브라임 전투(734-733), 이사야의 예언 말기(716/5-701) 등 세 시기로 구분하고, 각 시기의 "남은 자" 본문을 중심으로 남은 자 사상의 발전을 살펴보았다. G. F. Hasel, *The Remnant: The History and Theology of the Idea from Genesis to Isaiah* (Berrien Springs: Andrews University, 1972).
135) Ibid., 255. 린드블롬은 이미 이사야가 '남은 자' 용어를 처음으로 종말론적 개념으로 사용한 예언자임을 밝힌바 있다. Lindblom, *Prophecy in Ancient Israel*, 365-67.
136) Hasel, *The Remnant*, 247-48, 395. 여기에서 하젤은 "이사야는 남은 자 주제를 그의 예언 사역의 시작 즉시부터 위협과 구원의 측면에서 사용한다"고 말하고, "거룩한 남은 자는 미래의 실체이자 이사야의 종말론의 중요한 요소이다"라고 강조한다. 이에 대해 프리젠은 이사야 사역의 초기에는 국가의 회복이나 남은 자의 회복에 대한 가능성

하심과 관련된다. 이는 이사야 자신이 야훼의 거룩하심[137]에서 비롯된 심판과 구원을 경험하였기 때문이다.[138] 하젤은 따라서 남은 자 주제가 이사야의 심판과 구원 선포에서 처음부터 주도적인 요소로 작용해 왔음을 강조한다.[139]

이사야에서 이처럼 중요한 위치를 차지하는 남은 자 사상은 시온 주제와도 밀접한 관련을 가진다. 몇 개의 본문을 통해 양자의 관련을 살펴보겠다.

(1) 이사야 1:4-9

이 본문은 이스라엘이 겪은 황폐를 생생하게 묘사하고 있다. 발바닥에서 머리끝까지 한 곳도 성한 데가 없을 만큼 매 맞고 상처 입은 상태를 보여준다. 이스라엘이 이처럼 비참한 상태가 된 이유는 그들이 마땅히 지켜야 할 야훼와의 계약을 파기했기 때문이다. 본문은 이러한 극도의 민족적 파국 상황에서도 하나님이 소수의 남은 자를 살려 두심으로 국가의 존속이 가능하도록 섭리하셨음을 노래한다. 이 본문의 배경에 관해 델리치를 비롯한 일부 학자들은 734년의 시리아-에브라임 전투를 반영한다고 보는데 반해,[140] 그레이와 카이저 등은 유다가 산헤립의 공격을 받아 유린당하던 BC 701년이나 그 직후의 상황과 깊은 관계가 있는 것으로 파악한다.[141] 그러나 본문

이 없었다고 보아 남은 자 사상이 이사야의 초기부터 사용되었다는 주장에 부정적이다. Th. C. Vriezen, "Essentials of the Theology of Isaiah", in *Israel's Prophetic Heritage*, ed. B. W. Anderson and W. Harrelson (New York: Harper & Brothers, 1962), 133을 보라.

137) 야훼의 거룩하심 개념은 링그렌에 따르면, 두 가지 측면에서 이해할 수 있다. 첫째는 이사야의 심판 선포와 관련된 접근불가성과 경외의 측면이고, 둘째는 야훼의 선택, 곧 구원 선포와 관련된 은총의 측면이다. Helmer Ringgren, *Israelite Religion*, trans. David E. Green (Philadelphia: Fortress Press, 1980), 84.

138) 이사야의 소명을 언급하는 이사야 6장은 "입술이 부정한" 백성으로부터 선택받은 이사야 자신의 개인적인 정화의 경험에서부터 남은 자 사상이 생겨난 것임을 보여준다. Hasel, *The Remnant*, 243.

139) Ibid., 395.

140) Delitzsch, *The Book of Isaiah*, vol. 1, 205.

141) G. B. Gray, *A Critical and Exegetical Commentary on the Book of*

자체에는 역사적 배경을 명시적으로 지시하는 어떤 언급도 나타나 있지 않다. 와츠는 그 이유를 당시 청중의 입장에서는 734년과 701년에 발생한 사건을 구분하는 것이 별 의미가 없었기 때문으로 본다.142) 이 두 해에 겪은 국가적 재난이 당시의 유다인들에게는 동일한 의미로 체감되었을 것으로 생각할 때 와츠의 추론은 상당한 개연성을 가진다고 할 수 있다. 에드워드 영은 본문에 언급된 재난을 특정한 역사적 사건과 연결시키는 것을 유보하고, 그것을 하나님의 심판의 도구로 사용된 외국의 침공에 보편적으로 적용시킬 수 있다고 본다.143)

이 단락에서 시온 주제와 남은 자 사상이 직접적으로 관련되어 나타나는 구절은 8-9절이다.

> 딸 시온은 포도원의 망대같이,
> 원두막의 상직막같이,
> 에워싸인 성읍같이 겨우 남았도다.
> 만군의 여호와께서
> 우리를 위하여 조금 남겨 두지 아니하셨더면
> 우리가 소돔 같고 고모라 같았으리로다.

유다 전 국토가 외적의 침공으로 인해 초토화된 상황 속에서도 "딸 시온은 포도원의 망대같이, 원두막의 상직막같이 겨우" 남았다(נותרה). 이사야에서 "딸 시온"은 흔히 예루살렘의 거민들을 가리키는 표현으로 사용된다.144)

여기에서 야훼의 계약에 신실할 것을 촉구하는 이사야의 메시지는 시온과 관련된 약속들을 전제로 한 것이다. 하젤의 표현에 따르면, "시온과 관

Isaiah. Vol. I: Introduction, and Commentary on I-XXVII, ICC (Edinburgh: T. & T. Clark, 1912), 8; Kaiser, 『이사야』 (1), 37; G. E. Wright, 『이사야』, 김정준 역 (서울: 대한기독교서회, 1968), 32.

142) Watts, *Isaiah 1-33*, 17-18.
143) Young, *The Book of Isaiah*, vol. 1, 53.
144) 사 5:3; 8:14; 10:24, 32 참조.

련된 약속들은 이스라엘이 믿음으로 야훼께 돌아올 경우에만 희망적인 의미를 가진다."145) 그러므로 이사야는 여기에서 시온 신학이 강조하는 시온의 불가침성이 자동적으로 보장되는 것이 아님을 말한다. 그는 믿음이라는 선결 요건이 반드시 충족될 때에만 참된 의미에서의 시온 불가침의 신학이 성립할 수 있음을 말하고 있는 것이다.146)

본문 1:8에는 남은 자의 성격과 관련하여 한 가지 유의할 점이 발견된다. 그것은 이사야가 "딸 시온만 겨우 남았다"고 말할 때 그것이 정화된 남은 자, 즉 "거룩한 씨"(6:13)나 "거룩한" 생존자(4:3)를 뜻하지 않는다는 점이다. 본문은 이 "생존자"들이 하나님의 정결케 하시는 심판을 거친 신앙 공동체, 곧 종말론적 남은 자들이 아님을 말해 준다.147) 1:9은 야훼가 그 백성을 소돔과 고모라처럼 멸망시키실 수 있었으나 그렇게 하시지 않았다고 말한다. 그들 중에 "소수의 생존자"(שריד)가 남은 것(הותיר)은 오직 야훼의 은총과 자비 때문이었다.

(2) 이사야 1:21-26

본문은 한때 헌신적인 아내처럼 야훼께 신실하던 예루살렘이 이제 창기와 같이 변절한 것을 탄식한다. 여기에 야훼와 이스라엘 간의 계약 관계가 파기되었음이 나타나고 있다. 예루살렘은 원래 정의를 실행하고 공평을 지향하는 곳이었다. 그러나 야훼를 떠난 예루살렘은 공의 대신 살인이 난무하는 곳이 되고 말았다. 예루살렘이 야훼와 바른 관계를 회복하기 위해서는 정화의 과정이 필요하였다. 그러나 그 정화는 적대자들에 의한 보응을 통해서 이루어질 것이었다. 그리고 이후에야 비로소 예루살렘은 공평한 성읍이고 신실한 성읍이라는 원래의 명성을 되찾을 것이다.

하젤이 적절히 지적한 것처럼 여기에는 남은 자란 용어가 명시적으로 사용되지 않으면서도 남은 자의 사상이 뚜렷이 암시되고 있다.148)

---

145) Ibid., 315-16.
146) Day, "Shear-Jashub", 77 참조.
147) Hasel, *The Remnant*, 316.
148) Ibid., 250. 하젤은 "여기서 남은 자의 메시지가 남은 자 어휘를 전혀 사용하지

내가 또 나의 손을 네게 돌려
너의 찌끼를 온전히 청결하여 버리며
너의 혼잡물을 다 제하여 버리고,
내가 너의 사사들을 처음과 같이,
너의 모사들을 본래와 같이 회복할 것이라.
그리한 후에야
네가 의의 성읍이라,
신실한 고을이라 칭함이 되리라 하셨나니. (25-26절)

이 구절에서 남은 자란 쇠붙이가 용광로의 제련 과정을 통해 찌꺼기와 불순물이 완전히 걸러지고 정제되는 것처럼, 불 심판을 거치면서 정화된 순전하고 거룩한 자들로 이루어질 공동체임을 암시한다. 그 남은 자들의 공동체가 다름 아닌 시온이다. 이때 야훼께서 이상적인 다윗 시대에 그랬던 것처럼 의로운 재판관과 통치자들을 다시 세우실 것이며, 그리하여 시온이 옛날처럼 다시 의의 본거지가 될 것을 말한다.

26절의 "처음과 같이"(כבראשנה)와 "본래와 같이"(כבתחלה)란 어구는 다윗 통치하의 예루살렘을 가리킨다.[149] "의의 성읍"(עיר הצדק)은 다윗 왕조와 관련된 시온의 전통적인 명칭이기도 하다.[150]

위에서 살펴본 것처럼 이사야 1:21-26은 넓은 의미에서 시온 주제에 관한 설명을 담고 있다. 특히 여기서는 시온과 관련된 주제들 중에 의와 신실함의 주제가 크게 강조된다. 하젤에 따르면, 이 두 가지 주제는 남은 자 주제와도 관련된다.[151] 이 주제들을 사용하여 본문은 정화의 불 심판을 거친 시온 공동체가 의롭고 신실한 남은 자로 이루어진 공동체가 될 것임을 보여

않은 채로 가장 확실한 방법으로 발전되고 있다"고 말한다.

149) Gray, *The Book of Isaiah*, vol. 1, 34; Scott, "The Book of Isaiah, Chapters 1-39", 178. 그러나 오스왈트는 이것이 다윗 통치 때나 솔로몬의 초기를 지칭한다기보다는, 이스라엘의 도덕적 상태가 회복될 필요성이 있음을 일반적인 용어로 말하는 데 불과하다고 지적한다. Oswalt, *The Book of Isaiah, Chapters 1-39*, 107.

150) 창 14:18; 시 110:2, 4 참조. Scott, "The Book of Isaiah, Chapters 1-39", 178.

151) Hasel, *The Remnant*, 256.

준다.

3) 이사야 4:2-3

앞에서 이미 다룬 바 있는 이 본문은[152] 기름진 땅의 소산이 "이스라엘의 피난한 자"(פליטת ישראל)에게 주어질 것을 약속하는 말로 시작한다. "이스라엘의 피난한 자"란 표현은 이사야에서 오직 이곳에만 나타나지만, 명사형 פליטה는 이사야에서 네 번 더 나타난다.[153] 구약에서 이 말은 전쟁에서 살아 도망한 자들을 가리킨다.[154] 4:2은 야훼께서 이스라엘에서 "생존자들"을 남기실 것을 직접적으로 언급하지 않지만 전반적인 문맥이 이를 암시한다.[155]

4:3은 "이스라엘의 피난한 자"를 "시온에 남아 있는 자"(הנשאר בציון) 및 "예루살렘에 머물러 있는 자"(והנותר בירושלם)와 동일시한다. 빌드버거는 이사야가 이스라엘, 시온, 예루살렘과 같은 명칭을 남은 자와 관련하여 사용할 때 그것은 시온-예루살렘의 선택 전승이 결국 남은 자 개념으로 발전할 것을 보여준다고 말한다.[156] 이 구절은 또 시온-예루살렘에 남아 있는 자들을 "거룩하다 칭함을 얻을 것"이라고 말한다. 카이저는 이를 주석하여 "타오르는 숯이 이사야를 정결케 했던 것과 마찬가지로 남은 자들도 하나님의 정화시키는 심판에 의해 정결케 되고 거룩하게 될 것이다"라고 한다.[157] 여기에서 주목할 것은 본문이 "거룩하다"는 칭호를 시온-예루살렘이 아니라 남은 자에게 적용시키고 있다는 사실이다. 이것은 본문이 시온-예루살렘과 남은 자를 엄격히 구분하고 있음을 뜻한다. 즉 시온-예루살렘이나

---

152) 이 책 제4부 3장을 보라.
153) 사 10:20; 15:9; 37:31, 32.
154) 삿 21:17; 삼하 15:14; 대하 20:24; 30:6.
155) Hasel, *The Remnant*, 265.
156) Hans Wildberger, *Isaiah 1-12, A Commentary*, Continental Commentaries, trans. Thomas H. Trapp (Mineapolis: Fortress Press, 1991), 157.
157) Kaiser, 『이사야』 (1), 90.

시온-예루살렘의 거민을 "거룩한" 남은 자와 곧바로 동일시하는 것을 경계하고 있는 것이다. 따라서 이사야는 남은 자 사상을 통해 시온-예루살렘의 불가침성을 강조하는 맹목적인 시온 신학에 다시 한 번 제동을 가한다고 할 수 있다.

(4) 이사야 14:28-32

이 본문은 블레셋 사람들에게 주어진 경고의 말씀이다. 28절에 따르면 이사야는 이 경고를 아하스 왕이 죽던 해인 715년에 받았다.158) 블레셋은 자신들을 위협하던 "막대기" 즉 앗수르가 망했기 때문에 안전과 평화를 누리게 되었다고 기뻐했다.159) 그러나 그들의 기쁨이 채 가시기도 전에 기아와 살륙이라는 혹독한 징벌이 그들을 기다리고 있었다. 반면에 시온에 피신한 유다의 백성들은 그곳에서 구원을 누릴 것이었다. 이 단락에는 남은 자의 개념이 상반된 두 가지 의미로 사용되고 있다. 30절에서 "남은 자"는 블레셋인들 가운데 기근과 살륙을 피해 살아 남은 자들을 가리킨다. 그러나 이들마저 궁극적으로 살륙당할 것이기 때문에 이 경우 "너의 남은 자"(שארית)란 어구는 부정적인 의미로 사용되고 있다. 다른 한편 32절에는 남은 자라는 직접적인 단어를 사용하지 않고, 대신 유다 백성 중에 시온에 피신함으로써 안전을 누리게 될 "곤고한 자들"(עניי עמו)이라는 어구를 사용하여 남은 자 사상을 표현한다.160) 따라서 여기에 언급된 "곤고한 자들"은 긍정적인 의미에서 이스라엘의 구원받을 남은 자를 가리킨다.161)

---

158) Oswalt, *The Book of Isaiah, Chapters 1-39*, 331. 이 본문은 이사야서에서 연대가 정확히 명시된 세 개의 신탁 중 하나이다(6:1; 20:1, 2).

159) Young, *The Book of Isaiah*, vol. 1, 450; Martin, 『이사야』, 85-86. 델리치는 탈굼의 전통을 따라 블레셋을 괴롭히던 "막대기"를 다윗의 왕권으로 해석한다. 이는 블레셋이 다윗과 솔로몬 치하에서 예속당해온 때문으로 본다. 구체적으로는 유다의 아하스 왕이 시리아-에브라임 전쟁으로 인해 몰락한 일을 가리켜 막대기가 부러진 것으로 이해한다. Delitzsch, *The Book of Isaiah*, vol. 1, 318. 그러나 아하스는 블레셋과 전투를 하면서 수세에 몰려 있었으며, 반면에 블레셋은 능히 유대 서부 변경을 약탈할 정도로 힘이 강했다(대하 28:18)는 점에 미루어 볼 때 델리치의 해석은 납득하기 어렵다.

160) Jenni, "Remnant", 32-33.

161) Watts, *Isaiah 1-33*, 219.

"그의 백성의 곤고한 자들"(עניי עמו)이란 표현은 사회학적인 측면에서 공동체 안에서 정당한 기회를 박탈당하고 구조적인 억압과 빈곤과 불평등을 감수해야 하는 빈민 소외 계층을 가리킨다고 할 수 있다. 구약성경은 자주 이와 같이 비천하고 가난한 사람들을 하나님의 백성으로 표현한다.[162] 따라서 이들은 하나님을 의뢰하는 경건한 자들로 이해되며, 나아가서는 이들이 곧 참된 의미에서 남은 자들로 파악된다.

> 여호와께서 시온을 세우셨으니,
> 그의 백성의 곤고한 자들이
> 그 안에서 피난하리라 할 것이니라. (32절)

이 본문은 "곤고한 자들"이 시온에 피신하여 구원받을 것임을 말한다. 시온은 야훼께서 친히 선택하시고 세우신 그의 처소이다. 따라서 이곳은 거룩하고 안전한 피난처이다. 이는 시온 신학의 중심 주제이기도 하다. 카이저가 지적한 것처럼 "야훼의 백성 중에서 야훼의 도움에 의지할 줄 알고 이러한 도움을 믿는 사람들은 임박한 모든 공격을 피할 수 있는 도피처와 은신처를 시온에서 발견한다."[163] 이사야 14:28-32에서는 그러므로 "고난받는 경건한 남은 자의 안전한 피난처"라는 개념을 접점으로 하여 시온 주제와 남은 자 사상이 견고히 결합되고 있음을 알 수 있다.

4. 요약 및 평가

위의 논의에서 밝혀진 것처럼 이사야의 지배적인 사상들이 시온 주제에 대한 고려 없이는 온전한 해명에 이를 수 없다는 사실이 입증되었다. 무엇보다 다수의 출애굽 본문들에 시온 주제가 중요한 모티프로 사용되고 있다는 점이 그것을 말해 준다. 이들 본문에서 출애굽 표상은 시온을 향하는 새

---

162) 시 72:13; 82:4; 암 4:1; 사 10:2; 11:4; 26:6 참조.
163) Kaiser, 『이사야』 (2), 80.

출애굽의 구원 행진을 묘사하고, 궁극적으로 회복된 시온에서 펼쳐질 야훼의 영광된 통치를 표현하기 위해 사용되고 있다.

이사야의 창조 주제에 있어서도 같은 사실을 말할 수 있다. 이사야서에 나타난 창조 본문에서 장차 시온에서 일어날 중요한 사건들, 곧 시온 성읍의 재건과 성전의 건립, 그리고 이곳에서의 왕의 임명은 야훼의 창조 행위의 빛에서 진술된다. 이처럼 이사야는 야훼의 시온 회복을 우주의 새로운 창조라는 관점에서 설명하고 있는 것이다.

이사야에 있어서 남은 자 사상과 시온 주제와의 관련도 중요하게 다루어야 할 대목이다. 이사야는 남은 자 교리를 통해 당시 사회에 만연되고 있던 시온의 거민과 남은 자와의 무비판적인 동일시, 또는 시온의 불가침성에 대한 맹목적인 신앙에 단호하게 경종을 울린다. 이사야는 오직 정화의 불 심판을 거친 시온 공동체만이 남은 자로서 야훼의 보호와 구원의 대상이 될 수 있음을 강조한다.

이로써 이사야에게서 시온 주제는 그의 주요 사상들과 유기적인 관련을 맺고 있으며 그것들을 관통하는 핵심 주제임이 드러났다. 이것은 이사야의 주요 신학 사상들이 시온 주제와의 관련을 통해 적절히 해명될 수 있음을 의미하며, 그 역도 마찬가지임을 뜻한다.

VI

결 론

　예루살렘은 서구 세계의 삼대 종교인 유대교, 기독교, 회교의 공동 성지이다. 시대 상황에 따라 그 역할이 조금씩 바뀌기는 했지만 근 삼 천 년 동안 근동과 유럽의 종교, 문화, 정치사에서 예루살렘은 독특한 지위와 의미를 변함 없이 지켜 오고 있다. 예루살렘은 지정학적인 측면에서 중요성을 말할 수 있지만, 그것의 중요성은 무엇보다 종교적인 측면에 있다. 종교적인 중요성은 무엇보다 예루살렘이 구약성경에서 중심 주제로 다루어지고 있다는 사실에서 잘 드러난다.

　시온 주제가 최근 학자들에 의해 구약 신학의 핵심적 주제로 역할하고 있다는 점이 새롭게 확인되면서 많은 연구 결과들이 나오고 있다. 이 연구는 기본적으로 그러한 학문적 논구의 연장선에서 시온 해석의 지평을 확대하는 일에 기여하고자 하는 목적으로 시도되었다. 이 연구를 통해 얻어진 성과는 다음과 같다.

　이 연구는 먼저 시온과 예루살렘의 지명의 기원과 의미를 밝히는 일로부터 시작하였다. 이들 명칭은 이스라엘이 고대 가나안인들에게서 물려받은 명칭들이었다. 예루살렘의 경우 그 지명이 가나안의 신 살렘의 이름에서 유래되었다는 설이 유력하지만, 그 어떤 종교적인 의미도 이스라엘 사람들에게 기억되었다는 증거가 없다. 예루살렘이라는 명칭은 이스라엘에게 지명 이상의 의미는 없었다. 시온과 예루살렘은 성경에서 자주 동의어로 사용되지만 엄격히 말한다면 양자간에는 차이가 있다. 우선 지리적인 면에서 시온은 예루살렘 남쪽 언덕의 요새화된 성읍을 지칭하는 좁은 의미의 지명이다. 반면 예루살렘은 시온을 포함하여 주변 지역 전체를 포괄하는 넓은 의미의 지명이다. 다음에 기능적인 면에서 보자면 시온은 성전과 제의와 관련된 종교적인 측면을 강조할 때 주로 사용되고, 예루살렘은 행정 및 정치와 관련된 수도로서의 측면을 지시할 때 주로 사용된다. 이 같은 차이에도 불구하고 이 연구에서는 통상적인 용례에 따라 시온과 예루살렘을 동의어로 취급하였다.

시온 주제와 관련하여 학자들 간에 아직 합의에 이르지 못한 문제 중 하나가 그것의 기원에 관한 것이다. 지금까지 제안된 잠정적인 결론들로는 여부스 기원설, 다윗-솔로몬 기원설, 이사야 기원설 등 크게 세 가지 이론이 있다. 이 가운데 여부스 기원설은 입증 불가능한 주장이라는 비판을 받는다. 그것은 이 이론이 성경적 증거보다는 가설적 전제에 의존하기 때문이다. 아울러 이 이론은 출발부터 이스라엘 신학의 고유성과 독창성을 간과하고 여부스의 신앙 전통을 과대 평가하고 있다는 논리적 결함을 지적받는다. 이사야 기원설은 성경의 자료를 그릇 적용하고 시온 주제의 신학적 전통을 부정함으로써 결과적으로 이사야 이전과 역사적 단절을 초래하였다는 비판을 받는다. 이들 기원론 중에서 다윗-솔로몬 설이 성경적 증거력이 비교적 탄탄할 뿐 아니라, 시온 주제의 유래를 다윗-솔로몬 시대의 역사적 신학적 정황과 설득력 있게 조화시킨다는 점에서 폭 넓은 지지를 얻고 있다.

시온 신학이 구약성경의 주요 주제라는 사실은 이것이 특히 시편과 예언서에 중요하게 다루어지고 있다는 데서 드러난다. 시편에서 시온은 적극적인 면과 더불어 소극적인 면도 함께 진술된다. 적극적인 면에서 시온은 하나님의 선택된 도성으로서 하나님이 친히 거하시는 처소이자 그의 능력이 나타나는 안전한 곳이다. 따라서 시온은 세상의 중심으로 온 세계가 기쁨을 누리는 낙원과 같은 곳이다. 반면에 소극적인 면에서 시온은 영원한 보호가 보장된 곳은 아니다. 이곳은 대적들에 의해 침략과 노략이 자행되고 야훼의 이름마저 조롱 당한다. 그래서 시편 기자들은 황폐화된 시온을 재건하고 복구해 주실 것을 야훼께 애타게 호소한다. 시온 주제는 또한 8세기 이래 예언자들의 중요한 신학적 소재로 사용되어 왔다. 예언자들에게 있어서 시온은 야훼의 처소로서 거룩한 장소이며, 종말론적인 회복과 구원이 약속되는 장소이다. 시편에서와 마찬가지로 예언서에서 이곳은 세계의 중심이자 창조가 시작되는 곳이며, 따라서 하늘과 땅이 만나는 곳이다. 또한 종말론적으로 시온은 공평과 의가 지배하는 곳이며, 미래의 희망과 구원과 구속이 약속되는 곳이다. 그러나 예언자들도 시온의 긍정적인 면만 말하지 않는다. 특히 예레미야와 에스겔은 하나님이 예루살렘에 영원히 거하신다는 일반 대중의 통속적인 신앙을 반박하고 예루살렘의 불가침성에 대한 맹목적인 믿음을 비판했다.

왕정수립 이전부터 포로 귀환에 이르기까지 이스라엘의 삶의 정황이 변함에 따라 시온-예루살렘 또한 신학적으로 재해석되고 새로운 표현으로 진술되었다. 그것은 시온 자체가 추상적이고 관념적인 실체가 아니라 이스라엘인들의 구체적인 삶의 현장으로서 그들의 역사와 직결된 곳이었기 때문이다. 이스라엘이 가나안을 정복하기 이전부터 예루살렘은 그곳 주민들에 의해 신성한 성읍으로 구별되어 왔다. 예루살렘이라는 지명이 구약성경에 처음 등장하는 곳은 가나안 정복을 언급하는 여호수아 10:1-4이다. 이후 여부스인들의 성읍인 예루살렘은 정복 과정에서 이스라엘과 자주 관련을 맺으며 결국 다윗에 의해 이스라엘의 영토로 복속당한다. 이때부터 예루살렘은 이스라엘 역사의 전면에 부상하면서 정치, 사회, 종교 등 모든 영역에서 중심지가 되며, 이에 따라 시온 신학도 이 시기에 본격적으로 대두되고 꽃피우기 시작한다. 특히 다윗이 법궤를 예루살렘으로 이전한 일은 예루살렘의 종교적 중요성을 그 어느 때보다 강화시켰을 뿐 아니라 시온신학의 형성에 있어서도 결정적인 계기가 되었다. 법궤의 이전은 하나님의 현존 장소로서의 거룩성과 존엄성을 시온-예루살렘에 부여하였고, 이것이 궁극적으로는 시온 주제의 신학적 토대가 된 것이다. 예루살렘의 종교적 신학적 중요성은 솔로몬이 건립한 성전에 의해 한층 제고되었다. 시온주제는 나아가 다윗 왕조의 정통성과 신성을 합법화하는 왕정 이데올로기와도 관련을 맺는다.

남북 왕조의 분열 및 이스라엘과 유다의 멸망과 포로로 이어지는 숨가쁜 역사의 격변기를 거치면서 시온의 신학적인 의미는 보다 심화된다. 특히 예루살렘이 앗수르에 의한 몇 차례의 공격에도 무사히 살아남은 경험은 시온 불가침성의 신학을 강화시키는 역사적 기반이 된 것으로 파악된다. 그러나 국가의 멸망과 포로 사건을 기점으로 시온-예루살렘은 정치 종교의 중심지로서의 기능을 상실한 대신 미래의 회복과 구원을 가져다줄 종말론적 도성으로 이스라엘인들의 기대 속에 내재화한다. 하나님께서 새롭게 시온으로 되돌아오실 것을 바라는 희망이 포로기 및 포로후기 예언자들의 메시지에 뚜렷이 나타난다. 포로 귀환 후의 예루살렘과 성전 재건에도 불구하고 예언자들이 선포한 희망은 실현되지 않았다. 따라서 시온-예루살렘에 대한 희망은 점차 지상이 아닌 하늘의 예루살렘을 대망하는 종말론적 묵시사상으로 변모하게 된다. 그리고 그 중심에 메시야 사상이 자리잡기 시작한다. 이처럼 시온-예루살렘은 다윗 왕조가 존속할 동안에는 현실 정치와 종교의 중심지로서, 그리고 국가의 멸망 이후에는 백성들에게 기억의 성소로, 나아가 백성들의 종말론적 영적 희망의 성소로 그 자리를 지켜 나갔다.

 이사야서는 시온주제로 시작해서 시온주제로 마무리될 만큼 시온 본문들의 보고(寶庫)다. 이 시온 관련 본문들 중에서 이사야의 독특한 시온관을 반영하는 열한 개의 본문들에 대한 주석을 통해 다음과 같은 결과를 얻을 수 있었다.

 첫째, 이사야 2:2-4 본문에서 시온은 세계의 중심인 우주적 산으로 해석된다. 이 본문에서 시온 산은 "하나님의 전의 산"으로 지칭된다. 시온은 야훼의 전으로서 이곳에 하나님이 현존하고 활동하시기 때문에 중요하다. 이 산은 하나님의 지배와 통치권이 우주적으로 인정받고 수립되는 세계 질서의 중심지가 된다. 따라서 이 산은 지상의 모든 산들의 우두머리로 우뚝 설 것이고 하늘과 땅이 만나는 접촉점인 우주적 산으로 높임을 받을 것이다. 이 지점에서 시온 산의 지형적인 실제는 이 산이 지닌 종말론적 의미에 압도당한다. 왜냐하면 실제의 시온 산은 비록 다른 산들의 선두에 설 만큼 높은 산이 아니지만, 그것이 종말론적으로 신학화되면서 지상의 산들 중 최고의 산으로, 나아가 세계의 중심이자 우주적 산으로 높여지기 때문이다. 학자들은 우주적 산에 대한 개념을 고대 세계의 공통된 사고의 한 측면으로 이해한다. 즉 이스라엘이 시온을 우주적 산으로 묘사할 때에 고대 세계의 보편적인 전통을 흡수하여 야훼 종교 사상과 일치되게 변형시켰다는 것이다. 이같은 이스라엘의 신학화 작업은 그들의 메시지를 당시의 청중들이 쉽게 이해하고 받아들이게 하는 데 효과적으로 작용하였을 것이다.

둘째, 이사야 11:6-9 본문에서 시온은 이상적인 완전한 평화가 실현되는 낙원으로 해석된다. 이 본문은 특히 메시야적 약속과 관련된 내용을 언급한다. 여기에는 어린 목동, 어머니 품에 안긴 젖먹이, 이제 막 걸음마를 시작한 아이 등의 표상을 통해 위험과 해가 없는 목가적인 상황을 그려내고 있다. 이곳은 이리, 표범, 사자, 곰과 같은 맹수들이 어린 양, 염소, 송아지, 암소, 수소와 같은 가축 류와 조화를 이루며 공존하는 평화의 장소이다. 이 모든 장면은 회복된 낙원, 곧 종말론적 시온에서 실현될 완전한 평화를 예시한다. 이 본문에 나오는 "나의 거룩한 산"은 시온 산을 지칭하는 고정된 어구이며, 나아가 하나님이 구속하고 재창조하신 세상 전체를 암시하는 표현으로도 사용된다. 따라서 이 본문은 종말의 때에 실현될 완전한 평화가 야훼의 거룩한 산 시온을 진원지로 하여 온 세계로 확산될 것임을 강조한다. 아울러 이는 이사야의 세계관의 중심에 시온이 자리잡고 있음을 말해준다.

셋째, 이사야 4:2-6과 31:4-9 본문에서 시온은 하나님의 특별한 보호를 받는 대상으로 해석된다. 첫번째 본문은 가혹한 정화의 과정을 통과한 예루살렘의 남은 자들이 하나님의 특별한 보호를 받게될 것을 말한다. 특히 이 본문은 출애굽 표상을 사용하여 야훼께서 출애굽 때 구름 기둥과 불 기둥으로 광야의 이스라엘을 보호하고 인도하신 것처럼 거룩하게 재창조된 시온의 신실한 백성들이 야훼의 절대적인 보호를 받게 될 것을 묘사한다. 두번째 본문은 시온은 야훼가 선택하신 곳으로 야훼는 결코 시온을 앗수르와 같은 이방 나라에 빼앗기지 않고 보호하실 것임을 묘사한다. 여기에는 야훼를 끝까지 자기 전리품을 지키는 사자와 둥지 위를 날아다니며 새끼를 보호하는 어미 새에 비유함으로써 시온을 보호하고 지키시는 야훼의 의지와 능력을 강조한다.

넷째, 이사야 24:21-23 본문에서 시온은 야훼가 마지막 승리를 거두시고 통치권을 행사하시는 장소로 해석된다. 야훼는 "그날에", 곧 모든 역사가

한 점으로 수렴되는 그 때에 자신의 영광을 완전히 드러내실 것이며, 가장 밝은 빛을 발하는 천체들도 야훼의 그 영광의 광채 앞에서는 무색해질 수밖에 없다. 그 때 야훼는 시온 산에서 대권을 행사하시고 우주적인 통치를 시작하신다. 그리하여 시온은 시내 산에서 체결된 계약이 지시한 모든 것이 성취되는 최후의 지점이 될 것이다.

다섯째, 이사야 29:1-8 본문에서 시온은 심판이 집행되고 구원이 베풀어지는 도성으로 해석된다. "아리엘"로 불려지는 시온은 여기에서 이제까지와는 달리 심판의 대상이면서 동시에 구원의 대상이라는 긴장 관계 속에서 묘사된다. 시온은 비록 야훼가 택하신 거룩한 성읍이지만 그것이 범죄할 때에는 야훼의 엄한 심판을 면하지 못한다. 그러나 시온은 여전히 시온이다. 시온이 심판 받을 때에도 그것이 곧 시온의 종말을 뜻하지 않는다. 그 심판은 오히려 시온에 새로운 구원이 시작될 것임을 지시하는 표지가 된다. 예루살렘을 심판하기 위한 도구로 사용되었던 이방의 군대들은 목적이 달성된 후 야훼의 징벌을 받고 축출될 것이다. 이처럼 시온은 외적의 공격을 당하더라도 야훼께서 보호하시기 때문에 결코 탈취 당하지 아니한다. 이는 이사야의 시온 신학의 핵심 요소이다. 본문은 이와 같이 심판과 구원이라는 상반된 개념을 사용하면서도 궁극적으로 시온의 구원이 시온의 심판을 압도하는 것으로 결론짓는다.

여섯째, 이사야 40:1-11과 52:7-10 본문에서 시온은 구원과 회복의 기쁜 소식을 전하는 전령으로 해석된다. 첫번째 본문은 야훼 하나님이 시온에 돌아오셔서 그 백성을 포로의 굴레에서 해방시키시고, 강한 용사와 온유한 목자로 보호하고 돌보실 것을 말한다. 시온은 이 아름다운 소식을 만방에 전파할 사명을 받는다. 지금까지 시온은 그가 범한 죄의 징벌에 대한 중압감에 시달리며 위로를 기다리는 입장이었으나, 이제 상황은 반전되어 유다에 기쁨의 소식을 전하는 전령으로 불리움을 받게 된 것이다. "아름다운 소식을 시온에 전하는 자여"는 다수의 주석가들에 의해 "아름다운 소식을 전하는 자 시온이여"로 번역된다. 이 어구는 시온이 이제부터 하나님의 계획 속에서 새로운 사명을 수행하게 된 것을 말하며, 이로써 시온이 세계 선교의 중심에 새롭게 자리잡게 될 것임을 보여준다. 두번째 본문 역시 기쁜 소식을 전하는 시온의 사명을 노래하며, 특히 종말론적인 기대를 강조한다. 전령이 전하는 메시지는 평화, 선함, 구원으로 요약되며, 이는 다시 구원이라는 한 가지 주제로 수렴된다. 이 본문에서 시온의 역할은 앞의 첫번째 본문에 비해 다소 수동적으로 묘사되지만 시온이 구원의 메시지를 전파하는 중심지로 제시되는 점은 변함이 없다. 이 본문의 특징은 "예루살렘"을 중심으로 한 이스라엘의 민족주의를 뛰어넘어 "땅 끝까지"라는 세계주의를 표방함으로써 시온의 선교적 사명을 뚜렷이 부각시킨다는 데 있다.

일곱째, 이사야 49:14-26과 62:1-5 본문에서 시온은 종말론적 회복과 구원의 대상으로 해석된다. 첫째 본문은 시온에 대한 야훼의 사랑을 지극한 모성애적 사랑에 비유한다. 또 이 본문은 야훼가 폐허화한 예루살렘 위에서 성벽의 재건을 위한 설계도를 작성하시는 모습을 묘사함으로써 야훼의 구원이 구체적으로 실현되고 있음을 표명한다. 시온은 이처럼 야훼의 구원 계획의 중심에 언제나 자리잡고 있었다. 둘째 본문은 결혼이라는 계약 용어를 사용하여 시온의 회복과 갱신을 묘사한다. 또한 야훼가 시온을 배우자로 맞아들이고 그를 기뻐하심으로 양자간의 사랑의 관계가 회복된 것을 말해 준다. 본문은 예루살렘을 가리켜 "거룩한 백성", "야훼의 구속하신 자", "찾은 바 된 자", "버리지 아니한 성읍" 등으로 지칭함으로써 예루살렘이 지닌 특별한 지위를 강조한다.

여덟째, 이사야 60:1-22 본문에서 시온은 열방들이 찾아 드는 순례의 장소로 해석된다. 이 본문은 처음부터 끝까지 시온에 구원이 임박했음을 말한다. 이제까지 암흑에 잠겨 있던 세상은 하나님의 도성 시온을 통해 새 시대의 여명이 밝아옴을 목격한다. 그리고 뭇민족과 왕들은 빛을 찾아 시온을 향해 나아온다. 그들이 지참한 재물과 예물은 시온을 풍요롭게 할 뿐 아니라 성전을 단장하고 제사드리는 제물로 유용하게 쓰일 것이다. 그 동안 시온을 멸시하고 억압하던 민족들이 시온을 향해 나아와 그 발 앞에 엎드린 후 "야훼의 성읍", "이스라엘의 거룩한 자의 시온"이라 부르는 장면에서 시온의 영광은 절정에 이른다. 이렇게 해서 시온은 마침내 하나님의 영광을 나타내는 세계의 중심지로 영화롭게 부상하는 것이다.

시온 주제는 이사야의 다른 주요 사상들과도 밀접한 관련을 맺고 있다.

그렇기 때문에 이들 사상과의 유기적인 관계를 파악할 때 시온 신학도 온전한 이해에 이를 수 있다. 첫째, 시온 주제와 출애굽 사상과의 관련이다. 여기에서 이사야가 출애굽 표상을 사용할 때 그것은 시온을 향한 새 출애굽의 구원 행진을 묘사하기 위함이었다. 여기에서 옛 출애굽의 구원 사건은 시온의 회복, 곧 이스라엘의 종말론적 구원을 묘사하기 위한 모형이 된다.

둘째, 시온 주제와 창조 사상과의 관련이다. 이사야는 시온과 성전의 재건 및 왕의 임명은 모두 야훼의 창조 행위와 관련되는 것으로 말한다. 그에게 있어서 바벨론의 멸망과 성전의 재건과 포로된 백성들의 귀환은 하나님의 창조 사역의 중요한 단면으로 인식되고 있는 것이다. 또한 야훼께서 시온을 향해 말씀하신 "너는 내 백성이라"(사 51:16)는 선언은 새롭게 창조된 세계 안에서 이스라엘이 새로운 계약적 존재로 자리잡게 된 것을 인치시는 표현이다.

셋째, 시온 주제와 남은 자 사상과의 관련이다. 이사야는 정화의 불 심판을 통과한 시온 공동체가 의롭고 신실한 남은자로 이루어진 공동체가 될 것임을 말한다. 그러나 시온과 남은 자가 반드시 일치하는 것은 아니다. 이사야가 "거룩하다"는 칭호를 남은 자에게 제한적으로 사용하면서 이를 시온과 구별하기 때문이다(사 4:3). 이 경우 이사야는 남은자 사상을 통해 시온 절대성을 강조하는 맹목적인 시온 신학에 일정한 한계를 긋고 있는 것이다. 그럼에도 이사야는 시온을 "곤고한 자들의 피난처"(사 14:32)로 말함으로써 결국 전통적인 시온 사상으로 회귀한다. 그에게 있어서 시온은 야훼께서 친히 선택하고 세우신 그의 처소이며, 따라서 이곳은 거룩하고 안전한 피난처라는 믿음에 변함이 없다. 그러므로 "고난받는 남은 자의 안전한 피난처"라는 개념을 매개로 시온 주제는 남은 자 사상과 함께 만나고 결합한다.

그 밖에 시온 주제와 야훼의 종 사상과의 관련도 생각해 볼 수 있다. 윌셔 와 소여 같은 학자는 야훼의 종이 시온-예루살렘을 상징하는 것으로 이해한다.[1] 그러나 아직까지 이들의 제안은 가설의 단계를 넘어서지 못한 것

---

1) Leland E. Wilshire, "The Servant-City: A New Interpretation of the 'Servant of the Lord' in the Servant Songs of Deutero-Isaiah", *JBL* 94 (1975): 356-67; idem, "Jerusalem as the 'Servant City' in Isaiah 40-66: Reflections in

으로 평가된다. 야훼의 종의 정체와 성격에 관한 문제는 지금도 학자들 간에 토론이 계속되고 있는 오랜 쟁점 가운데 하나이다. 따라서 이들의 주장이 이론적인 타당성을 검증 받고 공감대를 넓혀 가기 위해서는 더 많은 토의와 논리적 보완이 요구된다고 보아 이 연구의 논의에서는 제외하였다.

그럼에도 시온 주제와 관련하여 이러한 논의들이 시사하는 의미는 특별하다. 그것은 시온 주제가 이사야의 다른 중요한 신학 사상들과 광범위하게 관련되거나 합성되고 있음을 말해 주기 때문이다. 이는 결과적으로 시온 주제가 이사야 신학의 일관성과 통일성을 해명하는 소재로 활용될 수 있음을 지시한다는 점에서 그 의의를 평가할 수 있다.

시온 주제에 대한 총체적인 이해에 이르기 위해서는 그것이 이사야뿐 아니라 구약의 다른 예언자들에 의해서 어떻게 사용되고 해석되는지를 종합적으로 검토할 필요가 있다. 나아가 이것이 신약성경에 어떻게 전승되고 해석되는지도 밝혀야 할 것이다. 이러한 후속 과제들이 적절히 연구되고 토의될 때 궁극으로 "성경 신학의 중심"에 관한 오랜 논의에 시온 주제가 유용한 역할을 할 것으로 생각된다. 또 다른 제안은 시온 주제와 교회론 및 신국론과의 관련을 모색하는 일이다. 시내-시온/예루살렘-성전-회당-교회로 이어지는 어떤 흐름을 적절히 해명하고 입증할 수 있다면 교회와 나아가서는 하나님 나라에 대한 해석의 영역을 한층 확장할 수 있을 것으로 사료된다.

---

the Light of Further Study of the Cuneiform Tradition", in *The Bible in the Light of Cuneiform Literature*, ed. William W. Hallo (New York: The Edwin Mellen Press, 1990), 231-55; John F. Sawyer, "Daughter of Zion and Servant of the Lord in Isaiah: A Comparison", *JSOT* 44 (1989): 89-107.

참고문헌

1. 일반 단행본

구덕관. 『구약개론』하. 서울: 대한기독교출판사, 1986.
김의원. 『구약역사』 서울: 기독교문서선교회, 1996.
김정우. 『시편 89편: 그 문학과 신학』 서울: 총신대학교출판부, 1990.
문희석. 『모세와 출애굽』 서울: 대한기독교서회, 1981.
손석태. 『이스라엘의 선민사상』 서울: 성광문화사, 1991.
정규남. 『구약개론』. 제10판. 서울: 개혁주의신행협회, 1995.
_____ 『구약신학의 맥』 서울: 두란노, 1996.
정중호. 『이스라엘 역사』 서울: 대한기독교서회, 1994.
최창모. 『이스라엘사』 서울: 대한교과서주식회사, 1994.
황성규. 『예수운동과 갈릴리』 서울: 한국신학연구소, 1995.
Albrektson, Bertil. *Studies in the Text and Theology of the Book of Lamentations.* Lund: CWK Gleerup, 1963.
Allis, O. T. *The Unity of Isaiah.* Philadelphia: The Presbyterian and Reformed Publishing Co., 1950.
Anderson, G. W. *A Critical Introduction to the Old Testament.* London: G. Duckworth, 1959.
Archer, Gleason. *A Survey of the Old Testament Introduction.*

Chicago: Moody Press, 1974.
Bright, John. *Covenant and Promise*. London: SCM Press, 1977.
──── *A History of Israel*. 3rd ed. Philadelphia: Westminster Press, 1981.
Bullock, C. Hassell. *An Introduction to the Old Testament Prophetic Books*. Chicago: Moody Press, 1986.
Chance, J. Bradley. *Jerusalem, the Temple, and the New Age in Luke-Acts*. Macon: Mercer University Press, 1988.
Childs, Brevard S. *Introduction to the Old Testament as Scripture*. Philadelphia: Fortress Press, 1982.
──── *Isaiah and the Assyrian Crisis*. SBT, Second Series 3. Naperville: Alec R. Allenson, 1967.
──── 『성서신학』 상. 유선명 역. 서울: 은성, 1994.
Clements, R. E. *Isaiah and the Deliverance of Jerusalem*. JSOTS 13. Sheffield: JSOT Press, 1984.
──── *God and Temple*. Philadelphia: Fortress Press, 1965.
──── *Prophecy and Covenant*. London: SCM Press, 1973.
Clifford, Richard J. *The Cosmic Mountain in Canaan and the Old Testament*. HSM 4. Cambridge: Harvard University Press, 1972.
Cross, F. M. *Canaanite Myth and Hebrew Epic*. Cambridge: Harvard University Press, 1973.
Dumbrell, William J. *The Search for Order: Biblical Eschatology in Focus*. Grands Rapids: Baker Books, 1994.
Eissfeldt, Otto. *The Old Testament: An Introduction*. Translated by P. R. Ackroyd. New York: Harper & Row, 1965.
Ellis, Earl E. *Paul's Use of the Old Testament*. Edinburgh: Oliver & Boyd, 1957.
Fohrer, G. 『이스라엘 역사』. 방석종 역. 서울: 성광문화사, 1988.

Freeman, Hobart E. *An Introduction to the Old Testament Prophets.* Chicago: Moody Press, 1968.
Gowan, Donald E. *Eschatology in the Old Testament.* Philadelphia: Fortress Press, 1986.
Gunkel, H. *The Psalms. A Form-Critical Introduction.* Translated by Thomas M. Horner. Facet Books 19. Philadelphia: Fortress Press, 1967.
Gunkel, H.-Joachim Begrich. *Einleitung in die Psalmen: Die Gattungen der religiosen Lyrik Israels.* Göttingen: Vandenhoeck & Ruprecht, 1933.
Hanson, Paul D. *The Dawn of Apocalyptic.* Rev. ed. Philadelphia: Fortress Press, 1979.
Harrelson, W. *Interpreting the Old Testament.* New York: Holt, Rinehart and Winston, 1964.
Harrison, Roland K. *Introduction to the Old Testament.* Grand Rapids: Wm. B. Eerdmans, 1969.
Hasel, G. F. *The Remnant: The History and Theology of the Idea from Genesis to Isaiah.* Berrien Springs: Andrews University, 1972.
Herrmann, Siegfried. 『이스라엘 역사』. 방석종 역. 서울: 나단출판사, 1989.
Hill, Andrew E. & Walton, John H. *A Survey of the Old Testament.* Grand Rapids: Zondervan Pub. House, 1991.
Ishida, Tomoo. *The Royal Dynasties in Ancient Israel: A Study on the Formation and Development of Royal-Dynastic Ideology.* BZAW 142. Berlin: W. de Gruyter, 1977.
Johnson, A. R. *Sacral Kingship in Ancient Israel.* Cardiff: University of Wales, 1955.
Johnson, Dan G. *From Chaos to Restoration: An Integration*

      Reading of Isaiah 24-27. JSOTS 61. Sheffield: JSOT Press, 1988.

Kaiser, Jr., Walter C. *Toward on Old Testament Theology.* Grand Rapids: Zondervan Pub. House, 1978.

Kaufmann, Yehzkel. *The Religion of Israel.* Translated by Moshe Greenberg. New York: Schoken Books, 1972.

_____ *The Biblical Account of the Conquest of Palestine.* Jerusalem: Magness Press, 1953.

Kiesow, Klaus. *Exodustexte im Jesajabuch.* Güttingen: Vandenhoeck & Ruprecht, 1979.

Klausner, Joseph. *The Messianic Idea in Israel: From its Beginnng to the Completion of the Mishnah.* Translated by W. F. Stinespring. New York: The Macmillan Company, 1955.

Laffey, Alice L. *An Introduction to the Old Testament—A Feminist Perspective.* Philadelphia: Fortress Press, 1988.

LaSor, William Sanford, Hubbard, David A. & Bush, Frederick W. *Old Testament Survey.* Grand Rapids: Wm. B. Eerdmans, 1992.

Levenson, Jon D. *Sinai and Zion: An Entry in the Jewish Bible.* Minneapolis: Winston Press, 1985.

_____ *Theology of the Program of the Restoration of Ezekiel 40-48.* HSM 10. Cambridge: Scholars Press for Harvard Semitic Museum, 1976.

Lindblom, J. *Prophecy in Ancient Israel.* Philadelphia: Fortress Press, 1963.

McCurley, F. R. *Ancient Myths and Biblical Faith.* Philadelphia: Fortress Press, 1983.

Merrill, Eugene H. 『구약의 역사적 개요』. 김진명 역. 서울: 크리스챤다이제스트, 1995.
Millar, W. R. *Isaiah 24-27 and the Origin of Apocalyptic*. Missoula: Scholars, 1976.
Miller, J. M. and Hayes, J. H. *A History of Ancient Israel and Judah*. London: SCM Press, 1986.
Mowinckel, Sigmund. *He that Cometh*. Translated by G. W. Anderson. New York/Nashville: Abingdon Press, 1954.
Noth, Martin. *The History of Israel*. Translated by S. Godman. London: Adam & Charles Black, 1958.
Ollenburger, Ben C. *Zion, the City of Great King: A Theological Symbol of the Jerusalem Cult*. JSOTS 41. Sheffield: JSOT Press, 1987.
Pederson, J. *Israel: Its Life and Culture*. Vols. III-IV. Copenhagen: Branner og Korch, 1941.
Pfeiffer, R. H. *Introduction to the Old Testament*. New York: Harper & Brothers Publishers, 1948.
Pixley, G. V. 『하느님 나라』. 정호진 역. 서울:한국신학연구소, 1986.
Plöger, O. *Theocracy and Eschatology*. Translated by S. Rudman. Richmond: John Knox Press, 1968.
Pope, M. *El in the Ugaritic Texts*. VTS 2. Leiden: E. J. Brill, 1955.
Rad, G. von. *The Message of the Prophets*. Translated by D. M. G. Stalker. New York: Harper Collins, 1965.
_____ *Old Testament Theology*. 2 vols. Translated by D. M. G. Stalker. New York: Harper & Row, 1962, 1965.
_____ 『구약성서신학』 제2권. 개정6판. 허혁 역. 왜관: 분도출판사, 1977.
Ringgren, Helmer. *Israelite Religion*. Translated by David E. Green. Philadelphia: Fortress Press, 1980.

Schmidt, Werner H. *The Faith of the Old Testament: A History.* Translated by John Sturdy. Philadelphia: Westminster Press, 1983.

Schoors, Anton. *I am God Your Saviour.* VTS 24. Leiden: E. J. Brill, 1973.

Sellin, E. and Fohrer, G. 『구약성서개론』. 김이곤. 문희석. 민영진 공역. 서울: 대한기독교출판사, 1978.

Simon, J. *Jerusalem in the Old Testament Researches and Theories.* Leiden: E. J. Brill, 1952.

Soggin, J. Alberto. *Introduction to the Old Testament.* Translated by John Bowden. 3rd ed. Louisville: Westerminster/John Knox Press, 1989.

Stolz, Fritz. *Strukturen und Figuren im Kult von Jerusalem, Studien zur altorientalischen vor- und frühisraelitischen Religion.* BZAW 118. Berlin: W. de Gruyter, 1970.

Stuhlmueller, C. *Creative Redemption in Deutero-Isaiah.* AnBib 43. Rome: Pontifical Biblical Institute, 1970.

VanGemeren, Willem A. 『예언서 연구』. 김의원. 이명철 역. 서울: 엠마오, 1993.

Vaux, R. de. *Ancient Israel: Its Life and Institutions.* Translated by J. McHugh. New York: McGraw-Hill Book Company, 1961.

Vos, G. *Biblical Theology.* Grand Rapids: Wm. B. Eerdmans, 1948.

Vriezen, Th. C. 『구약신학개요』. 노항규 역. 서울: 크리스챤다이제스트, 1995.

Watts, John D. W. *Isaiah.* Dallas: Word Publishing, 1989.

Weiser, A. *The Old Testament: Its Formation and Development.* Translated by D. M. Barton. New York: Association

Press, 1961.
Wood, Leon. 『이스라엘의 선지자』. 김동진 역. 서울: 기독교문서선교회, 1990.
_____ 『이스라엘의 통일왕국사』. 유종훈 역. 서울: 기독교문서선교회, 1994.
_____ *A Survey of Israel's History*. Grand Rapids: Zondervan Publishing House, 1970.
Young, E. J. 『구약총론』. 홍반식. 오병세 역. 서울: 개혁주의신행협회, 1991.
_____ *Who Wrote Isaiah?* Grand Rapids: Wm. B. Eerdmans, 1958.
Zeitz, Christopher R. *Zion's Final Destiny*. Mineapolis: Fortress Press, 1991.

2. 논문

권혁승. "다윗 이전의 예루살렘 역사에 관한 소고."『신학과 선교』제18집 (1993): 197-218.
_____ "시온-예루살렘의 성서신학적 위치와 의미."『신학과 선교』제15집 (1990): 213-30.
_____ "하나님의 왕권과 시온전승의 관계성에 관한 고찰."『신학과 선교』제21집 (1996): 5-37.
_____ "People of God and Zion Tradition in Isaiah."『서울신대 교수논총』제3집 (1992): 255-86.
구덕관. "예루살렘-성시전통에 담겨 있는 희망."『신학과 세계』제2집 (1976): 91-115.
김찬국. "제2 이사야 창조전승 연구(II)."『신학논단』15 (1982): 41-62.
엄원식. "Atonism을 통해 본 다윗의 Yahwism."『구약논단』제1집. 한국구약학회학회지 (1995, 5): 154-80.
Andersen, T. Davis. "Renaming and Wedding Imagery in Isaiah

62." *Bib* 67 (1986): 75-80.

Anderson, B. W. "Exodus Typology in Second Isaiah." In *Israel's Prophetic Heritage*, edited by B. W. Anderson, 177-95. New York: Harper & Harpers, 1962.

―――― "Mythopoetic and Theological Dimensions of Biblical Creation Faith." In *From Creation to New Creation*, 75-96. Mineapolis: Fortress Press, 1994.

Anderson, G. W. "Isaiah XXIV-XXVII Reconsidered." *VT* 9 (1963): 118-26.

Blank, Sheldon. "Traces of Prophetic Agony in Isaiah." *HUCA* 27 (1956): 81-92.

Blenkinsopp, Joseph. "Scope and Depth of the Exodus Tradition in Deutero-Isaiah, 40-55." *Concilium* 10/2 (1966): 22-26.

Bronner, L. L. "Gynomorphic Imagery in Exilic Isaiah (40-66)." *DID* 12 (1983): 71-83.

Burrows, E. "The Name of Jerusalem." In *The Gospel of the Infancy and Other Biblical Essays*. The Bellarmine Series 6, edited by E. F. Stucliffe, 118-23. London: Burns, Oates & Washbourne, 1941.

Cassuto, U. "Jerusalem in the Pentatueuch." In *Biblical and Oriental Studies*. Translated by Israel Abrahams, 71-78. Jerusalem: The Magness Press, 1973.

Childs, Brevard S. "A Traditio-Historical Study of the Red Sea Tradition." *VT* 20 (1970): 406-28.

Clements, R. E. "The Unity of the Book of Isaiah." *Int* 36 (1982): 117-29.

Clifford, Richard J. "Creation in Isaiah 40-55." In *Creation Accounts in the Ancient Near East and in the Bible*, 163-69. CBQMS 26. Washington, D. C.: Catholic Biblical

Association of America, 1994.
Coats, George W. "The Traditio-Historical Character of the Red Sea Motif." *VT* 17 (1967): 253-65.
Cohn, Robert L. "Mountains in the Biblical Cosmos." In *The Sahpe of Sacred Space: Four Biblical Studies*, 25-41. AARSR 23. Chico: Scholars Press, 1981.
_____ "The Mountains and Mount Zion." *Judaism* 26 (1977): 97-115.
Cresko, Anthony R. "The Rhetorical Strategy of the Fourth Servant Song (Isaiah 52:13-53:12): Poetry and the Exodus-New Exodus." *CBQ* 56 (1994): 42-55.
Cross, F. M. "Yahweh and the God of the Patriarchs." *HTR* 55 (1962): 241-44.
Day, John. "Shear-Jashub (Isaiah vii 3) and 'The Remnant of Wrath' (Psalm lxxvi 11)." *VT* 31 (1981): 76-78.
Dumbrell, William J. "Kingship and Temple in the Post Exilic Period." *RTR* 37 (1978): 33-42.
_____ "The Purpose of the Book of Isaiah." *TB* 36 (1985): 111-28.
Eaton, J. H. "The Origin of the Book of Isaiah." *VT* 9 (1959): 150-67.
Emerton, J. A. "The Riddle of Genesis XIV." *VT* 21 (1971): 437-38.
Fisher, Loren R. "Abraham and His Preist-King." *JBL* 81 (1962): 264-70.
Fitzgerald, A. "*BTWLT* and *BT* as Titles for Capital Cities." *CBQ* 37 (1975): 167-83.
Habel, Norman C. "He Who Streches out the Heavens." *CBQ* 34 (1972): 417-30.

Hanson, Paul D. "Isaiah 52:7-10." *Int* 33 (1979): 389-94.
Harner, P. B. "Creation Faith in Deutero-Isaiah." *VT* 17 (1967): 298-306.
Hayes, John H. "The Traditon of Zion's Inviolability." *JBL* 82 (1963): 419-26.
Heaton, E. W. "The Root שאר and the Doctrine of the Remnant." *JTS* 3 (1952): 27-39.
Kaiser, Barbara Bakke. "Poet as Female Impersonator: the Image of Daughter Zion as Speaker in Biblical Poems of Suffering." *JR* 67 (April 1987): 164-82.
Kapelud, A. S. "Temple Building, a Task for God and Kings." *Orientalia* 32 (1963): 56-62.
Limburg, James. "An Exposition of Isaiah 40:1-11." *Int* 29 (1975): 406-11.
Lindas, Banabas. "Good Tidings to Zion: Interpreting Deutero-Isaiah Today." *BJRUL* 68 (1986): 473-97.
Ludwig, T. M. "The Tradition of the Establishing of the Earth in Deutero-Isaiah." *JBL* 92 (1973): 345-57.
Luke, Fr. "The Songs of Zion as a Literary Category of the Psalter." *IJT* 14 (1965): 72-90.
McConville, Gordon. "Jerusalem in the Old Testament." In *Jerusalem: Past and Present in the Purpose of God*, edited by P. W. L. Walker, 21-51. Cambridge: Tyndale House, 1992.
Melugin, Roy F. "Isaiah 52:7-10." *Int* 36 (1982): 176-81.
Mendelsohn, I. "Samuel's Denunciation of Kingship in Light of the Akkadian Documents from Ugarit." *BASOR* 143 (Oct. 1956): 17-22.
Mettinger, T. "YHWH SABAOTH—The Heavenly King on the

Cherubim Throne." In *Studies in th Period of David and Solomon and Other Essays*, edited by Tommo Ishida, 109-38. Winona Lake: Eisenbrauns, 1982.

Noth, Martin. "Jerusalem and the Israelit Tradition." In *The Laws in the Pentateuch and Other Studies*. Translated by D. R. Ap-Thomas, 132-44. London: SCM Press, 1984.

Ockinga, Boyo G. "The Inviolability of Zion—a Pre-Israelite Tradition?" *BN* 44 (1988): 54-60.

Oswalt, John N. "Recent Studies in the Old Testament Eschatology and Apocalyptic." *JETS* 24 (1981): 289-301.

Otto, Eckart. "Silo und Jerusalem." *TZ* 32 (1967): 65-77.

Petersen, D. L. "Zerubbabel and Jerusalem Temple Reconstruction." *CBQ* 36 (1974): 366-72.

Porteous, N. W. "Shalem-Shalom." *Glasgow University Oriental Society Transections* X (1940-41): 1-2.

Rad, G. von. "The City on the Hill." In *The Problem of the Hexateuch and Other Essays*. Translated by E. T. Dicken, 232-42. Edinburgh: Oliver & Boyd, 1966.

―――― "The Form-Critical Problem of the Hexateuch." In *The Problem of the Hexateuch and Other Essays*. Translated by E. W. T. Dicken, 1-78. Edinburgh: Oliver & Boyd, 1966.

―――― "The Theological Problem of the Old Testament Doctrine of Creation." In *The Problem of the Hexateuch and Other Essays*. Translated by E. W. T. Dicken, 131-43. Edinburgh: Oliver & Boyd, 1966.

Rendtroff, R. "Zur Komposition des Buches Jesaja." *VT* 34 (1984): 295-320.

Roberts, J. J. M. "The Davidic Origin of the Zion Tradition." *JBL*

(1973): 329-44.

─── "Isaiah in Old Testament Theology." *Int* 36 (1982): 130-43.

─── "Zion in the Theology of the Davidic-Solomonic Empire." In *Studies in the Period of David and Solomon and Other Essays*, edited by Tomoo Ishida, 93-108. Winona Lake: Eisenbrauns, 1982.

Sawyer, John F. A. "Daughter of Zion and Servant of the Lord in Isaiah: A Comparison." *JSOT* 44 (1989): 89-107.

Schmitt, John J. "The Motherhood of God and Zion as Mother." *RB* 92 (1985): 557-69.

Seters, Arthur V. "Isaiah 40:1-11." *Int* 35 (1981): 401-404.

Snaith, N. H. "Isaiah 40-66: A Study of the Teaching of the Second Isaiah and Its Consequences." In *Studies on the Second Part of the Book of Isaiah*, 137-263. VTS 14. Leiden: E. J. Brill, 1967.

Steck, Odil Hannes. "Zion als Gelander und Gestalt." *ZTK* 86 (1989): 261-81.

Talmon, Shemaryahu. "The Biblical Concept of Jerusalem." *JES* 8 (1971): 300-16.

Terrin, S. "The Omphalos Myth and Hebrew Religion." *VT* 20 (1970): 315-38.

Vaux, R. de. "Jerusalem and the Prophets." In *Interpreting the Prophetic Tradition*, edited by H. M. Orlinsky, 275-300. New York: The Hebrew Union College Press, 1969.

Vriezen, Th. C. "Essentials of the Theology of Isaiah." In *Israel's Prophetic Hreitage: Essays in Honor of James Muilenburg*, edited by B. W. Anderson and Walter Harrelson, 128-31. New York: Harper & Brothers, 1962.

Walton, John H. "New Observations on the Date of Isaiah." *JETS* 28 (1985): 129-32.
Watts, Rikki E. "Consolation or Confrontation? Isaiah 45-55 and Delay of the New Exodus." *TB* 41/1 (1990): 31-59.
Weinfeld, M. "Jerusalem as Religious and Political Capital: Ideology and Utopia." In *The Poet and the Historian: Essays in Literary and Historical Biblical Criticism*, edited by R. E. Friedman. HSS 26, 75-115. Chico: Scholars, 1983.
_____. "Deuteronomy—The Present State of Inquiry." *JBL* 86 (1967): 249-62.
_____. "Zion and Jerusalem as Religious and Political Capital: Ideology and Utopia." In *The Poet and the Historian: Essays in Literary and Historical Biblical Criticism*, edited by R. E. Friedman. HSS 26, 75-115. Chico: Scholars, 1983.
Westermann, Claus. "Das Heilswort bei Deuterojesaj." *EvTh* 24 (1964): 355-73.
Wildberger, H. "Die Völkerwallfahrt zum Zion, Jes. II 1-5." *VT* 7 (1957): 62-81.
Wilshire, Leland E. "Jerusalem as the 'Servant City' in Isaiah 40-66: Reflections in the Light of Further Study of the Cuneiform Tradition." In *The Bible in the Light of Cuneiform Literature*, edited by William W. Hallo, 231-55. New York: The Edwin Mellen Press, 1990.
_____. "The Servant-City: A New Interpretation of the 'Servant of the Lord' in the Servant Songs of Deutero-Isaiah." *JBL* 94 (1975): 356-67.
Wilson, Robert. "The City in the Old Testament." In *Civitas:*

Religious Interpretations of the City, edited by Perters S. Harkins, 3-13. Atlanta: Scholars Press, 1986.

Zenger, Erich. "The God of Exodus in Message of the Prophets as seen in Isaiah." In Exodus—A Lasting Paradigm, edited by Bas van Iersel and Anton Weiler, 22-33. Edinburgh: T. & T. Clark, 1987.

3. 주석서

김이곤. 『창세기』. 전망성서주해. 서울: 전망사, 1993.
손석태. 『창세기 강의』. 서울: 성경읽기사, 1993.
장일선. 『이사야』 II. 전망성서주해. 서울: 전망사, 1993.

Alexander, Joseph A. Commentary on the Prophecies of Isaiah. 2 vols. Grand Rapids: Wm. B. Eerdmans, reprint, 1953.

Allen, Leslie C. The Books of Joel, Obadiah, Jonah and Micah. NICOT. Grand Rapids: Wm. B. Eerdmans, 1983.

Bultema, Harry. Commentary on Isaiah. Translated by Cornelius Lambregtse. Grand Rapids: Kregel Publications, 1981.

Calvin, John. Commentary on the Book of the Prophet Isaiah. Translated by William Pringle. Grand Rapids: Baker Book House, reprint, 1989.

Clements, R. E. Isaiah 1-39. NCBC. Grand Rapids: Wm. B. Eerdmans, 1982.

Cole, R. Alan. Exodus. TOTC, edited by D. J. Wiseman. Downers Grove: Inter-Varsity Press, 1973.

Craigie, P. C. The Book of Deuteronoimy. NICOT. Grand Rapids: Wm. B. Eerdmans, 1976.

Delitzsch, Franz. Biblical Commentary on the Book of Isaiah. Vol. 1. Translated by James Martin. Grand Rapids: Wm. B. Eerdmans, 1877.

———— *Biblical Commentary on the Fifth Book of Moses.* Translated by James Martin. Grand Rapids: Wm. B. Eerdmans, 1877.

Dillard, Raymond B. *2 Chronicles.* WBC. Waco: Word Books, Pub., 1987.

Driver, S. R. *Notes on the Hebrew Text and Topography of the Books of Samuel.* 2nd ed. London: Oxford University Press, 1913.

Duhm, B. *Das Buch Jesaja.* HKAT, III, 1. 4th ed. Göttingen: Vandenhoeck und Ruprecht, 1922.

Durham, John I. *Exodus.* WBC. Waco: Word Books, Pub., 1987.

Fitzmeyer, J. A. *The Genesis Apocryphon of Qumran Cave 1: A Commentary.* Biblia et Orientalia 18. Rome: Pontifical Biblical Institute, 1966.

Gray, G. B. *A Critical and Exegetical Commentary on the Book of Isaiah. Vol. I: Introduction, and Commentary on I-XXVII.* ICC. Edinburgh: T. & T. Clark, 1912.

Hayes, John H. & Irvine, Stuart A. *Isaiah, the Eighth Century Prophet: His Times and His Preaching.* Nashville: Abingdon Press, 1987.

Herbert, A. S. *The Book of the Prophet Isaiah, Chapters 1-39.* Cambridge: Cambridge University Press, 1973.

———— *The Book of the Prophet Isaiah 40-66.* Cambridge Biblical Commentary. Cambridge: Cambridge University Press, 1975.

Herzberg, H. W. *I & II Samuel: A Commenary.* Translated by J. S. Bowden. Philadelphia: Westminster Press, 1964.

Jensen, Joseph. *Isaiah 1-39.* Old Testament Message. Vol. 8. Wilmington: Michael Glazier, 1984.

Kaiser, Otto. 『이사야』 (1)/(2). 번역실 역. 국제성서주석 20/1-2. 천안: 한국신학연구소, 1993.

Kinder, Derek. *Genesis*. TOTC. Downers Grover: Inter-Varsity Press, 1967.

Kissane, Edward J. *The Book of Isaiah*. Vol. 1. 2nd ed. Dublin: The Richview Press, 1960.

─────. *The Book of Isaiah*. Vol. 2. Doublin: The Richview Press, 1943.

Knight, George A. F. *Servant Theology: A Commentary on Isaiah 40-55*. ITC. Grand Rapids: Wm. B. Eerdmans, 1984.

Lindblom, J. *Die Jesaja-Apokalypse, Jes. 24-27*. Lund: CWK Gleerup, 1938.

Martin, John A. 『이사야』. 김동건 역. BKC 강해주석 13. 서울: 두란노, 1994.

McCarter, P. K. *II Samuel*. AB. Garden City: Doubleday, 1984.

McKenzie, J. L. *Second Isaiah*. AB. Garden City: Doubleday, 1968.

Melugin, Roy F. *The Formation of Isaiah 40-55*. Berlin: W. de Gruyter, 1976.

Motyer, J. Alec. *The Prophecy of Isaiah: An Introduction and Commentary*. Downers Grover: Inter-Varsity Press, 1993.

Muilenburg, James. "The Book of Isaiah, Chapters 40-66: Introduction and Exegesis." In *IB*, edited by G. A. Buttrick, 5:381-773. Nashville: Abingdon Press, 1978.

North, C. R. *The Second Isaiah*. Oxford: The Clarendon Press, 1967.

Noth, Martin. 『출애굽기』. 번역실 역. 국제성서주석 2. 서울: 한국신학연구소, 1981.

연구소, 1981.

Oswalt, John N. *The Book of Isaiah, Chapter 1-39*. NICO, edited by Roland K. Harrisson. Grand Rapids: Wm. B. Eerdmans, 1986.

Rad, G. von. *Genesis*. Translated by John H. Marks. OTL. London: SCM Press, 1981.

Rylaarsdam, J. Coert. "The Book of Exodus." In *IB*, edited by G. A. Buttrick, 1:833-1099. Nashville: Abingdon Press, 1978.

Scott, R. B. Y. "The Book of Isaiah, Chapters 1-39: Introduction and Exegesis." In *IB*, edited by G. A. Buttrick. 5:151-381. Nashville: Abingdon Press, 1978.

Scullion, John. *Isaiah 40-66*. Old Testament Message. Vol. 12. Wilmington: Michael Glazier, 1982.

Skinner, J. *Isaiah 1-39*. Cambridge Bible for Schools and Colleges. Cambridge: The University Press, 1900.

Smith, H. P. *A Critical and Exegetical Commentary on the Books of Samuel*. ICC. Edinburgh: T. & T. Clark, 1899.

Smith, Sidney. *Isaiah Chapters XL-LV*. London: Oxford University Press, 1944.

Soggin, J. Alberto. *Joshua*. Translated by John Bowden. OTL. London: SCM Press, 1972.

Stacey, David. *Isaiah, Chapters 1-39*. London: Epworth Press, 1993.

Thomson, J. A. *Deuteronomy*. TOTC. Downers Grove: Inter-Varsity Press, 1974.

Torrey, Charles C. *The Second Isaiah*. Edinburgh: T. & T. Clark, 1928.

_____. *Isaiah 1-33*. WBC. Waco: Word Books, Pub., 1985.

―――. *Isaiah 34-66*. WBC. Waco: Word Books, Pub., 1987.

Wenham, Gordon J. *Genesis 1-15*. WBC. Waco: Word Books, Pub., 1987.

Westermann, Claus. *Genesis 12-36, A Commentary*. Translated by John J. Scullion. Mineapolis: Augsburg Publishing House, 1985.

―――. 『이사야』 (3). 번역실 역. 국제성서주석 20/3. 서울: 한국신학연구소, 1993.

Whybray, R. N. *Isaiah 40-66*. NCBC. Grand Rapids: Wm. B. Eerdmans, 1987.

―――. *The Second Isaiah*. Sheffield: JSOT Press, 1983.

Wildberger, H. *Isaiah 1-12, A Commentary*. Continental Commentaries. Translated by Thomas H. Trapp. Minneapolis: Fortress Press, 1991.

―――. *Jesaja*. BKAT 10/2. Neukirchen-Vluyn: Neukirchener Verlag, 1978.

Wolf, Herbert M. *Interpreting Isaiah: The Suffering and Glory of the Messiah*. Grand Rapids: Zondervan Publishing House, 1985.

Wright, G. E. 『이사야』. 김정준 역. 서울: 대한기독교서회, 1968.

Young, E. J. *The Book of Isaiah*. 3 Vols. Grand Rapids: Wm. B. Eerdmans, 1965, 1969, 1972.

Zeitz, Christopher R. *Isaiah 1-39*. Interpretation, a Bible Commentary for Teaching and Preaching. Louisville: John Knox Press, 1993.

4. 미간행 학위논문

조성천. 『시편에 나타난 시온 개념 -시온 개념의 발전과 그 모티브-』. 신학석사학위논문. 장로회신학대학교 신학대학원, 1985.

황승익. 『시편에 나타난 시온전통 연구』. 신학석사학위논문, 감리교신학대학교 신학대학원. 1989.

Eiler, David L. *The Origin and History of Zion as a Theological Symbol in Ancient Israel.* Ph.D. dissertation. Princeton Theological Seminary, 1968.

Frick, Frank S. *The City in the Old Testament.* Ph.D. dissertation. Princeton University, 1971.

Gaines, Elizabeth. *The Eschatological Jerusalem: The Function of the Image in the Literature of the Biblical Period.* Ph.D. dissertation. Princeton University, 1988.

Galambush, Julie. *Jerusalem in the Book of Ezekiel: The City as Yahweh's Wife.* Ph.D. dissertation. Emory University, 1991.

Hill, Linzy H. "Bill". *Reading Isaiah as a Theological Unity Based on an Exegetical Investigation of the Exodus Motif.* Ph.D. dissertation. Southwestern Baptist Theological Seminary, 1993.

Nakamura, Catherine L. *Monarch, Mountain, and Meal: The Eschatological Banquet of Isaiah 24:21-23; 25:6-10a.* Ph.D. dissertation. Princeton Theological Seminary, 1992.

Rohland, Edzard. *Die Bedeutung der Erwählungstraditionen Israels für die Eschatologie der alttestamentlichen Propheten.* Dr. Theol. dissertation. University of Heidelberg, 1956.

Seo, Yeon Ha. *'Jerusalem' in the Book of Isaiah.* M.Div. Thesis. Presbyterian College and Theological Seminary, 1989.

Tuner, Mary Donovan. *Daughter Zion: Lament and Restoration.* Ph.D. dissertation. Emory University, 1992.

5. 사전류

Barrois, G. A. "David, City of." *IDB*, 1:782.

Beitzel, Barry J. "Jerusalem." In *Baker Encyclopedia of the Bible*, edited by Walter A. Elwell, 2:1123-35. Grand Rapids: Baker Book House, 1988.

Burrows, M. "Jerusalem." *IDB*, 2:843-44.

Carson, D. A. "Jerusalem." In *Evangelical Dictionary of the Theology*, edited by Walter A. Elwell, 579-81. Grand Rapids: Baker Book House, 1984.

Cross, F. M. "אֵל el." *TDOT*, 1:242-61.

Fohrer, G. "Zion-Jerusalem in the Old Testament." *TDNT*, 7:293-319.

Gray, J. "Ashtoreth." *IDB*, 1:255-56.

"Chemosh." *IDB*, 1:556.

"Molech, Moloch." *IDB*, 3:422-23.

"Shalem(God)." *IDB*, 4:303-304.

Harrison, Roland K. "Jerusalem, Old Testament." In *The New International Dictionary of Biblical Archaeology*, edited by Edward M. Blaiklock & R. K. Harrison, 265-70. Grand Rapids: Zondervan Publishing House, 1983.

Hartley, John E. "צִיּוֹן(Zion)." In *Theological Dictionary of the Old Testament*, edited by R. Laird Harris, 764-65. New York: Thomas Nelson Publishers, 1980.

Jenni, E. "Remnant." *IDB*, 4:32-33.

King, Philip J. "Jerusalem." In *ABD*, edited by David Noel Freeman, 3:747-66. New York: Doubleday, 1992.

Mazor, B. "Jerusalem in the Biblical Period." In *Encyclopedia of Archaeological Excavations in the Holy Land*, edited by Michael Avi-Yonah, 2:580-91. London: Oxford

University Press, 1976.
North, C. R. "Isaiah." *IDB*, 2:731-44.
Ottoson, M. "ארץ 'erets." *TDOT*, 1:388-405.
Talmon, Shemaryahu. "הר Har;גבעה gibhah." *TDOT*, 3:427-47.
Weber, P. "חזק(hazaq)." In *Theological Dictionary of the Old Testament*, edited by R. Laird Harris, 276-77. New York: Thomas Nelson Publishers, 1980.

6. 기타: 서지관련

박종호 편. 『한국신학논문총색인: 1916-1977』 서울: 총신대학교출판부, 1979.
_____. 『한국신학논문총색인: 1978-1984』 제2집. 서울: 총신대학교출판부, 1985.
이인수 편. 『신학대학학술지총색인: 1916-1995』 서울: 전국신학대학협의회, 1996.
Purvis, James D. *Jerusalem, The Holy City: A Bibliography*. Metuchen/London: The American Theological Library Associationand the Scarecrow Press, 1988.

CHRISTIAN LITERATURE CRUSADE

기독교문서선교회는 청교도적 복음주의신학과 신앙을 선포하는 국제적, 초교파적, 비영리 문서선교기관입니다.

기독교문서선교회는 한국교회를 위한 교육, 전도, 교화에 힘쓰고 있습니다.

만일 당신이 예수 그리스도와 그리스도인의 생활에 대하여 알기를 원하시면 지체말고 서신연락을 주십시오. 주 안에서 기쁜 마음으로 도움을 드리겠습니다.

서울 서초구 방배동 983~2
Tel. 586-8761~3

기독교 문서 선교회

● 저자 소개

· 경북대학교 전자공학과 졸업
· 그리스도신학대학교 신학과 졸업
· 한신대학교 대학원 졸업(M.Div.)
· 미국 Harding 대학교 신학대학원 졸업(M.A.R.)
· 아세아연합신학교 대학원 졸업(Th.D.)
· 현, 그리스도신학대학교 구약학 교수

이사야서의 시온사상

저 자	김 진 희
초판인쇄	1997년 5월 10일
초판발행	1997년 5월 20일
발 행 인	朴 英 鎬
발 행 처	기독교문서선교회
주 소 /	서울시 서초구 방배동 983-2
전 화 /	586-8761~3
	FAX 523-0131
온 라 인 /	국민은행 043-01-0379-646(보통)
	조흥은행 350-04-070050(보통)
	우 체 국 012815-0025556
등 록	1980년 1월 18일 제 16~25호

값 6,000원 〈낙장·파본은 교환해 드립니다〉

ISBN 89-341-0560-7(93230)